U0559822

奇门归宗

〔清〕杨芳声 汇辑
孙国中 整理

团结出版社
UNITY PRESS

图书在版编目（CIP）数据

奇门归宗 /（清）杨芳声汇辑；孙国中整理 . 一北.
京：团结出版社，2012.1（2023.11 重印）
ISBN 978-7-5126-0725-5

Ⅰ.①奇… Ⅱ.①杨…②孙… Ⅲ.①周易－研究
Ⅳ.① B221.5

中国版本图书馆 CIP 数据核字 (2011) 第 260760 号

出　版：团结出版社
　　　　（北京市东城区东皇城根南街 84 号　邮编：100006）
电　话：（010）65228880　65244790（出版社）
　　　　（010）65238766　85113874　65133603（发行部）
　　　　（010）65133603（邮购）
网　址：http：//www.tjpress.com
E-mail：zb65244790@vip.163.com
　　　　tjcbsfxb@163.com（发行部邮购）
经　销：全国新华书店
印　装：三河腾飞印务有限公司

开　本：185mm×260mm　16 开
印　张：24.5
字　数：487 千字
版　次：2012 年 1 月　第 1 版
印　次：2023 年 11 月　第 3 次印刷

书　号：978-7-5126-0725-5
定　价：58.00 元

序

嘗目混沌之時，天地未判，上則無風雲雷雨，昏昏昧昧，下則無山川草木，杳杳冥冥，雖有人形，又與野獸何異，覩辨同道，莫知其乂，子聖人一出，開闢初分，乾坤始奠，二氣相合，遂成兩儀，故氣之輕清上浮者為天，氣之重濁下凝者為地而日月五星謂之七政，天地與人謂之三才，而人倫綱紀、禮樂衣冠之制，此所始矣。自黃帝時而蚩尤遂為逆意，故作征勦之伐，且不能克下。帝設壇而禱於天，降以甲乙丙丁之圓形、子丑寅卯之方形，故命大撰氏演成花甲，陰陽節氣、奇門數理，又始於此。夫奇

門者陰陽無錯無差也果
遵古制按陰陽消長之理
照花甲三元次第推之未
來之事無有不驗者也故
云若能通達陰陽理天地
都來一掌中其理精微難
於研究盡以先明陰陽為
主以三元花甲合之倘稍
有訛舛則不能驗矣細閱
奇門諸書而有論陰陽之

道又又無三元之合有甲子
之推又無上中下三元之
分故彙輯奇門叢書較理
者取之參者刊之分定三
元從生尅之道按節氣之
理自黃帝六十一年甲子
為始至尅應為終付之棗
梨剞劂厥成俟使習奇門者
閱卷了然以便稽考有據
云爾

康熙五十七年歲次戊戌

孟春臥雲齋主人題

序

夫奇門之書，能然於天下
也，而學之者眾，精之者寡。
何也？盖其故有三焉。飛宮
之法，出於洛書，然其離合
變化，雖至神者，亦或有時
而爽，其難一也。超神接氣，
奇門之本也，而置閏之法，
曆家之所難，而忽薄之於
倉卒，其難二也。分局定盤

一局八局推者而其言
以十一十八之避凶說言為碓
容八以一十矣趨事諸言宮室
者十以究也有事說言室以
之一以竟三則凶正凶以盖
約盡者呈難凶待步諸盖矣
之而之不其言事步正矣不
頌局廣而微言事應不不者
占八變局精其避勉者者之
說十之十之明趨不之

盤三遁也刪乎丁妙悟

因此術美也是六之均

也乎景兩過於神化際

明明如人之蒙貴造之

至也矢未學之甲乘陽

閭約半者扎為甲也陰

置至過經卓而六精運

以局思應瞼例門貴軒

法布而符而起奇尤而

酌以者甲博其言者靈

其影可以制之要知煉聖品

緒可之而門以奇言俗者可籤繪其符作其禱應得祭祀惟形祈也
以傳

當曰

康熙五十七年歲次戊戌
仲春日雲林主人再版并書

序　一

　　粤自混沌之时，天地未判。上则无风云雷雨，昏昏昧昧；下则无山川草木，杳杳冥冥。虽有人形，又与野猩何异？亲疏同道，莫知其父子。圣人一出，开辟初分，乾坤始奠，二气相合，遂成两仪。故气之轻清上浮者为天，气之重浊下凝者为地，而日月五星谓之七政，天地与人谓之三才，而人伦、纲纪、礼乐、衣冠之制，此所始矣。

　　自黄帝时，而蚩尤遂为逆意，故作征剿之伐，且不能克下，帝设坛祈祷于天，降以甲乙丙丁之圆形，子丑寅卯之方形，故命大挠氏演成花甲阴阳节气，《奇门》数理又始于此。

　　夫《奇门》者，阴阳无错无差也，果遵古制，按阴阳消长之理，照花甲三元次第推之，未来之事，无有不验者也。故云"若能通达阴阳理，天地都来一掌中。"其理精微难于研究，盖以先明阴阳为主，以三元花甲合之，倘稍有囹卒，则不能验矣。细阅《奇门》诸书，而有论阴阳之道，又无三元之合；有甲子之推，又无上、中、下三元之分。故汇辑《奇门》群书，按理者取之，谬者删之，分定三元，从生克之道，按节气之理，自黄帝六十一年甲子为始，至克应为终，付之枣梨，剞劂成帙，使习《奇门》者开卷了然，以便稽考有据云尔。

　　　　　　　　　康熙五十七年，岁次戊戌孟春，卧云主人撰。

序 二

　　夫《奇门》之书，昭然于天下也，而学之者众，精之者寡。何也？盖其故有三焉。飞官之法，出于洛书，然其离合变化，虽至神者，亦或有时而涸，其难一也；超神接气，《奇门》之本也，而置闰之法，历家之所难，而欲演之于仓促，其难二也；分局定盘说亦琐矣，约之者欲以一十八局而尽一千八十局之变，广之者虽以一千八十局而不足以究十八局之精微，其难三也。兼之推明其言，言凶则有趋避，首趋避则事符咒，事符咒而克应步罡，诸说杂起，其言不验，不可以传也，于是精之者寡矣。盖以定官为确酌法，以置闰至明也，因盘以布局至约也，明乎此三者，而思过半矣。如《景佑遁甲符应经》者，宋人所著也，博而验，卓哉！莫之过也。删其起例而为之纂，于是乎言《奇门》六甲贵神也，六丁者尤贵精也。乘造化之英灵，而干运阴阳之际，苟得其款，可以制之，要知炼器形，祭祷符箓皆《奇门》之绪也。惟得其精者，可以训，可以传。

　　　　　　康熙五十七年，岁次戊戌仲春，卧云主人再叙并书。

目　录

奇门归宗

起例类

奇门义释

遁甲者何？天干凡十，甲为之首，统领诸干，至贵至尊，其所畏者，惟庚金耳，故须遁匿其甲，勿令受克于庚。然乙为甲妹，可以配之，使其情有所牵，丙丁为甲男女，可以制之，使其势不得肆，故以乙、丙、丁为三奇。又，十干中，戊、己、庚、辛、壬、癸、乙、丙、丁，皆专制用事，而甲为专位，与六干同处，甲子同六戊，甲戌同六己，甲申同六庚，甲午同六辛，甲辰同六壬，甲寅同六癸。又以六十花甲子布于九宫，起宫为甲子，遁一位为甲戌；又遁一位，为甲申之类，皆有遁甲之义，独余乙、丙、丁无与同者，亦三奇之义也。八门者，休、生、伤、杜、景、死、惊、开也。九星者，天蓬、天芮、天冲、天辅、天禽、天心、天柱、天任、天英也。九星八门在地盘原有定位，如休门天蓬为《坎》之类，此乃一定不易者；其在天盘，则随值符、值使所指，与地盘参错相值，而吉凶生焉。乙为日奇，丙为月奇，丁为星奇，三奇若遇休、开、生三门，为之奇与门合，休一在《坎》属水，开六在《乾》属金，生八在《艮》属土，即历家所云"三白"也。又八诈门者，值符、螣蛇、太阴、六合、勾陈、朱雀、九地、九天也。此值符临九星，值符所指，阳则顺旋，阴则逆旋，其中九天、九地、六合、太阴为吉，若得奇得门，而值此四位，是全吉，然又有反吟、伏吟，休、囚、旺、相，击刑、迫制之类，不可不察，神而明之，变而通之，存乎其人耳。

烟波钓叟歌

阴阳逆顺妙难穷，二至还归一九宫，若能了达阴阳理，天地都来一掌中。
轩辕黄帝战蚩尤，涿鹿经年苦未休，偶梦天神授符诀，癸坛致祭谨虔修。
神龙负图出洛水，彩凤啣书碧云里，因命风后演成文，遁甲奇门从此始。
一千八十当时制，太公删成七十二，逮于汉代张子房，一十八局为精艺。
先须掌上排九宫，纵横十五在其中，次将八卦论八节，一气统三为正宗。
阴阳二遁分顺逆，一气三元人莫测，五日都来换一元，接气超神为准的。
认取九宫为九星，八门又逐九宫行，九宫逢甲为值符，八门值使自分明。
符上之门为值使，十时一位堪凭据，值符常遣加时干，值使逆顺遁宫去。
六甲元号六仪名，三奇即是乙丙丁，阳遁顺仪奇逆布，阴遁逆仪奇顺行。

奇门归宗

吉门偶尔合三奇，值此虽云百事宜，更合从旁加检点，余宫不可有微疵。
三奇得使诚堪使，六甲遇之非小补，乙马逢犬丙鼠猴，六丁玉女骑龙虎。
又有三奇游六仪，号为玉女守门扉，若作阴私和合事，请君但向此中推。
天三门兮地四户，问君此法如何处，太冲小吉与从魁，此是天门私出路。
地户除危定与开，举事皆从此中去，六和太阴太常君，三辰原是地私门。
更得奇门相照耀，出门百事总欣欣。太冲天马最为贵，猝然有难难逃避，
但当乘取天马行，剑戟如山不足畏。三为生气五为死，胜在三分衰在五，
能识游三避五时，造化真机须记取。就中伏吟为最凶，天蓬加着地天蓬，
天蓬若到天英上，须知即是反吟宫。三奇入墓好思推，甲日那堪见未宫，
丙奇属火火墓戌，此时诸事不须为，更兼天乙①来临二，月奇临六亦同论。
八门反复皆如此，生在生兮死在死，假令②吉宿得奇门，万事皆凶不堪使。
六仪击刑何大凶，甲子值符愁向东，戌刑在未申刑虎，寅巳辰辰午刑午。
又有时干入墓宫，课中时下忌相逢，戌戌壬辰兼丙戌，癸未丁丑一同凶。
五不遇时龙不精，号为日月损光明，时干来克日干上，甲日须知时忌庚。
奇与门兮共太阴，三般难得总加临，若还得二亦为吉，举措行藏必遂心。
更得值符值使利，兵家用事最为贵，常从此地击其冲，百战百胜君须记。
天乙之神所在宫，大将宜居击对冲，假令值符居离九，天英坐取击天蓬。
甲乙丙丁戊阳时，神居天上要君知，坐击须凭天上奇，阴时地下亦如之。
若见三奇在五阳，偏宜为客自高强，忽然逢着五阴位，又宜为主好裁详。
值符前三六合位，太阴之神在前二，后一宫中为九天，后二之神为九地。
九天之上好扬兵，九地潜藏可立营，伏兵但向太阴位，若逢六合利逃形。
天地人分三遁名，天遁月精华盖临，地遁日精紫云蔽，人遁当知是太阴。
生门六丙合六丁，此为天遁自分明，开门六乙和六巳，地道如斯而已矣。
休门六丁共太阴，欲求人遁无过此，要知三遁何所宜，藏形遁迹斯为美。
庚为太白丙荧惑，庚丙相加谁会得，六庚加丙白入荧，六丙加庚荧入白。
白入荧兮贼即来，荧入白兮贼即灭，丙为勃兮庚为格，格则不通勃乱逆。
丙加天乙为值符，天乙加丙为飞悖，庚加日干为伏干，日干加庚飞干格。
加一宫兮战在野，同一宫兮战于国，庚加值符天乙伏，值符加庚天乙飞。
庚加癸兮为大格，加己为刑最不宜，加任之时为上格，又嫌岁月日时逢。
更有一般奇格者，六庚谨勿加三奇，此时若也行兵去，匹马只轮无返期。
六癸加丁蛇天矫，六丁加癸雀入江，六乙加辛龙逃走，六辛加乙虎猖狂。

---

① "天乙"，本书有注"天盘乙奇"也。

② "假令"，别本作"纵然"。

请观四者是凶神，百事逢之莫措手。丙加甲兮鸟跌穴，甲加丙兮龙返首。
只此二者是吉神，百事逢之十八九。八门若遇开休生，诸事逢之总称心，
伤宜捕猎终须获，杜好邀遮及隐形，景上投书并破陈，惊能擒讼有声名，
若问死门何所主，只宜吊死与行刑。蓬任冲辅禽阳星，英芮柱心阴宿名。
辅禽心星为上吉，冲任小吉未全亨，大凶蓬芮不堪使，小凶英柱不精明。
大凶无气变为吉，小凶无气一同之，吉宿更能逢旺相，万举万全功必成。
若遇休囚并废没，劝君不必进前程，要识九星配五行，各随八卦考义经。
坎蓬星水离英火，中宫坤艮土为营，乾兑为金震巽木，旺相休囚看重轻。
与我同行即为相，我生之月诚为旺，废于父母休于财，囚于鬼兮真不妄。
假令水宿号天蓬，相在初冬与仲冬，旺于正二休四五，其余仿此自研穷。
急则从神缓从门，三五反覆天道亨，十干加伏若加错，入库休囚吉事危。
十精为使用为贵，起宫天乙用无遗，天目为客地为主，六甲推分无差理。
劝君莫失此玄机，洞彻九宫扶明主，宫制其门不为迫，门制其宫是迫雄。
天网四张无路走，一二网低有路纵，三至四宫行入墓，八九高强任西东。
节气推移时候定，阴阳顺逆要精通，三元积数成六纪，天地未成有一理。
请观歌里精微诀，非是贤人莫传与。

遁甲神机赋

六甲主使，三才攸分，步咒摄乎鬼神，存局通乎妙旨，前修删简灵文，裁整诸经奥理。原夫甲加丙兮龙回首，丙加甲兮鸟跌穴，回首则悦怿易遂，跌穴则显灼易成。身残毁兮，乙遇辛而龙逃走；财虚耗兮，辛遇乙而虎猖狂。癸见丁螣蛇天矫，丁见癸朱雀投江。生丙临戊，天遁用兵；开乙临己，地遁安坎；休丁遇太阴，人遁安营。伏干格，庚临日干；飞干格，日干临庚。庚临值符，伏宫格之名；值符临庚，飞宫格之位。大格庚临六癸，刑格庚临六己，按格所向既凶，百事营为不喜。时干克日干，乃五不遇而灾生；丙奇临时庚，名云悖格而祸起。三才得使，众善皆臻；六仪击刑，百凶俱集。地罗遮障不占前，天网四张无路走。值符之宫，乃同天乙未上而取；若逢急难，宜从值符方下而行。二至顺逆，妙理玄微。阳符右为前数，阴符前寻[①]阳遁，从冬至后一十二气值符，后一为九天，后二为九地，前三为六合；阴遁从夏至后一十二气，前一为九天，前二为九地，后三为六合。太阴潜行而隐迹，六合遁身而谋议。九天之上扬威武，九地之下匿马兵。天地备兮难量，鬼神妙兮莫测。学者欲临事有谋，在心详此赋而无惑也。

是书谓之"三白"之法，出自《都天撼龙经八十一论》。太乙紫微九宫八卦者，天

---

① 此句他本《奇门》作"阳符左为前数，阴符右为前寻。阳遁从冬至……"

地之造化，星斗之机枢。八卦互变而极于无穷，五行推移而应乎难尽。以九星之为九宫，以八门之为八卦。干运九虚，包含六合，上则可以补天地不全之化，下则可以补君王不及之功。扶危济厄，发瑞生祥，非同十二分之经图，又殊配二十八宿之格局。此书正天地之纪纲，明阴阳之经纬，探幽索隐，显达通玄。试其八卦之门庭，配列九州之溪注。推迁六甲，役使六仪，飞其日月星奇，应合乙丙丁地。宿论十干之纳甲，神造四极之旺辰。首阅周流，次参承顺，更迭不迁，循环无尽。天乙值符，俾之运局；太乙值符，使之指挥；奇以六仪，偶以八节。上下招摇，而内外表应；三般运局，而八卦皆通。值其吉则万事可为，值其凶则一分莫举。

其一曰都天九卦，二曰人地三元，三曰行军三奇，四曰造宅三白，五曰遁形太白之书，六曰八山撼龙之诀，七曰转山移水九字玄经，八曰建国安基万年金镜，九曰盖为玄官、入福救贫、生仙产圣，变祸福如反掌，使贫富如等闲。倘三叠之遇奇门，实龙蛇之得云雨，见六合之逢吉局，如虎狼之插翅飞。忌取休囚，防其刑击，如得奇星来到，必须吉位门开，位位皆宜，门门皆吉。只要合得其所，仍须要论其求 ①。干神不囚，支神不克，神藏煞没，方知万事皆和，反吟伏吟，知是千殃数集，如或奇逢旺相，是为富贵之谋。门符开休，方协英雄之应。值使加临，如遇青龙回首，值甲乙之妙祥；若逢白虎猖狂，现庚辛之凶祸；若现螣蛇夭矫，知壬癸之峥嵘；倘逢朱雀投江，管丙丁之妖怪；若现飞鸟跌穴，便云百事皆祥；或遇贵人登坛，管取九宫俱庆。通玄微而天地皆转，得妙用则万事亨通。若为文武官僚修造，职位皆升；或为良民庶士阡茔，扶贫作富。建州府而民安物阜，兴县镇而赋足租平，立宫室而福集人依，作庙宇而鬼安神吉。井灶路途，或行诸事，遗在选择。动获资金，百计要明，生旺参宜，或有太岁将军，尽皆拱手，任是九良七煞，莫敢当头。不问诸家运气，不超不开，犯着空亡禁煞，但求此局，却宜有奇，不可无门，可以保千年招百福。最堪动土，埋宗葬祖，亦有奇星到坐，门户得问。有龙山者，必求青龙回首；有白虎者，忌其白虎猖狂；有玄武者，必宜远其螣蛇夭矫；有朱雀者，怕其朱雀投江。如斯迎避，用意配求。飞鸟跌穴，则有异鸟遗雕；彩禽坠羽，鹰鹮弃其亡鸟，如鹤鹭返其鲵鱼。仙鹤来鸣，彩凤下集，四肢俱全吉，两头破坏者凶，贵人登坛，必有旌旗相乘，云雷风雨，印玺文书，金璋紫绶，得其青龙回首者，当有鳞甲隐伏，金鱼落穴，螣蛇神化，马骡雷轰，光焰金银，翻花绘彩。其应斯时相助，其吉各有克应。合取山头，总无一失之虞，动有千金之吉。分其头绪，布其提纲，具列于端，备述其蕴，非但谋猷之逢吉，乃为天地之献祥；助国安邦，济人利物，得之者宜什袭于金柜玉函，真所谓至圣皇家之珍也。

---

① 此句他本《奇门》作"仍须各论其时"。

奇门布局法

遁甲之法，三重象三才。上层象天，列九星；中层象人，开八门；下层象地，定八卦九宫。天蓬及休门，与《坎》一宫相对，三才定位也。乙、丙、丁，三奇也，乙为日奇，丙为月奇，丁为星奇。戊、己、庚、辛、壬、癸，六仪也。而甲子常同六戊，甲戌常同六己，甲申常同六庚，甲午辛，甲辰壬，甲寅癸。甲虽不用，而六甲为天之贵神，常隐于六仪之下为值符，其发用实在此，故谓之遁。此大衍虚一，《太玄》虚三之义也。蓬、任、冲、辅、英、芮、柱、心、禽，九星也，递为值符；休、生、伤、杜、景、死、惊、开，八门也，递为值使。二十四气，值于八卦，《坎》则冬至、小寒、大寒，《艮》则立春、雨水、惊蛰，《震》则春分、清明、谷雨，《巽》则立夏、小满、芒种，《离》则夏至、小暑、大暑，《坤》则立秋、处暑、白露，《兑》则秋分、寒露、霜降，《乾》则立冬、小雪、大雪。四时分至，及四立为八节，得八卦正气，故各为初值，二气从之，以分天地人元，又间六宫而行，各为上中下元也。冬至后十二气，为阳遁，皆顺行；夏至后十二气，为阴遁，皆逆行。二遁各占卦四，为节中之气各六，诸气一周，八卦岁事备矣，此以月取之也。五日一候，故遁法遇甲己易一局，盖自甲子至戊辰五日，六十时，足为上局；己巳至癸酉，又五日，六十时，足为中局；甲戌至戊寅，又五日，六十时，足为下局。三局三才之道也。余如之。由是甲己加四仲，皆为上；加四孟，皆为中；加四季，皆为下。三局四之，而六十甲子毕矣。上局则起本气之上元，中局则起中元，下局则起下元，不易之法也。故凡日虽以气候相推，至三元先后不同，而三元始终，日有多少，在经有拆局、补局之法，因日定局，因局起元，终不可易，此以日取之也。凡选时先分二遁，次定三局，方起三元。盖先看其日，在何节气内，分为某遁；次看其日，在何甲己下，合为某局，于是以本局起遁。冬至后为阳遁，则顺布六仪，逆布三奇；夏至后为阴遁，则逆布六仪，顺布三奇。本法自甲至癸，十干当以序行，如局逆顺，并先布三奇，后布六仪，今皆反之，因指六甲为六仪，而布局及布三奇，并以乙、丙、丁为序，皆捷法也。布五宫，则寄理于二宫，此土长生于《坤》之说也。九宫已布满，则点出其时，旬头之甲在何宫，以其星为值符，以其门为值使，然后以加临法用之，寻本时支落处，加以值使；寻本时干落处，加以值符。加临已，乃视其时课大纲，吉与凶，所作之方得不得开、休、生三门，并天上三奇，必其时课吉，又得门奇方可用事，如时课吉，不得门奇，不可用事。此三门即北方"三白"也，其所选时，每月先取四大时用之，诸法已通，必于此得吉，纵遇太岁金神等煞，然亦无害。凡行方者，尤宜用此，以有诸门可上所向，若为阴阳二奇家，以其宫为其山，或为其坐，向而选之，但于《符应经》，不可不详究也。

夫遁甲一岁为课，四千三百二十，古人约为一千八十局，后修为七十二局，最后撮为图局十有八，可谓要矣。然为局尚多，莫若止一局，用盘子为简径，若嫌盘子多事，则为上指愈妙。

超神接气

夫《奇门》之法，有正授，有超神，有闰奇，有接气。正授之后，超神继之；超神之后，闰奇继之；接闰奇之后，节气继之；节继之后，又为正授。符头甲己，正对节气，谓之正授。此后则符渐渐过节，而为超神，超至九日，以及十余日，则当置闰，以其离后节气太远，故必有闰，然后可配气候，与历家同然。置闰必在芒种大雪之后，二至之前，其余节气，虽遇超至九日之外，不可置也。此法乃用奇之关捷，万一不悟，差之毫厘，谬于千里矣。故《烟波钓叟歌》云："超神接气为准的。"

引证：如淳祐六年，丙午前四月十三日壬申，交立夏节，而本月初五日是甲子已到，即以立夏节用，立夏前九日矣，则合前初五日，起超在先，借用立夏上局奇，自初十日己巳，为立夏中局奇；自甲戌五日，用立夏下局奇。此乃先得奇，后交节为速，谓之超神速者也。

又如淳祐七年丁未，二月二十三日，虽交清明节上局奇，然二十五日方是己酉，方用清明上局奇，此乃先交节，而后得奇为接，故谓接气，迟至二十四日戊申，仍用春分下局，此是已交本节，而奇星尚用前节也。

又如其年六月二十八日己酉，交立秋节，正值节与日辰同到，其日即是立秋上局，谓之正授奇。凡换奇，皆甲子时换也。

须知闰奇之法，方能超接得真也。

积日以成闰月，积时以成闰奇，超接正授，闰有法分，全定则难明局，以五日一换，遇一节气，通换六局，凡一月节气，必三十日零五时，时二以三十日分六局，以余五时二刻置闰，超神不过十日，遇芒种、大雪起，过九日即置闰也。

假如丙戌年五月初一日己卯，至初九日丁亥，已刻过九日，于置闰即用初一日己卯，作芒种上起局，初六日甲申作芒种中局，十一日己丑作芒种下局毕，于此重用一局，作三奇闰法，以十六日甲午作芒种闰奇，此超神置闰之法也。二十四已交夏至，是为置闰，借夏至七日，其五月小尽，至六月初二日己酉，方作夏至，上局初七日甲寅作夏至中局，十二日己未作夏至下局，以为接气奇也。闰奇之法，每遇芒种、大雪二节内，如是超过九日，即合置闰，以归每节气，所余五时二刻也。盖奇以冬夏二至分顺逆，故于二至之前置闰，以均其气，无不应也。但近世俗师，不知超接正闰之法，只接成局，以择奇门日时，盖缘上局，反作下局，颠倒错乱，俱无应验，一旦以为不足信，则是起例不明，置闰无法，非局之不验，真择焉不精故也。

诸格总论

夫遁甲之法，须用奇门，妙在格局，必先审定贵贱之式，然后方断吉凶之验。龙回首，凡事则欢忻易遂；鸟跌穴，则有为显灼易成。天遁利以用兵，地遁利以安坟，人遁宜于建营造宅，神遁利于设坛行法，鬼遁可以探敌偷营，龙遁祈雨水战有功，虎遁招安讨险为胜，风遁云遁，为神为贵。三诈之格，征伐必胜，营谋皆美；三奇得使，用之最良；玉女守门，利在阴私；三胜之地，百战百捷；天辅之时，有罪逢赦；天三门，利举事之路；地四户，为私出之门；地私之门，出行有庆；奇门并照，百为欢忻。天马之下，有难可避，剑戟如山，终不足畏；三吉之宫逢吉位，百事称意。既明贵格，且究凶神。龙逃走，则身残毁；虎猖狂，则财虚耗；蛇夭矫，动作虚惊；雀投江，文书遗失；伏干格，出遗财物；飞干格，战必败亡；伏宫格，告捕难获；飞宫格，追冠无存；白入荧，行军对敌宜防贼；荧入白，此时战争即当退；隔格，必主关隘凶阻；悖格，必有悖乱祸端。五不遇时，而损其明；六仪击刑，必招其咎；奇入墓，时课非吉；天罗地网，凡为皆伤；伏吟反吟，百凶俱集；吉门被迫，则百事不成；凶门被迫，则凶灾尤甚；三奇受制，诸为难云全喜；三凶之位又逢凶，百难逃祸。果能熟此标论，庶几可运式而入遁之门也。

阳遁歌

冬至惊蛰一七四，小寒二八五同推。
春分大寒三九六，芒种六三九是真。
谷雨小满五二八，立春八五二相随。
立夏清明四一七，九六三从雨水期。

阴遁歌

夏至白露九三六，小暑八二五重逢。
秋分大暑七一四，立秋二五八流通。
霜降小雪五八二，大雪四七一相同。
处暑排来一四七，立冬寒露六九三。

上局日辰

甲子、乙丑、丙寅、丁卯、戊辰，己卯、庚辰、辛巳、壬午、癸未；
甲午、乙未、丙申、丁酉、戊戌，己酉、庚戌、辛亥、壬子、癸丑。

中局日辰

己巳、庚午、辛未、壬申、癸酉，甲申、乙酉、丙戌、丁亥、戊子；
己亥、庚子、辛丑、壬寅、癸卯，甲寅、乙卯、丙辰、丁巳、戊午。

下局日辰

甲戌、乙亥、丙子、丁丑、戊寅，己丑、庚寅、辛卯、壬辰、癸巳；
甲辰、乙巳、丙午、丁未、戊申，己未、庚申、辛酉、壬戌、癸亥。

奇门凡例

——夏至后阴遁，用逆局，只在九宫上逆数，若移入八卦数方位，不拘阴阳二局，皆当顺行。

——九星在九宫者，其序天蓬、天芮、天冲、天辅、天禽、天心、天柱、天任、天英，以《坎》、《坤》、《震》、《巽》、中、《乾》、《兑》、《艮》、《离》为次。

——九星在八卦数方位者，其序天蓬、天任、天冲、天辅、天英、天芮、天柱、天心、五宫天禽无位，寄居《坤》宫，与天芮同处，以《乾》、《坎》、《艮》、《震》、《巽》、《离》、《坤》、《兑》为定。

——六仪三奇，皆在九宫掌上，照顺逆循次排布，待符使既定，然后移入八卦，顺数方位。

——六仪同六戊之类，六甲与六干，只同一位，顺则俱顺，逆则俱逆，旧时分开两次排布，今制奇子合为一，极为省便。

——八门九神，太乙《坎》属水贪狼，摄提《坤》属土巨门，轩辕《震》属木禄存，招摇《巽》属木文曲，天符中属土廉贞，青龙《乾》属金武曲，咸池《兑》属金破军，太阴《艮》属土左辅，天乙《离》属火右弼。

——阳遁六甲起例，甲子《艮》，甲戌《离》，甲申《坎》，甲午《坤》，甲辰《震》，甲寅《巽》，顺甲起。

——阴遁六甲起例，甲子在《艮》，甲戌《兑》，甲申《乾》，甲午中，甲辰《巽》，甲寅《震》，逆甲起。

奇门口诀

先观二至，以分顺逆。冬至后，以阳遁顺布六仪，逆布三奇；夏至后，以阴遁逆布六仪，顺布三奇。

次观节气，以定三元。三元者，上中下三局也。五日为一候，三候为一气，一月为二气，一年有二十四气。此法以甲己二将为符头，符头临支，如值子、午、卯、酉，则为上元；值寅、申、巳、亥，则为中元；值辰、戌、丑、未，则为下元。五日换一符头，故半月为一气，而三局周也。

假令冬至节用事，按起例云一七四，是一为上元，七为中元，四为下元。本日符头是上元，用一字，则从《坎》宫起；是中元，用七字，则从《兑》宫起；是下元，用四字，则从《巽》宫起。余皆仿此。

再观旬首，以取符使。旬首者，用事之时所管六甲也。看本时旬首，是何甲，即从应起之宫，依阳顺阴逆数之，旬首所泊之宫，星即为值符，门即为值使。如在《坎》宫，则蓬休为符使。余皆仿此。

起例诗

一逢子上一蓬休，芮死推排第二流。更有冲伤并辅杜，不离三四数为头。

禽星死五心开六，柱惊当从七上求。内外任生居八位，九寻英景逐方休。

起年奇门总例

年奇门者，以六十花甲而定也。凡上元甲子旬，以《坎》一宫为始；甲戌旬，以《坤》二宫为始；甲申旬，以《震》三宫为始；甲午旬，以《巽》四宫为始；甲辰旬，以中五宫为始；甲寅旬，以《乾》六宫为始；中元甲子，以《兑》七宫起。甲子轮流次第，数至癸亥止，《震》三宫下元甲子，又当《巽》四宫起甲子，至癸亥《离》九宫止。其上中下三元甲子，又如前上中下三元相同。自黄帝六十一年，《坎》一宫起上元甲子；至少昊二十一年，《兑》七宫起中元甲子；至少昊八十一年，《巽》四宫起下元甲子；至颛顼五十六年癸亥，行九宫第一周。又自颛顼五十七年，《坎》一宫起上元甲子；至帝喾三十九年，《兑》七宫起中元甲子；至唐尧二十一载，《巽》四宫起下元甲子；至唐尧八十载癸亥，行九宫第二周。又自唐尧八十一载，《坎》一宫起上元甲子；至虞舜三十九载，《兑》七宫起中元甲子；至夏仲康三岁，《巽》四宫起下元甲子；至少康二十二岁癸亥，行九宫第三周。又自少康二十三岁，《坎》一宫起上元甲子；至夏后槐四岁，《兑》七宫起中元甲子；至夏后不降四岁，《巽》四宫起下元甲子；至夏后扃四岁癸亥，行九宫第四周。又自夏后扃五岁，《坎》一宫起上元甲子；至夏后孔甲二十三岁，《兑》七宫起中元甲子；至夏后桀二十二岁，《巽》四宫起下元甲子；至商王太甲十六祀癸亥，行九宫第五周。又自商王太甲十七祀，《坎》一宫起上元甲子；至商王太康十五祀，《兑》七宫起中元甲子；至商王太戊二十一祀，《巽》四宫起下元甲子；至商王仲丁五祀癸亥，行九宫第六周。又自商王仲丁六祀，《坎》一宫起上元甲子；至商王祖辛十祀，《兑》七宫起中元甲子；至商王祖丁二十九祀，《巽》四宫起下元甲子；至殷王盘庚二十四岁癸亥，行九宫第七周。又自殷王盘庚二十五岁，《坎》一宫起上元甲子；至殷王武丁八祀，《兑》七宫起中元甲子；至殷王祖甲二祀，《巽》四宫起下元甲；至殷王武乙元祀癸亥，行九宫第八周。又至殷王武乙二祀，《坎》一宫起上元甲子；至殷王纣辛十八祀，《兑》七宫起中元甲子；至周康王二年，《巽》四宫起下元甲子；至周昭王三十五年癸亥，行九宫第九周。又自周昭王三十六年，《坎》一宫起上元甲子；至周穆王四十五年，《兑》七宫起中元甲子；至周孝王十三年，《巽》四宫起下元甲子；至厉王四十一年癸亥，行九宫第十周。又自周厉王四十二年，《坎》一宫起上元甲子；至周幽王五年，《兑》七宫起中元甲子；至周桓王三年，《巽》四宫起下元甲子；至周惠王十九年癸亥，行九宫第十一周。又自周惠王二十年，《坎》一宫起上元甲子；至周定王十年，《兑》七宫起中元甲子；至周景王八年，《巽》四宫起下元甲子；至周敬王四十二年癸亥，行九宫第十二周。又自周敬王四十三年，《坎》一宫起上元甲子；至周威烈王九年，《兑》七宫起中元甲子；至周显王十二年，《巽》四宫起下元甲子；至周赧王十七年癸亥，行九宫第十三周。又自周赧王十八年，《坎》一宫起上元甲子；至秦王政十年，《兑》七宫起中元甲子；至汉孝文帝三年，《巽》四宫起下元甲子；至孝武帝元狩五年癸亥，行九宫第十四周。又自元狩六年，《坎》一宫起上元甲子；至孝宣帝五凤元年，《兑》七宫起中元甲子；至孝平帝元始四年，《巽》四宫起下元甲子；至孝明帝永平六年癸亥，行九宫第十五周。又自永平七年，《坎》一宫起上元甲子；至孝安帝延平三年，《兑》七宫起中元甲子；至孝灵帝中平元年，《巽》四宫起下元甲子；至后主延熙六年癸亥，行九宫第十六周。又自延熙七年，《坎》一宫起上元甲子；至晋孝惠帝永兴元年，《兑》七宫起中元甲子；至晋哀帝兴宁二年，《巽》四宫起下元甲子；至宋营阳王景平元年癸亥，行九宫第十七周。又自宋文帝元嘉元年，《坎》一宫起上元甲子；至齐武帝永明二年，《兑》七宫起中元甲子；至梁武帝大同十年，《巽》四宫起下元甲子；至隋文帝仁寿三年癸亥，行九宫第十八周。又自仁寿四年，《坎》一宫起上元甲子；至唐高宗麟德元年，《兑》七宫起中元甲子；至明皇帝开元十二年，《巽》四宫起下元甲子；至唐德宗建中四年癸亥，行九宫第十九周。又自德宗兴元元年，《坎》一宫起上元甲子；至唐武宗会昌四年，《兑》七宫起中元甲子，至唐昭宗天祐元年，《巽》四宫起下元甲子；至宋太祖乾德元年癸亥，行九宫第二十周。又自乾德二年，《坎》一宫起上元甲子；至宋仁宗天圣二年，《兑》七宫起中元甲子；至宋神宗元丰七年，《巽》四宫起下元甲子，至宋高宗绍兴十三年癸亥，行九宫第二十一周。又自绍兴十四年，《坎》一宫起上元甲子；至宋宁宗嘉泰四年，《兑》七宫起中元甲子；至宋理宗景定五年，《巽》四宫起下元甲子，至元英宗至治三年癸亥，行九宫第二十二周。又自元泰定元年，《坎》一宫起上元甲子；至明太祖洪武十七年，起中元甲子；至明英宗正统九年，《巽》四宫起下元甲子；至明孝宗弘治十六年癸亥，行九宫第二十三周。又自弘治十七年，《坎》一宫起上元甲子；至明世宗嘉靖四十三年，《兑》七宫起中元甲子；至明熹宗天启四年，《巽》四宫起下元甲子；至大清康熙二十二年癸亥，行九宫第二十四周。又自康熙二十三年，又起上元甲子。自黄帝六十一年甲子为始，至康熙二十二年癸亥，上中下三元，各二十四元；每元甲子三转，一百八十年，即为甲子一周，至今五十七年，共四千三百五十五年。以此二十三年上元甲子，又以《坎》宫起，甲戌在《坤》，甲申在《震》，甲午在《巽》，乙未在中宫，丙申在《乾》，丁酉在《兑》，今戊戌年在《艮》八宫值使，伤门天冲星值符，皆在东北方也。

遁月奇门总例

夫遁月者，盖以五虎遁为法也。歌曰："甲己之年丙作首，乙庚之岁戊为头。丙辛之岁寻庚上，丁壬壬位顺行流。更有戊癸何方起，甲寅之上好追求。"以遁歌为主，从本年宫位而起。

如康熙二十三年上元甲子，应从《坎》一宫起正月，用五虎遁："甲己之年丙作首"，正月丙寅，应在《坎》一宫；二月丁卯，在《坤》二宫；三月戊辰，在《震》三宫；四月己巳，在《巽》四宫；五月庚午，在中五宫；六月辛未，在《乾》六宫；七月壬申，在《兑》七宫；八月癸酉，在《艮》八宫；九月甲戌，在《离》九宫；十月乙亥，在《坎》一宫；十一月丙子，在《坤》二宫；十二月丁丑，在《震》三宫。自甲子至癸亥，俱如是法轮流转运。

其月有阴阳所属，如冬至子月，至夏至未月，属阳，顺布六仪，逆布三奇。如夏至未月，至冬至子月，属阴，顺布三奇，逆布六仪。三奇者，乃乙、丙、丁是也。乙为日奇，丙为月奇，丁为星奇。六仪者，甲子戊、甲戌己、甲申庚、甲午辛、甲辰壬、甲寅癸是也。故将甲子一周，用五虎遁明正月，分定九宫，载列于后，使学者得免细检诸书，即能遁月者也。

如甲子年，正月丙寅，从《坎》一宫遁起；乙丑年，正月戊寅，从《坤》二宫遁起；丙寅年，正月庚寅，从《震》三宫遁起；丁卯年，正月壬寅，从《巽》四宫遁起；戊辰年，正月甲寅，从中五宫遁起；己巳年，正月丙寅，从《乾》六宫遁起；庚午年，正月戊寅，从《兑》七宫遁起；辛未年，正月庚寅，从《艮》八宫遁起；壬申年，正月壬寅，从《离》九宫遁起；癸酉年，正月甲寅，又从《坎》一宫遁起；甲戌年，正月丙寅，从《坤》二宫遁起；乙亥年正月戊寅，从《震》三宫遁起；丙子年，正月庚寅，从《巽》四宫遁起；丁丑年，正月壬寅，从中五宫遁起，戊寅年，正月甲寅，从《乾》六宫遁起；己卯年，正月丙寅，从《兑》七宫遁起；庚辰年，正月戊寅，从《艮》八宫遁起；辛巳年，正月庚寅，从《离》九宫遁起；壬午年，正月壬寅，又从《坎》一宫遁起；癸未年，正月甲寅，从《坤》二宫遁起；甲申年，正月丙寅，从《震》三宫遁起；乙酉年，正月戊寅，从《巽》四宫遁起；丙戌年，正月庚寅，从中五宫遁起；丁亥年，正月壬寅，从《乾》六宫遁起；戊子年，正月甲寅，从《兑》七宫遁起；己丑年正月丙寅，从《艮》八宫遁起；庚寅年，正月戊寅，从《离》九宫遁起；辛卯年，正月庚寅，又从《坎》一宫遁起；壬辰年，正月壬寅，从《坤》二宫遁起；癸巳年，正月甲寅，从《震》三宫遁起；甲午年，正月丙寅，从《巽》四宫遁起；乙未年，正月戊寅，从中五宫遁起；丙申年，正月庚寅，从《乾》六宫遁起；丁酉年，正月壬寅，从《兑》七宫遁起；戊戌年，正月甲寅，从《艮》八宫遁起；己亥年，正月丙寅，从《离》九宫遁起；庚子年，正月戊寅，又从《坎》一宫遁起；辛丑年，正月庚寅，从《坤》

11

二宫遁起；壬寅年，正月壬寅，从《震》三宫遁起；癸卯年，正月甲寅，从《巽》四宫遁起；甲辰年，正月丙寅，从中五宫遁起；乙巳年，正月戊寅，从《乾》六宫遁起；丙午年，正月庚寅，从《兑》七宫遁起；丁未年，正月壬寅，从《艮》八宫遁起；戊申年，正月甲寅，从《离》九宫遁起；己酉年，正月丙寅，又从《坎》一宫遁起；庚戌年，正月戊寅，从《坤》二宫遁起；辛亥年正月庚寅，从《震》三宫遁起；壬子年，正月壬寅，从《巽》四宫遁起；癸丑年，正月甲寅，从中五宫遁起；甲寅年，正月丙寅，从《乾》六宫遁起；乙卯年，正月戊寅，从《兑》七宫遁起；丙辰年，正月庚寅，从《艮》八宫遁起；丁巳年，正月壬寅，从《离》九宫遁起；戊午年，正月甲寅，又从《坎》一宫遁起；己未年，正月丙寅，从《坤》二宫遁起；庚申年，正月戊寅，从《震》三宫遁起；辛酉年，正月庚寅，从《巽》四宫遁起；壬戌年，正月壬寅，从中五宫遁起；癸亥年，正月甲寅，从《乾》六宫遁起。如康熙二十三年，上元甲子，丙寅正月，当在《坎》一宫，值符天蓬星，值使休门伏吟也，如此按元运转，诚为阴阳无错无差也。

遁日奇门起例

夫日奇者，以节气而定也。自冬至至夏至，其间计一十二节，其气属阳；自夏至至冬至，其间亦计一十二节，其气属阴。然必先观二至，以分顺逆，冬至后以阳遁，顺布六仪，逆三奇；夏至后以阴遁，逆布六仪，顺布三奇。次观节气，以定三元，三元者，上中下三局也。五日为一候，三候为一气，一月有二气，一年有二十四气，各有阴阳所属。此法以甲己二将为符头，符头临支，如值子、午、卯、酉，则为上元；值寅、申、巳、亥，则为中元；值辰、戌、丑、未，则为下元。五日换一符头，故半月为一气，而上中下三元周也。假令冬至节用事，按起例云一七四，是一局为上元，七局为中元，四局为下元。本日符头是上元，用"一"字，则从《坎》宫起；是中元，用"七"字，则从《兑》宫起；是下元，用"四"字，则从《巽》宫起。余节气皆仿此起也。

遁时奇门总例

夫起时者，盖以《五鼠遁》为法也。歌曰："甲己还加甲，乙庚丙作初，丙辛从戊子，丁壬庚子居，戊癸何方起，壬子是直途。"如甲己日子时，即甲子时也；乙庚日子时，即丙子时也；丙辛日子时，即戊子时也；丁壬日子时，即庚子时也。其花甲一周，俱以此为例法，此日上遁时，如年上遁月之法相同也。

比例法

夫八门者，盖以休、死、伤、杜、开、惊、生、景也。假如冬至节气，甲子日庚午时，应自《坎》宫起甲子，《坤》宫乙丑，《震》宫丙寅，《巽》宫丁卯，中宫戊辰，《乾》宫己巳，《兑》宫得庚午时。即以《坎》宫值使休门，移与《兑》宫，以六甲符头，照此为法，余皆仿此例，可屈指而演也。

夫九星者，即蓬、芮、冲、辅、禽、心、柱、任、英也。假如冬至节气甲子日庚午时，亦系《坎》宫起甲子，《离》宫乙丑，《艮》宫丙寅，《兑》宫丁卯，除此三奇，又自《坎》宫戊辰，《坤》宫己巳，《震》宫庚午，以《坎》宫值符天蓬，移与《震》三宫，以六甲符头，照此为法，余皆仿此例而推也。

再观旬首，以取符使。旬首者，用事之时所管六甲也。看本时旬首是何甲，即从应起之宫，依阳顺阴逆数之，旬首所迫之宫，星即为值符，门即为值使。如在《坎》宫，则天蓬为值符，休门为值使，余仿此。

看所用时干，泊在地盘何宫，即以天盘值符，移在此宫，却从八卦数之，则乙、丙、丁三奇，所临之方见矣。

看所用之时辰，泊在地盘何宫，即以天盘值使，移在此宫，却从八卦数之，则休、开、生，所临之门见也。

以八诈门之值符，加于九星，值符所临之宫，阳顺阴逆，则九天九地，六合太阴之方见也。

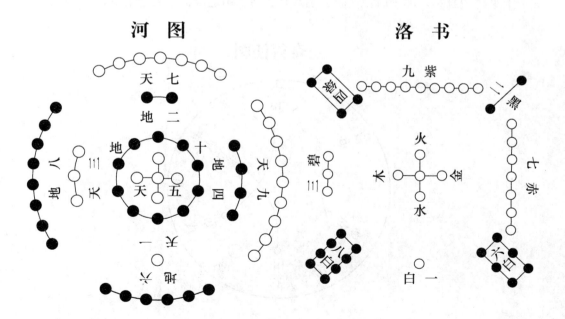

河 图　　　　　　　　**洛 书**

《系辞传》曰："河出图，洛出书，圣人则之。"又曰："天一、地二、天三、地四、天五、地六、天七、地八、天九、地十；天数五，地数五，五位相得，而各有合；天数二十有五，地数三十，凡天地之数五十有五，此所以成变化而行鬼神也。"此《河图》之数也。《洛书》盖取龟象，故其数："戴九履一，左三右七，二四为肩，六八为足。"蔡元定曰："图书之象，自汉孔安国、刘歆，魏关朗子明，有宋康节先生邵雍尧夫，皆谓如此，至刘牧始两易其名，而诸家因之，故今复之，悉从其旧。"

后天八卦图

上见《说卦》。邵子曰："此文王八卦，乃入用之位，后天之学也。"

三奇得使图

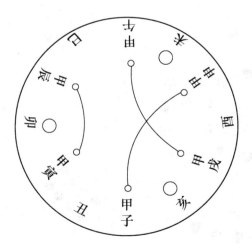

乙奇，加甲戌、甲午；丙奇，加甲子、甲申；丁奇，加甲辰、甲寅。是谓三奇得使，最为吉也。

论六十花甲子纳音并注解

夫甲子者，始成于大挠氏，而纳音成之于鬼谷子，象成于东方朔，时朔既成其象，因号曰花甲子。然甲子者，自子至亥，十二宫，各有金、木、水、火、土之属，始起于子，是一阳，终于亥，为六阴，其五行所属，但加人之世事也。何以谓之世事，大率五行，金、木、水、火、土，在天为五星，于地为五岳，于德为五常，于人为五脏，其为命也，为五行，是故甲子之属，乃应之于命，命则一世之事者，故甲子纳音象之，时圣人喻之，亦如人一世之事体也。一世之事者，宣圣所谓三十而立，四十而不惑，五十而知天命，六十而耳顺，七十而从心所欲。其甲子之象，自子而至于亥，其理灼然，而可见矣。且如子丑二位者，阴阳始孕，人在胞胎，物藏根核，未有涯际也；寅卯二位者，阴阳渐辟，人渐生长，物以拆甲，群葩渐剖，如人将有立身也；辰巳二位，阴阳气盛，物当花秀，人至三十、四十，而有立身之地，进取之象；午未二位者，阴阳彰露，物色成齐，人至五十、六十，富贵贫贱可知，凡百兴衰可见矣；申酉二位者，阴阳肃杀，物已收成，人已龟缩，各得其静矣；戌亥二位者，阴阳闭塞，物气归根，人当休息，各有归着也。但只详此十二位，先后灼然可见，于六十甲子，可以次第而知也。

甲子乙丑海中金，

以子属水，又为湖，又为水旺之地，兼金死于子，墓于丑，水旺而金死墓，故曰：海中之金也。又曰："气在包藏，使极则沉替。"

丙寅丁卯炉中火，

以寅为三阳也，卯为四阳也，火既得位，又得寅卯之木以生之，此时天地开炉，万物始生，故曰炉中火也。天地为炉，阴阳为炭。

戊辰己巳大林木，

以辰为原野，巳为六阳，木至六阳则枝荣叶茂，以茂盛之木，而发原野之间，故曰大林木也。声播九天，阴生万顷。

庚午辛未路旁土，

以未甲之木，生午未之旺火，火旺则土于斯而爱刑，土之所生，未能育物，犹路旁土也。壮以及时，垂原载木，多不虑木。

壬申癸酉剑锋金，

以申酉金之正位，兼临官申帝旺，酉金既生旺，则诚刚矣，刚则无逾于剑锋，故曰剑锋金也。虹光射斗牛，白刃凝霜雪。

甲戌乙亥山头火，

以戌亥为天门，火照天门，其光至高，故曰山头火也。天际斜晖，山头落日，散绮因以返照，舒霞本自余光。

丙子丁丑涧下水，

以水旺于子，衰于丑，旺而返衰，则不能为江河，故曰涧下水也。山环细浪，雪涌飞湍，深流三峡之倾，涧壑千寻之倒。

戊寅己卯城头土，

以天干戊己属土，寅为《艮》，山土积而为山，故曰城头土也。天京玉叠，帝里金城，龙蟠千里之形，虎踞四维之势也。

庚辰辛巳白蜡金，

以金养于辰，生于巳，刑质初成，未能坚利，故曰白蜡金也。气渐发生，金弱在矿，交栖日月之光，凝聚阴阳之气。

壬午癸未杨柳木，

以木死于午，墓于未，木既死墓，虽得天干壬癸之水以生之，终是柔木，故曰杨柳木。万缕不蚕之丝，千条不针之线。

甲申乙酉泉中水，

古本作"井泉水"，今误。

金临官在申，帝旺在酉，金既生旺，则水由以火，然方生之际，力量未洪，故曰井泉水也。气息而静，过而不竭，出而不穷。

丙戌丁亥屋上土，

以丙丁属火，戌亥为天门，火既炎上，则土非在下而生，故曰屋上土也。以火木而生旺，是徒增其势，至于死绝喜以安。

戊子己丑霹雳火，

己丑属土，子属水，水居正位，而纳音乃火，水中之火，非龙神则无，故曰霹雳火。电掣金蛇之势，云驱铁骑之奔，变化之象。

庚寅辛卯松柏木，

以木临官在寅，帝旺在卯，木既生旺，则非柔弱之比，故曰松柏木也。傲雪凌霜，参天覆地，风撼奏笙簧，雨余张旌旗。

壬辰癸巳长流水，

辰为水库，巳为金长生之地，金则生水，水性以存，以库水而逢生金，则泉源不竭，故曰长流水也。势居东南，贵安静。

甲午乙未沙中金，

午为火旺之地，火旺则金败；水为火衰之地，火衰而金冠带破，而冠带未能砍伐，故曰沙中金也。

丙申丁酉山下火，

申为地户，酉为日入之门，日至此时而藏光也，故曰山下火。西沉《兑》位，复喜东南，出《震》明《离》，其光愈晔，暗恶水明喜济。

戊戌己亥平地木，

戌为原野，亥为生木之地，夫木生于原野，则非一根一株之比，故曰平地木也。惟资雨露之功，不喜霜雪之积。

庚子辛丑壁上土，

丑虽土家正位，而子则水旺之地，土见水多，则为泥也，故曰壁上土也。气居闭塞，物上包藏，掩形遮体，内外不交故云。

壬寅癸卯金箔金，

寅卯为木旺之地，木旺则金羸，且金绝于寅，胎于卯，金既无力，故曰金箔金。气尚柔，则金形绝地，薄若绘缟乃云。

甲辰乙巳覆灯火，

辰为食时，巳为天中日之将午，艳阳之势，光于天下，故曰覆灯火。金盏衔光，玉台吐艳，照日月不照明处，明天地未明时刻。

丙午丁未天河水，

丙丁属火，午为水旺之地，纳音乃水，水自火出，非银汉不能有也，故曰天河水。气当升降，沛然作霖，生旺有济物之功。

戊申己酉大驿土，

申为《坤》，《坤》为地；酉为《兑》，《兑》为泽。戊己之土，加于《坤》泽之上，非其地浮薄之土，故曰大驿土。气以归息，物当收敛。

庚戌辛亥钗钏金，

金至戌而衰，至亥而病，金既衰病，则诚柔矣，故曰钗钏金。形已成器，华饰光灿，厌乎生旺，贵乎藏体，火盛伤形终不喜。

壬子癸丑桑拓木，

子属水，丑属金，水方生木，金则伐之，犹桑拓方生，人便以喂蚕，故曰桑拓木也。气居盘屈，居于水地，未施刀斧之劳。

甲寅乙卯大溪水，

寅为东旺维，卯为正东，水流正东，则其性顺，而川涧池沼，俱合而归，故曰大溪水。气出阳明，水势恃源，东流滔汪。

丙辰丁巳沙中土，

土库在辰，而绝在巳，而天下丙丁之火至辰，冠带而临，官在己土，既库绝旺，火复与生之，故曰沙中土。土疏气散不宜。

戊午己未天上火，

古本"炎上火"，今作"天上火"。

午为火旺之地，未中之木，又复生之，火性炎上，及逢生地，故曰天上火。气过阳宫，重《离》相会，炳灵交光，发挥炎上。

庚申辛酉石榴木，

申为七月，酉为八月，此时木则绝矣，惟石榴之木复实，故曰石榴木。气归静肃，物渐成实，木居金土，其味秋果成实。

壬戌癸亥大海水。

水冠带在戌，临官在亥，水则力厚矣，兼亥为江，非他水之比，故曰大海水。势趋天门，历事已毕，生旺不泛，死绝不涸。

八卦九宫五行所属

乾　六白　天心　开门　金　武曲　西北
兑　七赤　天柱　惊门　金　破军　正西
艮　八白　天任　生门　土　左辅　东北
离　九紫　天英　景门　火　右弼　正南
坎　一白　天蓬　休门　水　贪狼　正北
坤　二黑　天芮　死门　土　巨门　西南
震　三绿　天冲　伤门　木　禄存　正东
巽　四碧　天辅　杜门　木　文曲　东南
中央　五黄　天禽　死门　土　帘真　中宫

八门旺相

立春生门旺，春分伤门旺，立夏杜门旺，夏至景门旺，立秋死门旺，秋分惊门旺，立冬开门旺，冬至休门旺。

八门吉凶诗克应断

开门欲得临照来，奴婢牛羊百日回。财宝进时地户入，兴隆宅舍有资财。
田园招得商音送，巳酉丑年绝户来。印信子孙多拜受，紫衣金带拜荣回。

开门大吉，出行四十里内，见猪马，逢酒食；若治政，私人谋起。
开门宜远行，所向通达。
开门与乙奇临己，得月精所蔽为地遁，百事吉。
开门临三四宫，金克木也凶。

休门最好足钱财，牛马猪羊自送来。

外口婚姻南上应，迁官职位坐京台。

定进羽音人产业，居家安稳永无灾。

休门宜修造进取，并有所合，出行五十里，见蛇、鼠、水物吉。

休门宜和集万事。

休门与丁奇临太阴，得星精所蔽为人遁，百事吉。

休门临九宫，水克火也凶。

生门临着土星辰，人旺孳牲每称情。子丑年中三七月，牛羊鞍马进门庭。

蚕丝谷帛皆丰足，朱紫儿孙守帝廷。南上商贾田地进，子孙禄位至公卿。

生门出行六十里，见贵人车马吉。

生门宜见贵人，求事皆获。又宜婚姻嫁娶上官吉。

生门宜见贵人，营造百事吉。

生门与丙奇临戊，得日精所蔽为天遁，百事吉。

生门临一宫，土克水也凶。

伤门不可说，夫妇又遭迍。疮疼行不得，折损血财身。

天灾人枉死，经年有病人。商音难得好，余事不堪闻。

伤门竖立埋葬，上官出行俱不吉，只宜捕物索债博戏吉。

伤门宜渔猎，捕捉盗贼吉。

伤门临二八宫，木克土也大凶。

杜门原属木，犯着灾殃频。亥卯未年月，遭官入狱迍。

生离并死别，六畜逐时瘟。落树生脓血，祸来及子孙。

杜门出行六十里，见恶人宜掩捕，断奸谋。如月奇临，主烽火；日奇临，主弓弩；星奇临，主两女人身着青衫。此应三奇神也。

杜门宜邀遮伏截，诛伐凶逆。

杜门临二八宫，木克土也大凶。

景门主血光，官符卖田庄。非横多应有，儿孙受苦殃。

外亡并恶死，六畜也遭亡。生离并死别，用者要提防。

景门小利，宜上书献策选士；如出行三十里外，见赤文大蛇；七十里有水火、失物。如起造嫁娶，杀宅长及小口。

景门临七宫，火克金也凶。吉门被克，吉事不成。

死门之宿是凶星，修造逢之祸必侵。

犯着年年田地退，更防人口损财凶。

死门宜行刑、诛戮、吊死、送葬，若射猎，出此门吉，远行起造嫁娶，主宅母死，新媳亡，大凶。

死门临一宫，土克水也大凶。

惊门不可论，瘟疫死人丁。

辰年并酉月，非横入门庭。

惊门宜博戏、捕捉、斗讼吉。出行四十里损伤，道路不通；四十里见二人争打则吉，如无，主惊恐，凶。

惊门临三四宫，金克木也大凶。

九星旺相

相于正月同类，旺于子孙月我生，死于父母月生我，休于妻财月我克，因于官鬼月克我。

如三奇合三门，下逢隐太阴，六合九地为之，三诈征战必胜，营谋皆美。

九星吉凶诗断

天蓬水星，字子禽，居一《坎》宫

家庭争竞遇天蓬，胜捷威名万事同。春夏用之皆大吉，秋冬用此半为凶。

嫁娶远行应少利，葬埋修造亦闲空。须得生门同丙乙，用之万事得昌隆。

天蓬时，不宜嫁娶、移徙、斗争、入室，及修宫室。

天芮土星，字子成，居二《坤》宫

授道结交宜芮星，五行值此最难明。出行用事当先退，修造安坟发祸刑。

盗贼惊惶忧小口，更宜因事被官嗔。纵得奇门从此位，求其吉事也虚名。

天芮时，宜授道结交，不可嫁娶、言讼、移徙、筑室，秋冬吉，春夏凶。

天冲木星，字子翘，居三《震》宫

嫁娶安营产女惊，出行移徙遇灾迍。

修造葬埋皆不利，万般作事且逡巡。

天冲时，不宜嫁娶、移徙、入官、筑室、祠祀、市贾。

天辅木星，字子卿，居四《巽》宫

天辅之星远行良，葬埋起造福绵昌。

上官移徙皆吉利，喜溢人财万事昌。

天辅时，宜请谒通财，四时吉，嫁娶多子孙，入官移徙，筑室吉。

天禽土星，字子公，居五中宫，附二《坤》宫

天禽远行偏宜利，坐贾行商俱称意。

投谒贵人两益怀，更兼造葬皆丰遂。

天禽时，宜远行、商贾、投谒、见贵、造葬，并吉。

天心金星，字子襄，居六《乾》宫

求仙合药见天心，商途旅福又还新。

更将迁葬皆宜利，万事逢之福禄深。

天心时，宜疗病合药，不宜嫁娶、入官、筑室、祠祀、商贾，秋冬吉，春夏凶，利见君子，不利见小人。

天柱金星，字子甲，居七《兑》宫

天柱藏行谨守宜，不须远出及营为。

万种所谋皆不遂，远行从此见凶危。

天柱时，不宜入官、市贾，惟宜修造、嫁娶、祭祀。

天任土星，字子韦，居八《艮》宫

天任吉宿事皆通，祭祀求官嫁娶同。

断灭群凶移徙事，商贾造葬喜重重。

天任时，宜祭祀求福，断灭群凶，四时皆吉。又，移徙、入官、祠祀、商贾、嫁娶吉。

天英火星，字子威，居九《离》宫

天英火星嫁娶凶，远行移徙不宜逢。

上官文武皆宜去，商贾求财总是空。

天英时，宜蕴身守道，设教修礼，春夏胜，嫁娶无子孙，移徙、上官、修营皆吉，春夏用之有喜。

长生歌

甲木长生在亥，乙木长生在午。
丙火长生在寅，丁火长生在酉。
戊土长生在寅，己土长生在酉。
庚金长生在巳，辛金长生在子。
癸水长生在卯，壬水长生在申。

十干禄

甲禄寅	乙禄卯	丙戊巳	丁己午
庚禄申	壬禄亥	癸禄子	辛禄酉

天门歌

天门甲子及于寅，三日俱来丙上轮。
卯辰巳后庚方吉，午未申从壬位行。
酉戌亥求于甲上，行年宜利受皇恩。

天三门法

本月将支起时支，十二月将顺数至。
太冲小吉与从魁，三方避祸天门使。

地户歌

地户于丑乙方寻，寅日庚上独游行。
卯辰丁位巳日壬，午未居辛甲申临。
酉戌二日户在癸，亥日丙上次序轮。

地四户法

太乙	胜光	小吉	传送
巳	午	未	申
天罡			从魁
辰			酉
大冲			河魁
卯			戌
功曹	大吉	神后	登明
寅	丑	子	亥

地私门月建即正月建寅二月建卯是也。

以时支加月建上，除、满、平、定、执、破、危、成、收、开、闭、建，顺数去。除、定、危、开地户，宜六合、太阴、太常君三辰，名曰地私门。更将奇门相照耀，出门百事总欣欣。

玉女歌

玉女常游于四维，子日居寅顺求之。

且如丑日辛干上，寅日从乾逐位宜。

卯壬辰癸巳居艮，午甲未乙申巽期。

酉丙戌丁亥坤上，出入其方福有余。

玉女守门时

庚午己卯巽戊子，玉女临门百事通。

丁酉丙午乙卯共，兴工战阵自相同。

玉女守门

天盘使门加地丁，号为玉女守门亨。

若作阴私和合事，请君但向此间行。

太冲天马

将支加在用时支①，顺行十二逢卯止。

卯止之宫大马宫，出行避难宜从此。

天辅时

甲己日，甲巳时；乙庚日，甲申时；丙辛日，甲午时；丁壬日，甲辰时；戊癸日，甲寅时。急则从神，值符及天乙所在之宫，必宜从此出方吉。

玄天透天关局

即九天玄女，精思妙契，搜罗变通，而玄微普备；究天上之六甲，定人间之五行，削千纸之繁文，归统一之正体。每一日课定，三门出入用事大吉，或机紧中急速，用

---

① 支者，月支也。

此三方之时，更不寻于文字，又不避太岁下一百二十四位神煞，及八门景、死之道，是以名《透天关都天大六壬诀》，乃五符值十二派定之星，五符即为都天大将军，并管局中恶煞，不避白虎、腾蛇、天罡凶恶方，乃主将防身之秘诀。凡于所在，可仔细认定方隅，或占人信，定虚实吉凶克应之地。但着人排定十二方所，无不验应，万无一失。出入斗者，一人敌十，化凶为吉，诸事皆利，人勇力胜，风埃不起，存五符为主，从此星出入之时，用步罡法，先左足横，右足直，移后足向前，又横左足，直右足，如此七步，便画四直五横于所出之方，起唐符国印大吉。

五不遇时

六甲地丁之时，阳星加之为开，阴星加之为合，此时移徙嫁娶，不可行遣怒鞭朴之事，行人不来，日中利远行。以甲日午时为庚午时，乙日为辛巳，丙日壬辰，丁日癸卯，戊日甲寅，己日乙丑，庚日丙子，辛日丁亥，壬日戊申，癸日己未，皆时干克日干，下克时兮，损其明名，五不遇时，纵得奇门吉，不可作百事。

游三避五时

三为生气，利为百事，故曰游三，如甲己日用丙寅时之类。五为害气，百事皆凶，故曰避五，如甲己日用戊辰时之类。

时干入墓

乙未时，乙奇入墓，乙为木，木墓在未也。丙戌时，月奇入墓，丙为火，火墓在戌也，亦名三奇入墓皆凶，不可举百事。

三奇入墓

乙奇临二宫，木归未也；丙丁临六宫，火归戌也。

乙奇未时，及《坤》上木入墓；丙丁戌时，及《乾》上木入墓，纵吉宿临门，不举百事。

起年禽七元甲子歌

甲子戌申午辰寅，甲子戌申午辰寅。
一元虚参氐室鬼心求，二元奎星箕胃翼牛头。
三元毕角虚参氐室是，四元鬼心奎星箕胃游。
五元翼牛毕角虚参处，六元氐室鬼心奎星是。
七元箕胃翼牛毕角处，此是七元禽甲六旬头。

如起年禽者，从明朝弘治十七年甲子，是箕水豹之年，若论上、中、下三元，此即上元也；明朝嘉靖四十五年甲子，虚日鼠，是中元；至明朝天启四年甲子，奎木狼，是下元也。至今大清康熙二十三年甲子，毕月乌，是上元，乃三元毕月乌也。若转一元虚日鼠是上元甲子，得二百四十年是也，今丙申年鬼金羊。

起月禽歌

> 会得年禽月易求，太阳用角木参头。
> 太阴室宿火值星，金心土胃水转牛。

如起月禽者，以年禽得之，如丙申年，禽是鬼金羊，正月起胃土雉，数去至十二月，此起月禽之法也。

起日禽七元甲子歌

> 一元虚张室轸回，二元奎亢胃房求。三元毕尾参见斗，四元鬼女星危流。
> 五元翼壁角娄宿，六元氐昂心觜猴。七元箕井牛边柳，此是七元四将头。
> 甲己子卯午酉，甲己子卯午酉。

如求日禽者，非年月而起也，如年七元禽星同也，乃年禽用六甲头，此日禽用六甲之符头，甲子己卯甲午己酉为将头也。

假如丙申年禽鬼金羊，正月庚寅心月狐，初一日壬辰是鬼金羊，此四将头，每将头管十五日，此四将头起翻禽用之也。

起时禽歌

> 七曜禽星会者稀，日虚月鬼火从箕。
> 水毕木氐金奎位，土宿还从翼宿推。
> 会者一元倒一指，不会七元七首诗。

如起时禽者，从日禽而起，如月禽从年禽而起之，皆一也。且时者，有一元倒一指之法，皆从寅上起也。如丙申年庚寅月，壬辰日，鬼金羊，庚子时是也。

起翻禽歌

> 说著天禽实有功，日毕月尾火奎中。水翼木虚金鬼伴，土宿常将逐箕踪。
> 常把将星寻时禽，时去觅取是他人。寻到时禽权且止，止处便见是他人。

如翻禽者，从所用之时禽上加将头宿，顺寻所用之时禽上止，或一回得，或两回得，自此禽逆求，如前顺已回，从此亦逆已回，至用时上止，即得翻禽。如丙申年庚寅月壬辰日庚子时，禽鬼金羊，加将己卯符头女土蝠，与子止，顺数得一回，鬼金羊在丑上，从逆数一回至子上，得斗木獬，即翻禽也，余仿此。

起活曜歌

日毕月尾火奎流，水氐木虚金寻牛。

土宿还从箕位起，此是翻禽活曜头。

如活曜者，从翻禽而起，若用某时禽，将某时翻禽所数宿，加在寅上，逆寻时禽所在之处止，从此禽顺数至所用之时上止，得何宿，即活曜也。如丙申年庚寅月壬辰日庚子时，禽鬼金羊，翻禽斗木獬，以木虚加寅上，逆数至时禽，又顺数至子时，得心月狐，即活曜宿也。

奇门吉格

龙回首者，六甲加六丙，名青龙返首。凡阴阳二遁，遇此时，可以进，其鸟跌穴，举百事皆吉，若更合奇门，利出行。

天遁：生门与丙奇临戊。利用兵，又开门与六丙合。

地遁：开门与乙奇临己。利安坟。

人遁：休门与丁奇临太阴。利置造，营完。

神遁：生门与丙合九天。利设法，利探敌。

鬼遁：生丁合《艮》逢九地。利偷营。又，开乙合《艮》逢九天，辛仪遇乙虎猖狂而财。

风遁：休开生临《巽》合乙奇。虚耗居《巽》有吉曰风遁，乙奇合辛云龙逃走。至《震》遇。

云遁：休开生与乙奇合辛。吉门曰云遁，否则主身残毁。

龙遁：休开与乙奇合《坎》甲。利祈雨，水战。

虎遁：休开与乙奇合《艮》辛。利招安，讨险。又，生门与星仪合。

奇门凶格

龙逃走：乙奇遇辛。	虎猖狂：辛遇乙。	蛇夭矫：癸见丁奇。
雀投江：丁见癸。	萤入悖：丙奇加庚。	悖入萤：庚加丙。
岁格：庚临岁干。	月格：庚临月干。	日格：庚临日干。
时格：庚临时干。	大格：庚加六癸。	小格：庚加六壬。
刑格：庚加六癸。	奇格：六庚加三奇。	飞干格：日干加庚。

伏干格：庚临日干。　　符悖：丙加天乙。　　飞悖：天乙加丙。

天乙飞宫：直符加庚。　　天乙伏宫：庚加直符。

门临二八之宫

伏吟：星不动，门亦然，不动宜收敛财货。

反吟：星反动，门亦然。

时墓：当月时干，墓有五。

戊戌、壬辰、丙戌、癸未、丁丑。

奇墓乙奇加二宫，以反六宫之类。

甲_辰值符临八四宫。

甲_寅值符临二四宫。

甲_午值符临三九宫。

以上六仪击刑，五不遇时干克日干，如甲日见庚，乙日见辛时之类。

（卷之一终）

阳遁一局

冬至上元　　惊蛰上元
清明中元　　立夏中元

甲己日甲子时

符分天蓬，戊仪司令，辖壬、子、癸之气，通一、四、七之宫，仪神己为得位，用门逢休，有随遇而安之象，时至而行之思，值使亦得嘉祥，乃主客和同，创制立法之始。所取三奇得地，凡谋尽有赞勷，而四七两宫神仪皆吉。然属伏吟，大象利于潜谋密计，凡事慎始，自不戾其所终，宁恬退，毋躁进可也。

卧云主人曰："寄合神于九天，未免遥求荫庇；忌刑脱于太阴，亦主飞宫惊惶。所取膡蛇之奇使，兼来本宫，以成天遁之吉兆，勾白之财神，反入戊坦，又成龙遁之体征。大约进逢克脱而多疑，退求生助亦未实，惟安守引从之荣遇，则得'现龙在田'之吉。"

甲己日乙丑时

戊符入《离》，得《既济》之体，乃勾白之宫，财帛之地，然而加乙为青龙入云格，利作图南之思，又为膡使受制，则合二龙相抗之疵，虽求同人帮助，亦为反复多歧，而口信不一之局。大约有财物争竞，是非重叠，似乎利于输金求名、炉冶、田产之占。

休门入《坤》，得《比》之体。盖水行地上，不无坎坷之状，上于推丙悖己，飞庚刑己，于官鬼之宫，未免吉事受制，主客皆为疑惧，凡占为家宅不宁，事情悖戾之局。

卧云主人曰："符返而得财，使进而受克，盖因自己摇疑不定，而作事多艰耳，究竟财官并遇，病讼宜防。"

甲己日丙寅时

戊符入《艮》，得《蹇》之体，乃膡蛇之宫，官鬼之地，然而加丙，为青龙得明格，虽为返首之吉，却有疑虑，先否后泰之局。至于推丙伏庚，可以制暴，而庚仪推临六合，已为好事磨折，况又飞庚伏宫，不无御侮而适起人之侮，诚哉穷寇莫追。然两宫皆庚癸相格，又为私情败露，与阴人作祟之象。

休门入《震》，得《屯》之体，为暗中脱耗之侵，然本宫奇仪悖隔，虽属阳开，而腾蛇太阴互战，皆美中不足之占。

卧云主人曰："值符受制于腾蛇，值使受脱于太阴，则所谋未许如心。况本宫合神被格，又为迍邅暌违，祸兮福兮之情。"

甲己日丁卯时

戊符入《兑》，得《节》之体，乃九地之宫，印绶之地，然而加丁，为青龙耀明格，乃外开内合，秘密图谋，而飞丁却入六合，更主暗昧交情，暗中爽快之利，惟嫌推庚伏宫，而朱玄之使又来克制，宜防阴人是非，与土木耗费之事。

休门入《巽》，得《井》之体，似利为主，然其中朱玄九地杂处，而天星金土木生克，则为好事蹉跎，更慎同人脱耗之嫌，究竟符使未出本局，尚为始终有成，而隐伏回还之象。

卧云主人曰："符飞九地，而逢玉女之相携，使飞六合而疑辛仪之暗脱，似有生脱交驰之局，而旁为应照之情，然在三隐之宫，凡谋利于秘密，但阴六互战于本宫，又为隐私败露之情。"

甲己日戊辰时

戊符伏《坎》，为青龙入地格。大约为重复整理之象，辗转进取之机，但未免迍邅迟疑之情。

休门入中，经云"步五"，不惟事拙，更且困苦。

卧云主人曰："符伏吟，而使受制，凡谋进退犹豫，而未可施展之象。"

甲己日己巳时

戊符入《坤》，得《比》之体，乃朱玄之宫，官鬼之地，然而加己，为青龙相合格。须慎同类之侵欺，不无美中之不足。至于鬼入鬼乡，庶为前途有救，而本宫勾六相制，虽有生财之机，未得乘流之便。

休门入《乾》，得《需》之体，似为利客，堪作宴会涉川之举，变化生助之美，所惜庚癸相格，未免阻滞后通。

卧云主人曰："符入《坤》而受制，使入《乾》而受生，大约先损后益，所谋参差不一之象。况时下有飞干之疑，不无朱玄作祟，而克中受脱，究竟所事，虽为谋生之机，却遇淹缠隔碍之弊，不无狂逃无济之局也。"

甲己日庚午时

戊符入《震》，得《屯》之体，乃太阴之宫，子孙之地，然而加庚，为青龙持势，而值飞宫之格，未免惧脱惊疑，所喜推庚入《离》而作合，脱中还为有利，但嫌飞庚格壬，又为因财致鬼之嫌，而本宫飞丙得使，推丁暗助，凡事守己偏宜。

休门入《兑》，得《节》之体，似为利客，况又玉女相亲，当有阴私和合之事，惟嫌推乙携勾白，又为文信失约之占，好事见阻，究竟符东使西，子中另有疑格，暗中扶持之象。

卧云主人曰："符入东而遇刑脱，使向西而得生合，然皆暧昧之谋，不若弃东就西，更为有济，未免凡事纷更，而刑合互现之局。"

甲己日辛未时

戊符入《巽》，得《井》之体，乃六合之宫，子孙之地，然而加辛，为青龙相侵格，似为将本置货，为子求名之象，然亦张弧脱弧之情。

休门入《艮》，得《蹇》之体，所谋进退，趑趄不前之占。至于九地逢丁，又为幽会之情，暗中助美之吉耳。

卧云主人曰："值符受脱于六合，值使受克于螣蛇，大象彼此暌违，中人作梗之意，午中鬼脱交《坎》，所谋大为失利，况乎符入墓乡，俨如赘婿之占。"

甲己日壬申时

戊符步五，所谋未可施作，然而加壬，为青龙破狱格，未免重重闭阻，事多掣肘之占。

休门入《离》，得《既济》之体，则利为客求财，败北图南之举，但嫌罗网互现，不无反复冲隔之情。

卧云主人曰："符入官乡，使入财窟，似兼九五之荣，堪图财名之事，然步五反吟，未免事情悖戾之象，而反复规避之局。"

甲己日癸酉时

戊符入《乾》，得《需》之体，乃九地之宫，印绶之地，然而加癸，为青龙相合格，主有首尾兼济，子母重逢，从龙变化之美，轩昂生助之机，况乎本宫丙奇跌穴，则假司马而为万里侯矣。虽属气局之终，尚有挥戈之志，但防意外之风波耳。

休门伏《坎》，有驰驱归息之情，而清理了结之象。

卧云主人曰："符飞九天，一如避难投生之意，而终为游子逆旅之局，使伏本宫，诚乃有怀莫展之象，而困于伏枥长嘶之思，究竟有离合鼎革之占也。"

甲己日甲戌时

符分天芮，己仪秉令，辖未、《坤》、申之气，通二、五、八之宫，用元局之朱玄，而作承乏继起之宰，尽有改弦易辙之意，革故鼎新之谋。使值死门，有平易近人之情，而敦厚应世之局。但芮星死门原非吉将，况己仪本质柔懦，而督土符以理九宫七将，于中部属己非纯安耳。

卧云主人曰："大约作事，必为瑕瑜互现之占，虽有物来顺受，而遁沉滞偃之局，未免先迷而后利也。"

甲己日乙亥时

己符入《离》，得《明夷》之体，乃九天之宫，印绶之地，然而加乙，为日入地户格。大利干谒图维，有欣欣向荣之事，由微至著之情。

死门入《震》，得《复》之体，虽有来伤投托之情，却为图谋惊疑未遂之占。

卧云主人曰："符退而登天，有进取荣遇，使飞而入朱玄，有求见大人。然而两宫，乙庚作合官印，可以图谋，惟嫌事涉遥驰，而行上尚怀疑二，究竟决计而前，另有旁为际遇。"

乙庚日丙子时

己符入《艮》，得《谦》之体，乃勾白之宫，比肩之地，然而加丙，为地户埋光格，未免反复冲突，动摇不定，而好事多歧之象。大约有同类牵连之扰，与宅产交易之情，凡占先吉而后否之局。

死门入《巽》，得《升》之体，又兼腾阴战斗，须慎灾非，果能揆度事机，阴谋潜虑，尚有鬼假之祥。

卧云主人曰："值符返复得丙，诚为返首跌穴之奇，但多移易冲复之事，求荣见阻之占，况乎值使受制，所行未必如心。"

乙庚日丁丑时

己符入《兑》，得《临》之体，乃腾蛇之宫，子孙之地，然而加丁，为明堂贪生格，须慎小口之惊疑，与宵小之脱赚，亦为俯就之受脱耳。

死门入中，乃步五之格，凡占有舍逸就劳。往返不定，进退迟疑，自甘缠缚之遭，所宜知机抽避可也。

卧云主人曰："符脱于丁，使困于壬，在彼固有相通之意，而在我实有进退迍遭之情。"

乙庚日戊寅时

己符入《坎》，得《师》之体，乃六合之宫，财帛之地，然而加戊，为明堂从禄格，堪图返本仰求之意，同类通财之情。然而二庚伏宫，若非官讼之喧争，须慎强梁之横逆，大约为趋利忘害之占。

死门入《乾》，得《泰》之体，未免泄脱忧疑，况太阴之宫，而丁癸相呼，亦为宵小生非，所谋多拙。

卧云主人曰："符入六合而理财，使入太阴而受脱，大约因妻子生情，而进退疑豫，病必产后惊风。"

乙庚日己卯时

己符伏《坤》，乃行止未定之局，然而加己，为明堂重逢格，幸得同人助美，于今返辔还乡，切莫造次轻举，只宜安守本业，尚有天使之荣。

死门入《兑》，得《临》之体，未免俯就受脱，幸得玉女相迎，又为阴私有助，但有惊恐怪异之情耳。

卧云主人曰："符之归伏，盖有踌躇进取，玉女守门，不免阴私耗费，大约空图无补之思。"

乙庚日庚辰时

己符入《震》，得《复》之体，乃朱玄之宫，官鬼之地，然而加庚，为明堂伏杀格，天乙已飞，所谋阻扼惊异，朱玄鬼贼，凡占不利讼灾。

死门入《艮》，得《谦》之体，须慎比劫冲复，人情不测之占。

卧云主人曰："符遇庚鬼而飞，使入勾白而返，大约事绪多疑，谋为反复。"

乙庚日辛巳时

己符入《巽》，得《升》之体，乃九地之宫，官鬼之地，然而加辛，为天庭得势格，须防暗中谋害，虽为得势，却受悖逆之祸。

死门入《离》，得《明夷》之体，盖有退而谋生之意，惜为宠婢登堂，未免阴人之碎聒。

卧云主人曰："符使飞入官印，而属九天九地之宫，未免时潜时跃，而行藏蹉跎之局。"

乙庚日壬午时

己符入中，而事多反悔，然而加壬，为明堂被刑格，虽为求助之局，却入陷阱之中，不无进退羁縻，而作为难展之象。

死门入《坎》，得《师》之体，有探元得利之征，以图作合之美，所惜主谋者，太为拙滞耳。

卧云主人曰："用符退五，而事情不顺。值使理财，而谋为不扬之象。"

乙庚日癸未时

己符入《乾》，得《泰》之体，乃太阴之宫，子孙之地，然而加癸，为明堂合华盖格，未免暗中生脱，势穷力尽，所惜内外皆合，不无龃龉拂意之情。

死门伏《坤》，虽无破败之疵，却有忧疑沉滞之迹。

卧云主人曰："值符坠太阴之网，有甘受暗蚀之情；值使归伏本宫，乃诸事寝息之局。大约有不相照应之象。"

乙庚日甲申时

符分天冲，庚仪秉令，司甲、卯、乙之气，通三、九、六之宫，用伤门值使，有帝出乎《震》，而规模一新，但秉性刚撅，未免改辙之思，虽为振励之始，却失理财之宜。

按：《易》一阳生于二阴之下，动而上者为《震》，故《震》之来而为厉，又当丧其货财，然柔顺中正，足以自守，犹可不求而自获也。

乙庚日乙酉时

庚符入《离》，得《丰》之体，乃太阴之宫，子孙之地，然而加乙，为太白贪合格，未免有顾恋之思，阴谋成事之象。

伤门入《巽》，得《恒》之体，未免勾白恣横，相亲相妒，美中不足之事。

卧云主人曰："符前使后，盖有唱随之意，而此乙彼辛，又为际会之情，但符入子，使入比，有兄动生子之局，而允锡尔胤之情。"

乙庚日丙戌时

庚符入《艮》，得《小过》之体，乃九天之宫，财帛之地，然而加丙，为太白入荧格，当得失利之财，虽为返首之祥，却为隐显之事，内里恐生乖戾耳。

伤门步五，有捣穴之意，却为遭滞之情，不无内怀二心，贪财而防旁陷之险。

卧云主人曰："符使皆入财乡，尽有得陇得蜀之妙，但惜心劳事拙，于中不无迍邅。"

乙庚日丁亥时

庚符入《兑》，得《归妹》之体，乃勾白之宫，官鬼之地，然而加丁，为太白受制格，未免反复疑虑，虽为飞丙跌穴，却受财物之伤。

伤门入《乾》，得《大壮》之体，亦为进退惶惑，而作事每见趑趄。

卧云主人曰："符使并入官乡，盖有进取功名，遥趋天阙，所惜勾白朱玄，不无反复更易，凡事当于改更之后，而始得定可也？"

丙辛日戊子时

庚符入《坎》，得《解》之体，乃九地之宫，印绶之地，然而加戊，为太白逢恩格，尽有返本还原，但事宜秘密有成，先谋后利，损中得益。

伤门入《兑》，得《归妹》之体，虽为玉女守门，未免反复趑趄。

卧云主人曰："符飞九地而受生，已有暗求资辅之情；使飞勾白而反复，未免私情移易之交。大约有官贵文书之事，与阴私作合之占。"

丙辛日己丑时

庚符入《坤》，得《豫》之体，乃六合之宫，财帛之地，然而加己，为太白大刑格，虽为旺禄，谋为未免有更业图利之情，而反受欺逼之嫌。

伤门入《艮》，得《小过》秉令，而得三奇辏聚，谋为事业轩昂，财利固可如心，惟疑事涉两地。

卧云主人曰："符飞六合，使入九天，同为谋财之事，有隐显之殊，两处谋为，一钝一利之局，所喜财神飞入印宫，进前如为得济，如占弃宅，惟嫌值符入墓，必有退悔之心。大约食无味，而弃不忍。"

丙辛日庚寅时

庚符伏《震》，乃辗转反复之局，然而加庚，为太白自刑格，未免所事迟疑。

伤门入《离》，得《丰》之体，有阴人乙奇合符，尚有相资之妙，币帛相将之情。

卧云主人曰："看得符归伏，而使直脱，行藏未必如心，只宜安分自足，切莫恃强横恣，以致家人惶惕。"

丙辛日辛卯时

庚符入《巽》，得《恒》之体，乃腾蛇之宫，比肩之地，然而加辛，为太白重锋格，未免同人犄角之势欺凌，幸得丙奇跌穴，财利尚为可图。

伤门入《坎》，得《解》之体，有暗中受益之美。

卧云主人曰："符前使后，有遥为顾恋之意，而符劫使生，不无劳逸各别，所喜丙己并入本宫，又为财物就聚之征。"

丙辛日壬辰时

庚符入中，乃步五之格，然而加壬，为太白退位格，所惜小格之嫌，不无所谋迍遭，而彼此刑碍隔斗之占。

伤门入《坤》，得《豫》之体，惜其入墓绝之乡，乃贪财受困之象。

卧云主人曰："符使并入财乡，步五入墓，皆为谋财太急，反多掣肘之情。"

丙辛日癸巳时

庚符入《乾》，得《大壮》之体，乃朱玄之宫，官鬼之地，然而加癸，为太白刑隔格，似有战斗迟疑，而势穷力尽之象。

伤门伏吟，乃坐而观望之局，亦非施作之时。

卧云主人曰："符入官乡，使伏本位，盖进而多阻，退而无为之占。"

丙辛日甲午时

符入天辅，辛仪秉令，辖辰、《巽》、巳之气，通四、七、一之宫。

用杜门值使，似有际会之奇，相势而韬之局，虽为鼎新之谋，亦为因循之象。

卧云主人曰："宽以济猛，柔以伐刚之义。"

丙辛日乙未时

辛符入《离》，得《家人》之体，乃腾蛇之宫，子孙之地，然而加乙，为白虎猖狂格，未免脱赚之嫌，又生逃遁之弊，况本宫推庚来伏，则因类似有侵欺。

杜门入《坤》，得《观》之体，乃贪财入墓，凡事丛杂，内有二心。

卧云主人曰："符入腾蛇而直脱，使入太阴而理财，虽有脱气生财，却有前后顾盼，而符有自刑之疵，进退不无疑虑。"

丙辛日丙申时

辛符入《艮》，得《渐》之体，乃九地之宫，财帛之地，然而加丙，为天庭得朋格，主有远大际遇之奇，可图作合之利，而本宫飞得使，更有旁助之机。

杜门入《乾》，有反复冲移之象。

卧云主人曰："符趋九地，而得化合之财；使步《乾》维，而受勾白之制，未免迟疑惶惑之情。大约变宅谋利之占，宜尚嘉遁之心可也。"

丙辛日丁酉时

辛符入《兑》，得《中孚》之体，乃六合之宫，官鬼之地，然而加丁，为白虎受伤格，未免阴小欺侮，究竟始终尚得阴人之助，且有束帛笺笺之喜。

杜门入《兑》，虽为玉女守门，利于阴私谋间，亦主先损后益之情。

卧云主人曰："符使并趋六合，而得守门，堪问阴私和合之事，所惜俱入鬼乡，未免摇疑而未定。"

丙辛日戊戌时

辛符入《坎》，得《涣》之体，乃朱玄之宫，印绶之地，然而加戊，为龙虎争强格，尽有际遇之奇，可以作投托之局，但于中子午相冲，若非胎妒之情，亦主冲射之志，而本宫有鬼送财。

杜门入《艮》，得《渐》之体，有遥为暗中得财物，恐其中有疑豫之情。

卧云主人曰："符趋北道而受生，使入九地而得财，尽有此唱彼和，共图生财之道，然而二丁入宅，又为迅速之谋，但嫌皆值六合，须慎同庚之罪尤也。"

丙辛日己亥时

辛符入《坤》，得《观》之体，乃太阴之宫，财帛之地，然而加己，为虎坐明堂格，堪图阴谋田财之财，与粟帛之利。

杜门入《离》，《家人》之体，当主脱中生利，只嫌有合有刑，而事机未为顺适。

卧云主人曰："符前使后，盖有唱随之义，然符值阴财而沾濡羁迷，使入子孙而阴小脱耗，不无前后蹉跎之占。"

丁壬日庚子时

辛符入《震》，得《益》之体，乃九天之宫，比肩之地，然而加庚，为虎逢太白格，不无两虎相争，惊疑，反复争隔，而财物必有纷更之说。

杜门入《坎》，得《涣》之体，有飘泊偕栖之情，顾前失后之占。

卧云主人曰："符入九天而惊飞，盖有游魂之局，须防敌国舟中；使入朱玄而受生，虽有滋培之情，不无奸私口舌。况本宫受迫，得使也是奔忙。"

丁壬日辛丑时

辛符伏《巽》，为天庭自刑，乃败北图南之志，而暂为整理之机，然而前途也只如此，不若随遇而安，凡事知止为妙。

杜门入《坤》，得《观》之体，有密为谋立之思，虽为财宫，未免入墓多拙。

卧云主人曰："符伏入《巽》，徒有辗转之意；使入于《坤》，不无羁滞之情。大约行止迷蒙。"

丁壬日壬寅时

辛符入中，乃步五之格，财帛之宫，太阴之位，而本宫推丙作合，似可合伙图谋，但嫌飞庚来伏，未免成中见破，而诸事鞅掌之象。

杜门入《震》，得《益》之体，有依荣借势之情，亦未免貌同志异之嫌。

卧云主人曰："符步五，而通于太阴，虽为得手，却为暗滞；使退步而登于九天，虽有远附，不无退缩。凡谋事多掣肘。"

丁壬日癸卯时

辛符入《乾》，得《小畜》之体，乃勾白之宫，官鬼之地，然而加癸，为虎投罗网格，未免反复多疑，隔碍难通之象。

杜门伏《巽》，乃计穷力尽之时，阻滞偃塞之苦，只可守株待兔，切莫缘木求鱼。

卧云主人曰："值符返入鬼乡，又为堕网，挫事阻抑拂意之遭，况又值使陶伏，不无人情携二之象，而图为难以展作之占。"

丁壬日甲辰时

符分天禽，壬仪秉令，司中央之气，通二、八之权，用死门值使，有在彼在此之意，而掣肘丛则之情，纵然而智足多谋，未免而因人成事。

按：《易》柔顺正固，《坤》之直也；赋形有定，《坤》之方也；德合无疆，《坤》之大也。柔顺而中正，又得《坤》道之纯者，故其德内直外方，智足多谋，而又盛大。占者有其德，则其占如是也。

丁壬日乙巳时

壬符入《离》，有出五登九之意，然而加乙，为日入九地格，尽可作图南之志，滞中望明之思，虽有生助之机，但恐内多猜忌耳。

死门入《乾》，得《泰》之体，有合而受脱，虽为鬼假，须慎泄氽。

卧云主人曰："符飞九天，盖有迁乔之意；使入太阴，又为幽会之情。大约隐显两歧之占。"

丁壬日丙午时

壬符入《艮》，为天牢伏奇格，乃比肩之宫，勾白之地，有去逆效顺之意，虽为返首之吉，尚为好事迍邅。

死门入《兑》，得《临》之体，有母子相见之情，阴私合和之事，但防小口阴人之灾。

卧云主人曰："符入《艮》，而得返首之吉；使入《兑》，而为守门之奇。两宫丁壬，丙辛作合，尽有彼此联络之美，交本相投之好。"

丁壬日丁未时

壬符入《兑》，乃腾蛇太阴之宫，子孙之地，然而加丁，为太阴被狱格，似有阴私和好之情。

死门入《艮》，得《剥》之体，有反复摇动之象。

卧云主人曰："符受脱于西宫，使反吟于勾白，未免有自不尊大，而佐使有反悔之思，况又飞庚伏宫，一如避难投亲，而迁丰迁镐之象。"

丁壬日戊申时

壬符入《坎》，乃六合朱玄之宫，财帛之地，然而加戊，为青龙入狱格，可作同心断金之举，亦为进退逼迫之情。

死门入《离》，得《明夷》之体，有从微至著之情。

卧云主人曰："符飞北海，使向南阳，有财名各图之局，而彼此暌违之占。"

丁壬日己酉时

壬符入《坤》，有离而复合之意，然而加己，为天地刑冲格，未免迍邅，不能自出之象。

死门入《坎》，得《师》之体，虽为取财，亦未免仰求之意。

卧云主人曰："值符出五飞《坤》，虽有依附之势，实难振作之时，纵有值使入六合而图财，须防同人之忌。"

丁壬日庚戌时

壬符入《震》，乃趋三之格，尽有向荣之思，然而加庚，为天牢倚势格，惜值飞宫之疵，未免迍邅，所图不遇之局，幸本宫丁神作合，似主家人解祸之占。

死门归《坤》，有暂为恬退，假物当还之情，亦为背主偷安，而终非静止之谋。

卧云主人曰："值符加庚，盖为所谋受制；值使伏吟，不无动作迟疑。大约有进退不宁之状。"

丁壬日辛亥时

壬符入《巽》，乃九地之宫，官鬼之地，然而加辛，为白虎犯狱格，每多暗中侵害阻挠之占。

死门入《震》，得《复》之体，不惟所谋多阻，更且进退迟疑。

卧云主人曰："符使并入官乡，所谋未为迪吉，若非暗中口舌之扰，亦主彼此疑惧之思。"

戊癸日壬子时

壬符入中，为天牢自刑格，一如垓下受困，自甘守拙之局。

值使入《巽》，得《升》之体，未免所谋多拙，有计莫展之象。

卧云主人曰："符伏使飞，皆未得利，不无彼此迟疑，而不相照会之情。"

戊癸日癸丑时

壬符入《乾》，乃子孙之宫，螣蛇太阴之地，为阴阳重地格，自堕术中，甘遭脱陷，一如鞠躬尽瘁之情。

死门归伏，诚乃假物当还，困守无为，乃计穷力疲之时。

卧云主人曰："符飞天阙，而值罗网之交驰；使入中宫，而值机缘之穷涩。凡占事难转移。"

戊癸日甲寅时

符分天心，癸仪秉令，司戊、《乾》、亥之气，通六、九、三之宫，用开门值使，有另为制设之义，但惜伏吟，乃昧爽之始，未免事迹迷蒙，而趋向未定之局，亦为羊质虎皮之占。

按：《易》阳极于上，动必有悔，而迷蒙未定之局，上九至于亢极，故有悔也。

《朱子语类》云："若占得此爻，必须以亢满为戒，当极盛之时，如这般处，最是《易》之大义。"

戊癸日乙卯时

癸符入《离》，得《同人》之体，乃朱玄之宫，官鬼之地，为日沉九地格，未免官中之事，须防口舌之侵，与病讼之咎。

开门入《兑》，得《履》之体，有同人共事之妙，又得玉女相亲，可望暗中之帮助。

卧云主人曰："金星水符，飞入《离》明，未免为炉冶铸造之举，与官中交易之谋，况乎两庚伏宫，皆为财神入彀，恐有因财受累之嫌。然而玉女守门，阴谋始为有益，究竟三宫叠照，始终还可造就。"

戊癸日丙辰时

符使入《艮》，得《遁》之体，乃太阴之宫，印绶之地，然而加丙，为明堂犯悖格，又得青龙返首之吉，可谓资身有策之占，惜其因依于太阴，凡事难以显扬，则主先迷后利，更宜潜修励德，尚可随遇而安。

卧云主人曰："符、使并入太阴而受生，盖有暗中得济之情，相势而韬之象。"

戊癸日丁巳时

癸符入《兑》，得《履》之体，乃九天之宫，比肩之地，然而加丁，为螣蛇夭矫①格，未免动作虚惊，比劫多疑。

开门入《离》，得《同人》之体，有炉冶造作之事，与利见大人之象，虽有向荣之思，奈无垂青之意。

卧云主人曰："符退登天而夭矫，使入朱玄而迫制，不无行藏忧疑之情，而彼此矛盾之占。"

戊癸日戊午时

符使入《坎》，得《讼》之体，乃螣蛇之宫，子孙之地，然而加戊，为青龙入地格，虽有和好之情，须慎宵小之忌。

卧云主人曰："符、使尽有首尾相见，而子母重逢，但沉滞坎坷之事，与诈伪脱陷之侵，盖亦有之。"

戊癸日己未时

符、使入《坤》，得《否》之体，乃九地之宫，印绶之地，然而加己，为华盖入明堂格，当有意外之携，偕栖之意，究竟难以展作，相势而藏可也，恐有好事，而致羁迟之义。

卧云主人曰："以阳刚居否极，能倾时之否者也，其占为先否后喜。"

---

① 国中按："螣蛇夭矫"，十干中，丁、癸均为阴干，故癸属阴水，丁属阴火。北方癸水为玄武，其象为龟蛇，即蛇缠龟身之象。癸入丁，即蛇入火，蛇被火烧，必屈伸其体，一曲一直。"夭"屈也；"矫"，直也。"夭矫"，郭璞注云："频申也。"又按："夭矫"，有作"夭跻"者，有作"跌跻"者，均误。

戊癸日庚申时

符、使入《震》，得《无妄》之体，乃六合之宫，财帛之地，然而加庚，为天网冲犯格，须慎贪财致祸，况乎又值飞宫，所事未为顺利，亦不免退悔克斗之思。

按：《易》本卦六爻，凡遇其占者，无故而有灾，人之妄动，由有欲也。妄动而得，亦必有失，虽使得其所利，其动而妄，失已大矣。

戊癸日辛酉时

符、使入《巽》，得《姤》之体，乃勾白之宫，财帛之地，然而加辛，为华盖受恩格，虽有势力之财，但值刑碍之地，亦未免美中不足，反复冲突之象。

卧云主人曰："财帛而值刑碍之地，允为冲突之象，然阴阳迭胜，时运之常，若能含晦彰美，则可以回造化矣。"

戊癸日壬戌时

符、使入中，乃步五之体，然而加壬，为天网覆狱格，虽有生助之荣，却有埋没之憾，不无羁縻执滞之情，俯仰局促之占，只宜俯首而已。

按：《易·否》，闭塞也，阴柔而中正，故占者，小人如是则吉，大人则当安守其否，而后道亨，盖不可以彼包承于我，而自失其守也。

戊癸日癸亥时

符、使入《乾》，乃气运已尽，完璧归赵，纵欲他图，必须改弦易辙，虽有好规模，必待新气象，凡所图维，只宜结案可也。

卧云主人曰："凡占遇此者，总以弃旧而图新也，又何奚疑？"

阳遁二局

小寒上元　　立春下元
谷雨中元　　小满中元

甲己日甲子时

符分天芮，戊仪司权，辖未、《坤》、申之宫，通二、五、八之气，有薄厚敦笃之义，柔顺应物之情。

死门值使，有土国城漕之役，与布帛谷粟之谋。

卧云主人曰："符使皆伏于《坤》，有物来顺受，转移更易之情，但未免迟滞之象。"

甲己日乙丑时

戊符入《坎》，得《师》之体，乃六合之宫，财帛之地，然而加乙，为青龙入云格，主得同人助美之吉。

死门入《震》，得《复》之体，似有土木之役，而往返疑惧之情。

卧云主人曰："符入财，而使入官，似为财官相资之美，不无财来助鬼之嫌。大约见利思义，慎勿贻人以危。"

甲己日丙寅时

戊符入《离》，得《明夷》之体，乃九地之宫，印绶之地，然而加丙，为青龙返首之吉，当有令闻广誉之荣。

死门入《巽》，得《升》之体，虽有回明之象，却受暗克之侵。

卧云主人曰："符受生于九天，使受克于九地，未免美中不足，况乎本宫有推癸之作合，而受飞庚之伏宫，不无好事暗中消磨之象。"

甲己日丁卯时

戊符入《艮》，得《谦》之体，乃勾白之宫，比肩之地，然而加丁，为青龙耀明格，主有反复迅速之举。

死门步五，为偃蹇迟滞之局。

卧云主人曰："符使皆反复于八五之宫，须慎同类牵连之事。大约所谋多拙，而颠倒无依之象。"

甲己日戊辰时

戊符飞而复伏，有回还辗转之思，然而加戊，为青龙入地格，未免迟滞之象。

死门入《乾》，得《泰》之体，有暗中受脱之情。

卧云主人曰："值符伏而计无所施，使受脱而谋为不显，皆动静失宜之局。"

甲己日己巳时

戊符入《震》，得《复》之体，乃朱玄之宫，官鬼之地，然而加己，为青龙相合格，虽云仪神比和，但嫌值符刑击。

死门入《兑》，得《临》之体，未免阴谋脱诈之情。

卧云主人曰："符东使西，有分谋别业之思，然而此刑彼脱，盖宾主惶惑之象，虽有相待之机，却非有成之局。"

甲己日庚午时

戊符入《巽》，得《升》之体，乃九地之宫，官鬼之地，然而加庚，为青龙持势格，未免事属惊疑，有怀难吐之局。

死门入《艮》，得《谦》之体，虽有助益，却虑冲移。

卧云主人曰："天乙飞兮，而事无主宰；直使返兮，而事有更移。虽有玉女调停，亦虑事情不一。"

甲己日辛未时

戊符步五，心劳事拙，值使入《离》，《明夷》受伤。

卧云主人曰："符退于五，盖为俯就偕栖之局；使进于九，亦为望光仰慕之思。然而终非显达之谋，羁縻阻抑之象。"

甲己日壬申时

戊符入《乾》，得《泰》之体，乃太阴之宫，子孙之地，然而加壬，为青龙破狱格，未免所事耗散之情。

死门入《坎》，得《师》之体，堪卜鱼盐之利，与解纷之占。

卧云主人曰："符居后而使居前，似有引从之意，一太阴而一六合，利为妻子之谋，

43

但脱气生财，始终尚有相通之妙。"

甲己日癸酉时

戊符入《兑》，得《临》之体，乃螣蛇之宫，子孙之地，然而加癸，为青龙相合格，主有首尾兼济之妙。

死门伏《坤》，盖退思补过之时。

卧云主人曰："符入穷途而得合，有逆旅忘家之情；使归本宫而伏吟，有恬退无聊之象。凡图不能显扬之占。"

甲己日甲戌时

符分天冲，己仪秉令，辖甲、卯、乙之气，通三、九、六之宫，有振创之义，而伤门值使，不无克制之情。

卧云主人曰："符使分得元符之朱玄，以木星土符而视事于东宫，有帝出乎《震》之义，而未免改革之思。"

甲己日乙亥时

己符入《坎》，得《解》之体，乃九地之宫，印绶之地，然而加乙，为日入地户格，凡事迷蒙暗昧之局。

伤门入《巽》，得《恒》之体，未免比劫疑豫之情。

卧云主人曰："符加乙而使加庚，有两途合一之谋，本宫丙奇跌穴，而神太阴得生门真诈之吉，尽占同合，尽可从心，惟嫌前后参差不一耳。"

乙庚日丙子时

己符入《离》，得《丰》之体，乃太阴之宫，子孙之地，然而加丙，为青龙返首格，凡占有隐显莫测之机。

伤门步五，事多阻滞。

卧云主人曰："符入太阴，而火木通明，堪谋彰著之事；使入中宫，而遥寄《坤》维，盖为迍滞之谋。然符居九，而使居五，未免一钝一利之占。"

乙庚日丁丑时

己符入《艮》，得《小过》之体，乃九天之宫，财帛之地，然而加丁，为明堂贪生格，凡占有迟中得速之情。

伤门入《乾》，得《大壮》之体，有退而受制之象。

卧云主人曰："符退《艮》而使退《乾》，盖有相时潜通之意，一加丁一加壬，又乃遥为联合之情，但嫌推庚飞癸于本宫，不无刑隔克制之嫌。"

乙庚日戊寅时

己符入《坤》，得《豫》之体，乃六合之宫，财帛之地，然而加戊，为明堂从禄格，凡占堪分管鲍之金。

伤门入《兑》，得《归妹》之体，有反复冲移之象。

卧云主人曰："符入财而使入官，有因财致讼之占，然一加戊而一加癸，有首尾兼济之情，而终不免于冲复之局。"

乙庚日己卯时

己符伏《震》，乃飞而复伏，然而加己，为明堂重逢格，未免勾曲难明，进退不决之象。

伤门入《艮》，得《小过》之体，有迅速取财之机。

卧云主人曰："值符飞伏，为动中思静，玉女守门，乃阴私赞勷，一如事未发，而机先动之兆也。"

乙庚日庚辰时

己符入《巽》，得《恒》之体，乃螣蛇之宫，比肩之地，然而加庚，为明堂伏杀格，未免隔斗争碍之嫌。

伤门入《离》，得《丰》之体，有大利日中之象。

卧云主人曰："天乙飞，而自怀疑惧；使入《离》，而太阴耗侵。盖为进取越趄之占。"

乙庚日辛巳时

己符步五，为迍滞之局，然而加辛，为天庭得势格，有直捣虎穴之情。

伤门入《坎》，得《解》之体，有舟楫之利，暗生之美。

卧云主人曰："符入财乡，惜其事拙；使退九地，暗里相生。堪作俯就之计，但遁狂走之疑，则为美中不足之占。"

乙庚日壬午时

己符入《乾》，得《大壮》之体，乃朱玄之宫，官鬼之地，然而加壬，为明堂被刑格，未免小人狂诈之嫌。

伤门入《坤》，得《豫》之体，有入库取财之象。

卧云主人曰："符飞《乾》，而受克；使飞《坤》，而制宫。虽有交泰之机，却乃暌违之局。"

乙庚日癸未时

己符入《兑》，得《归妹》之体，乃勾白之宫，官鬼之地，然而加癸，为明堂合华盖格，未免反复难成，图谋龃龉。

伤门伏《震》，有归而伏枥之情。

卧云主人曰："符西使东，彼此暌违，事情悖戾之占。"

乙庚日甲申时

符分天辅，庚仪秉令，辖辰、《巽》、巳之气，通四、七、一之宫，分元符九地之神，而有暗中变更之意，用杜门值使，有尊养时晦之思。

卧云主人曰："符使俱伏于《巽》，本有惊世之才，而姑作待时之意，未免志颇坚而行未达也。"

乙庚日乙酉时

庚符入《坎》，得《涣》之体，乃朱玄之宫，印绶之地，然而加乙，为太白贪合格，当有财喜文信之图。

杜门入中，乃步五之局，有迟滞多拙。

卧云主人曰："看得值符投朱玄而作合，盖为词坛媒利之征；值使入中而取财，盖为得陇望蜀之情。虽为名利双美，究竟难以并图。"

乙庚日丙戌时

庚符入《离》，得《家人》之体，乃螣蛇之宫，子孙之地，然而加丙，为青龙返首格，本为显达之图，不无宵小之脱。

杜门入《乾》，得《小畜》之体，未免所谋未遇之情。

卧云主人曰："符受脱于螣蛇，使受克于勾白，盖为小人侵侮之象，而图谋未遂之占。"

乙庚日丁亥时

庚符入《艮》，得《渐》之体，乃九地之宫，财帛之地，然而加丁，为太白受刑格，未免欲速不达，而阴谋取财之情。

杜门入《兑》，得《中孚》之体，于中不无阻抑受制之嫌。

卧云主人曰："符逢玉女于九地，须耻暮夜之金；使受克陷于六合，宜察败类之计。大约贪财致鬼，终有叮咛揆度之疵。"

丙辛日戊子时

庚符入《坤》，得《观》之体，乃太阴之宫，财帛之地，堪图田墓之利，然而加戊，为太白逢恩格，凡事先迷后利，先损后益之象。

杜门入《艮》，得《渐》之体，宜占山林之财，妇女之事，然未免闭止之占。

卧云主人曰："符使分飞《坤》《艮》，有两途谋财之意，而趋向不一之情，然皆太阴九地之宫，利为阴谋密就之事。"

丙辛日己丑时

庚符入《震》，得《益》之体，乃九天之宫，比肩之地，似有同人不睦之嫌，然而加己，为太白大刑格，凡占有恩中生怨之情。

杜门入《离》，得《家人》之体，有宴享之意，然慎宵小脱耗之虞。

卧云主人曰："符使参差于本宫前后，盖有进退不一之局，而本宫丙辛作合，则为妻子和谐之象，大约为遥拟忧虑之占。"

丙辛日庚寅时

庚符伏《巽》，为飞而复伏，乃辗转观望之象，然而加庚，为太白重刑格，有英雄未遇，而自作奋激之情。

杜门入《坎》，得《涣》之体，有利涉大川之义，又多闭阻之局。

卧云主人曰："符飞伏而使受生，尽有坐观成败之情，遥为照会之意。"

丙辛日辛卯时

庚符步五，寄用于二，乃太阳之宫，财帛之地，然而加辛，为太白重锋格，有两强相持之情，以刚伏柔之意，凡占有争论之端。

杜门入《坤》，得《观》之体，虽为小逆大顺之机，却遁迤遭迟疑之局。

卧云主人曰："符步五而使入《坤》，皆为理财之谋，所惜心劳事拙，有离而合，聚而分，彼此粘连之象。"

丙辛日壬辰时

庚符入《乾》，得《小畜》之体，乃勾白之宫，官鬼之地，然而加壬，为太白退位格，未免有病讼之疑，事绪反复之象。

杜门入《震》，得《益》之体，有借径而行之意。

卧云主人曰："值符伏吟，心事未能归一；值使退《震》，所事大有蹉跎。"

丙辛日癸巳时

庚符入《兑》，得《中孚》之体，乃六合之宫，官鬼之地，然而加癸，为太白刑隔格，凡占有计穷受制之象。

杜门伏《巽》，有相势而韬之意。

卧云主人曰："值符加癸，有阻阨难前之象；值使归伏，有杜门谢客之情。妙在二乙来临，得帝乙归妹之吉，而财喜从心之兆。"

丙辛日甲午时

符分天禽，辛仪秉令，司中黄之气，宣白帝之权，承毒之余，而继以英锐之治，所惜坐五，尚有樊篱未剖之情，用死门值使，为权摄不正之象。

卧云主人曰："用符起自中宫，有振励更新之局；值使寄用《坤》门，为权宜通变之机。大约图南则吉，而所事未免迟疑。"

丙辛日乙未时

辛符入《坎》，乃朱玄六合之宫，财帛之地，然而加乙，为白虎猖狂格，未免威势逼人之象。

死门入《乾》，得《泰》之体，有刚柔兼济之情。

卧云主人曰："用符出五而入《坎》，虽为得财，却防涉渊之险，值使受脱于臈阴，未免小人暗耗之虞。"

丙辛日丙申时

辛符入《离》，乃朱白九天之宫，印绶之地，然而加丙，为天庭得明格，又为返首，当有威福作合之机，炉冶钱谷之事。

死门入《兑》，得《临》之体，有俯就之思。

卧云主人曰："用符登九，有用宾于主，辛甲得使，有财神入彀，进取图谋，堪作从龙之计。惟佐使受脱，未免小人簧鼓，而于中有携二之思，究竟调摄得宜，可以有就。"

丙辛日丁酉时

辛符入《艮》，乃勾白六合之宫，比肩之地，然而加丁，为白虎受伤格，未免事涉两可，而进退反复之象。

死门返《艮》有此劫冲突之情。

卧云主人曰："符使俱趋鬼户，乃反复不宁之思，盖因生助者亦有之，而障碍者亦有之，人情不一之占。"

丙辛日戊戌时

辛符入《坤》，为出舍于郊之象，乃九地之宫，印绶之地，返本顾祖培植之局也。然而加戊，为龙虎争强格，须防人情不和。

死门入《离》，得《明夷》之体，盖有隐显未剖之机。

卧云主人曰："符投元局，乃借光仰附之思；使入九天，有求荣谋生之意。然而事多迟疑之占。"

丙辛日己亥时

辛符入《震》，为避五趋三之局，乃朱玄之宫，官鬼之地，然而加己，为虎坐明堂格，凡谋未必如心。

死门入《坎》，得《师》之体，有水泽之利，从众之情。

卧云主人曰："符入《震》宫，而使理财，似有财名双美之局。"

丁壬日庚子时

辛符入《巽》，乃九地之宫，官鬼之地，未免暗中趑趄，然而加庚，为虎逢太白格，凡事惊疑笃速之情。

死门归伏，得《坤》之体，有暂思恬退之机，而不能自安之象。

卧云主人曰："符《巽》使《坤》，心事错综不一，局中东西失利，所谋进退多疑，大约惶惑迟疑之占。"

丁壬日辛丑时

辛符伏五，乃迍遭之象，纵虽寄二，亦免强支持。

死门入《震》，得《复》之体，有所往不遇，而反复之情。

卧云主人曰："符伏于五，行止未有定见；使趋于三，图谋未许和同。大约偃蹇消阻之局。"

丁壬日壬寅时

辛符入《乾》，乃螣蛇太阴之宫，子孙之地，似有阴小脱耗之嫌，然而加壬，为天庭逢狱格，未免凡谋难成。

死门入《巽》，得《升》之体，虽有鼎新之象，还防诈伪之侵。

卧云主人曰："符使分居《乾》《巽》，有心事未定，而趋避不一之机，暗受侵欺，而事有切肤之虑。大约进退狐疑之占。"

丁壬日癸卯时

辛符入《兑》，乃太阴螣蛇之宫，子孙之地，乃势穷力尽之象，然而加癸，为虎投罗网格，凡谋有阻滞之情。

死门伏《坤》，为归宁之局，难以动作之意。

卧云主人曰："符入网而值脱，使仗《坤》而无依，皆穷困难以施展之时，纵有好光阴，另候一出。"

丁壬日甲辰时

符分天心，壬仪秉令，摄戌、《乾》、亥之方，通六、三、九之气，承拘滞之余，而继以豁达之治，尽有济物利人之权，用开门值使，为去否转泰之初，而谋猷展作之始。

卧云主人曰："符使俱伏于《乾》维，以元符之太阴用事。大约有阴谋取胜，大彰继述之能。"

丁壬日乙巳时

壬符入《坎》，得《讼》之体，乃螣蛇之宫，子孙之地，不无脱诈之嫌，然而加乙，为日入九地格，似乎谋为险阻之象。

开门入《兑》，得《履》之体，未免比劫之疑。

卧云主人曰："符趋前而使退后，彼此趋向不同，盖为合纵之占。"

丁壬日丙午时

壬符入《离》，得《同人》之体，乃朱玄之宫，官鬼之地，有利见大人之征，然而加丙，为天牢倚势格，未免先忧后喜之象。

开门入《艮》，得《遁》之体，有暗求生助之意，而阴私和合之情。

卧云主人曰："符飞《离》明，乃荣登之象；使入太阴，而有隐显莫测之机，官父交动之局。盖因勾朱交横于东西，而财物口舌，或有不虞之扰。"

丁壬日丁未时

壬符入《艮》，得《遁》之体，乃太阴之宫，印绶之地，将来有暗中作合之美，然而加丁，为太阴被狱格，须慎女戎之迷。

开门入《离》，得《同人》之体，有炉冶造作之举。

卧云主人曰："符得丁奇之作合，使得丙奇之陶熔，堪问官印之荣，忌占病讼之事。"

丁壬日戊申时

壬符入《坤》，得《否》之体，乃九地之宫，印绶之地，将来有探元求生之意，然而加戊，为青龙入狱格，凡谋有始无终。

开门入《坎》，得《讼》之体，须慎小人口舌，与盗脱之情。

卧云主人曰："符受生而使受脱，彼此劳逸不同；庚加丙而辛加乙，南北惊疑不一。究竟前瞻后盼之占也。"

丁壬日己酉时

壬符入《震》，得《无妄》之体，乃六合之宫，财帛之地，然而加己，为天地刑冲格，未免隔斗之情。

开门入《坤》，得《否》之体，虽有相生之机，却为退缩之局。

按：《易》以刚在内，诚之主业，如是而往，其吉可知，故其象占如此。

丁壬日庚戌时

壬符入《巽》，得《姤》之体，乃勾白之宫，财帛之地，然而加庚，为天牢倚势格，未免反复不宁之象。

开门入《震》，得《无妄》之体，有金木造作之财。

卧云主人曰："符使皆入财乡，尽有问利东南之美，但惜反吟，不无颠倒迟疑之思。"

丁壬日辛亥时

壬符入中，乃步五之局，虽寄与二，亦为旁通之情，然而加辛，为白虎犯狱格，未免反复忧疑，而心劳事拙之占。

开门入《巽》，得《姤》之体，反为弃明向暗之局。

卧云主人曰："符步五，而事丛杂；门反吟，而境况不宁。虽有财印之谋，却费如许之力。"

戊癸日壬子时

壬符入《乾》，乃飞而复伏之体，动中思静之机，然而加壬，为天牢自刑格，诸事偃蹇之象。

开门入《坤》，得《否》之体，有健顺之意，而生育之情。

卧云主人曰："符《乾》使《坤》，尽有交泰之美，所惜动静失宜，不无企望之占。"

戊癸日癸丑时

壬符入《兑》，得《履》之体，九天之宫，比肩之地，不无同类比劫之情，然而加癸，为阴阳重地格，凡占阻抑而难成。

开门伏《乾》，乃静止之局。

卧云主人曰："符投网，而使退伏，大约有泮涣之思，妙在三奇会《坎》，另着人遁之奇，而子孙宫中，另有妙用。"

戊癸日甲寅时

符分天柱，癸仪秉令，司庚、酉、辛之气，通一、四、七之宫，承存饥溺由己之心，著义烈刚毅之治，而惊门值使，盖有怵惕揆度之思，而鸣则惊人之象。

卧云主人曰："符使伏《兑》，有从革之情，所惜以螣蛇任事，而又系甲运之终，虽有补衮之才，亦为取过之占。"

戊癸日乙卯时

癸符入《坎》，得《困》之体，乃太阴之宫，子孙之地，然而加乙，为日沉九地格，须慎暗中脱耗之嫌。

惊门入《艮》，得《咸》之体，有阴私和好之情。

卧云主人曰："符飞北海，有头角峥嵘之美；使入六合，得玉女化从之吉。尽有暗中示好之喜，但嫌旁生障碍，而有夭矫逃走之疵耳。"

戊癸日丙辰时

癸符入《离》，得《革》之体，乃九地之宫，官鬼之地，然而加丙，为明堂犯悖格，不无阻滞忧疑之嫌，幸值返首，又为利见大人之征。

卧云主人曰："符、使并入《离》明，盖有瞻天望日之美，而陶沃声价之情，但嫌宫分九地，不无暗中矛盾之象。"

戊癸日丁巳时

癸符入《艮》，得《咸》之体，乃六合之宫，印绶之地，似得暗中帮助，然而加丁，为夭矫格，未免所事多疑，须慎女戒之节。

惊门入《坎》，得《困》之体，有偃塞脱耗之嫌。

卧云主人曰："符投生而多疑，使受脱而坎坷，况又推庚伏宫，进退皆无利益。"

戊癸日戊午时

符、使入《坤》，得《萃》之体，乃九天之宫，印绶之地，似有攀仰之美，然而加戊，为青龙入地格，惟阴谋私合，须慎宵小在恣。

按：《易·萃》之时，利见大人，三与五非应非比，而不得其萃，未免有嗟叹之声，则无攸利矣。

戊癸日己未时

符使入《震》，得《随》之体，乃勾白之宫，财帛之地，不无争竞之情，然而加己，为华盖入明堂格，凡事有勾连揆度之思，反复冲突之疑。

按：《易》己能随物，物来随己，彼此相从，其通《易》矣，故其占为元亨，然必利于贞，乃得无咎。若所随不正，则虽大亨，而不免于有咎矣。

戊癸日庚申时

符使入《巽》，得《大过》之体，乃朱玄之宫，财帛之地，不无是非惊疑，然而加庚，为天网冲犯格，未免因贪财而致祸，求荣而反辱之情。

按：司马氏光曰："《大过》刚已过矣，只可济之以柔，不可济之以刚，皆以居阴为吉，不可以得意为美。"

戊癸日辛酉时

符、使俱为步五，虽为生助之遇，却多屈抑之遭，未免进退迷蒙，然而加辛，为华盖受思格，凡谋费力难成。

卧云主人曰："符、使为中宫所谋，有损而无益也。"

戊癸日壬戌时

符、使入《乾》，得《夬》之体，乃螣蛇之宫，印绶之地，未免事绪迟疑，然而加壬，为天网覆狱格，亦主上下蒙弊，暗昧难图之占。

按：《易》以阳居阴，不中不正，居则不安，行则不进，若不与众阳竞进，而安出其后，则可以亡其悔，然当决之时，志在上进，必不能也。

戊癸日癸亥时

符、使入《兑》，乃机穷势尽之时，难以施展之际，然而加癸，为天网重张格，凡事闭阻难前，而自作龃龉之象。

卧云主人曰："符、使入《兑》宫，值穷困之象，惟坐守以待天时也。"

阳遁三局

大寒上元　　雨水下元
春分上元　　芒种中元

甲己日甲子时

符分天冲，戊仪司令，辖甲、卯、乙之气，通三、九、六之宫，有帝出乎《震》之象，而伤门值使，盖有汰濛去垢之征。

卧云主人曰："符、使并伏，乃有谋未发之情；而甲子符东，盖自怀笃速之局。究竟鹏程九万，可以远合生财，劲乱叩关，须忌西南失利，凡谋有伏戎于莽之象。"

甲己日乙丑时

戊符入《坤》，得《豫》之体，乃六合之宫，财帛之地，然而加乙，为青龙入云格，当如管鲍之分金，西南之得朋。

伤门入《巽》，得《恒》之体，似有依附攀援之象，而未免比劫之嫌。

卧云主人曰："符飞六合而理财，似可因人成事，但嫌飞入墓地绝，所图大半迟疑，未免先迷后利之局。使入腾蛇而遇比，似有帮助之奇，惟美中不足，盖亦有之。"

甲己日丙寅时

戊符入《坎》，得《解》之体，乃九地之宫，印绶之地，然而加丙，为青龙得明格，又合返首之吉，当有生助之美。

伤门入中寄《坤》，得《豫》之体，有因财受制之局。

卧云主人曰："符受生于九地，所谋有成；使步五而取财，未免迟滞多掘之情。凡占向后趑趄。"

甲己日丁卯时

戊符入《离》，得《丰》之体，乃太阳之宫，子孙之地，然而加丁，为青龙耀明格，主得暗助之美，惟防脱泄之侵。

伤门入《乾》，得《大壮》之体，未免口舌之侵欺。

卧云主人曰："符受脱而使受克，行藏未许遂心，一向明而一向暗，彼此未为得意，然而符入南宫，本为朝阳之吉，又值太阴玉女，反为阴私脱泄。使趋天阙，亦为登天之想，更为朱玄龙遁，未免惊疑笃速，虽云三方映照，究竟主谋欠工。"

甲己日戊辰时

戊符伏《震》，乃归伏之局，然而加戊，为青龙入地格，未免所事迍邅，又为潜养之意，与转进之机。

伤门入《兑》，得《归妹》之体，不无颠蹶冲突反复之情，移东就西之象。

卧云主人曰："符东使西，盖有分歧之局，然而此伏彼伤，未可展作之谋，盖为动静不同，而所谋不一。"

甲己日己巳时

戊符入《巽》，得《恒》之体，乃螣蛇之宫，比肩之地，然而加己，为青龙相合格，可图帮助之美，宜敦室家之好。

伤门入《艮》，得《小过》之体，有作合谋财之庆。

卧云主人曰："符趋前而使退后，有瞻前顾后之思，但前入蛇而生疑，退登天而得合，诚为财利可图之象。"

甲己日庚午时

戊符入中，乃步五之局，然而加庚，为青龙持势格，未免恃强受困之情。

伤门入《离》，有泄脱之意，幸得玉女相和，可谋阴私之利。

卧云主人曰："符步五而取财，盖为心劳事拙，况又加庚而飞宫，不无诸事疑猜。至于玉女守门，须慎破费牵情，犹幸本宫官印相生，退守似为有益。"

甲己日辛未时

戊符入《乾》，得《大壮》之体，乃朱玄之宫，官鬼之地，然而加辛，为青龙相侵格，未免事有阻滞之局，赴阙章奏之疑，悚惧之情。

伤门入《坎》，得《解》之体，有暗取之奇，利涉大川之征。

卧云主人曰："符受克而使受生，虽有官印相资之情，不无一劳一逸之象，先否后泰之占。"

甲己日壬申时

戊符入《兑》，得《归妹》之体，乃勾白之宫，官鬼之地，然而加壬，为青龙破狱格，未免事多克战反复之情。

伤门入《坤》，得《豫》之体，有因人生财之利，土谷迟缓之财。

卧云主人曰："符反于勾白，未免反复惊疑；使入于财乡，惜值墓库违遭。凡事难以顺达之象。"

甲己日癸酉时

戊符入《艮》，得《小过》之体，乃九天之宫，财帛之地，然而加癸，为青龙相和格，主有首尾兼济之情，隐显并图之局。

伤门伏《震》，乃开物成务之机，动而未动之情，罢钓归来，返本还源。

卧云主人曰："符入九天而得合，堪图作合之财；使归本宫而伏吟，而失旧从之主，尚存观望之意。盖有攀龙鬃而莫逮之意，大约事宜得利而止，将来必有更改之变耳。"

甲己日甲戌时

符分天辅，己仪司令，辖辰、《巽》、巳之气，通四、七、一之宫，备慈顺之德，敦潜笃之修，用杜门值使，盖有创制一新，于变时雍之象。

卧云主人曰："符使皆伏，乃昧爽之情，而凡谋尚有因循之局，有怀未吐之占。"

甲己日乙亥时

己符入《坤》，得《观》之体，乃太阳之宫，财帛之地，然而加乙，为日入地户格，未免迷而利，逆而顺之情。

杜门入中，乃步五之格，于中不无所谋多拙，迟留隐匿。

卧云主人曰："符、使皆入财乡，惜步五而入墓，不免俯首贪利之局，况其中分而合，合而分，又有彼此聚散之意。大约有阴谋之利，而多屈抑之遭耳。"

乙庚日丙子时

己符入《坎》，得《涣》之体，乃朱玄之宫，印绶之地，然而加丙，为地户埋光格，乃恩中生怨之象，然系返首，又为望中有助之情。

杜门入《乾》，得《小畜》之体，有欲罢不能之局。

卧云主人曰："值符加丙而受生，使飞勾白而受克，未免劳逸各别，官父兼济。但事觉反复，而前后参差耳，只可求荐与求财，究竟上下逼迫耳。"

乙庚日丁丑时

己符入《离》，得《家人》之体，乃腾蛇之宫，子孙之地，然而加丁，为明堂贪生格，未免有损有益。

杜门入《兑》，得《中孚》之体，有惊阻之情，受制之局。

卧云主人曰："符受脱而使受克，不无凡谋越趄，纵有暗地牵和，亦为始终费力，子孙制鬼，而时下有脱货求财之美，至于本宫，地天作合，更有隐显得利。大约守己为吉也。"

乙庚日戊寅时

己符入《震》，得《益》之体，乃九天之宫，比肩之地，然而加戊，为明堂从禄格，尽有依乔附荣之意。

杜门入《艮》，得《渐》之体，有暗中作合，得利之象。

卧云主人曰："符退天而使退地，有因人取利，或隐或显之情，迤逦潜遁，为亦步步趋之意。"

乙庚日己卯时

己符伏《巽》，乃归伏之体，然为明堂重逢格，未免好事迟疑之象。

杜门入《离》，得《家人》之体，有内助多能之意。

卧云主人曰："值符归伏，为进退揣摩之情；玉女守门，利作阴私和合之事。但一静一动，事觉参差耳。"

乙庚日庚辰时

己符入中，乃步五之体，然而加庚，为明堂伏杀格，未免贪财受累之嫌。

杜门入《坎》，得《涣》之体，有利涉大川之义，文书出身之美。

卧云主人曰："符步五而理财，盖为心劳事拙；使入《坎》而受生，不无泾渭难分。大约困中望扶之象。"

乙庚日辛巳时

己符入《乾》，得《小畜》之体，乃勾白之宫，官鬼之地，然而加辛，为天庭得势格，未免疑惧之情。

杜门入《坤》，得《观》之体，有先迷后利之象。

卧云主人曰："符返使墓，盖为反复迟迷，然而此官彼财，又为纳粟求荐。大约病讼堪嫌之局。"

乙庚日壬午时

己符入《兑》，得《中孚》之体，乃六合之宫，官鬼之地，然而加壬，为明堂被刑格，未免排济克害之嫌。

杜门入《震》，得《益》之体，有依附之情。

卧云主人曰："符西使东，彼此睽违，幸为二丙跌穴，重重生助之机。"

乙庚日癸未时

己符入《艮》，得《渐》之体，乃九地之宫，财帛之地，然而加癸，为明堂合华盖格，尽有暗中得利之局。

杜门伏《巽》，为重重闭塞之情。

卧云主人曰："符投九地，使伏本宫，虽有迟中得利之类，未免心力不齐之象。"

乙庚日甲申时

符分天禽，庚仪秉令，司中黄之炁，通二八之宫，假死门为使，有威镇八荒之意，而中道更改之情。大约迟滞淹塞之象。

卧云主人曰："中黄通二、八之宫，凡事羁迟暗昧，惟坐守待时耳。"

乙庚日乙酉时

庚符入《坤》，乃归并依栖之体，然而加乙，为太白贪合格，盖有恩受重逢之象。

死门入《乾》，得《泰》之体，有暗中合泄之情。

卧云主人曰："符飞《坤》，有离而复合之喜；使趋《乾》，有子母相见之好。但此地彼天，未免企疑之占。"

乙庚日丙戌时

庚符入《坎》，得《师》之体，乃朱玄六合之宫，财帛之地，然而加丙，为太白入荧格，盖有疑中得利之情。

死门入《兑》，得《临》之体，有母子相逢之意，而小口泄脱之情。

卧云主人曰："符入北道而得财，使入西宫而得子，尽有妻子相从之局，而脱货生财之象。"

乙庚日丁亥时

庚符入《离》，得《同人》之体，乃勾白九天之宫，印绶之地，有出幽入明之象，然而加丁，为太白受制格，未免更改叮咛之局。

死门入《艮》，得《谦》之体，有反复移易之情。

卧云主人曰："符入南宫，尽有向荣之意；使反鬼户，未免冲覆之象。但两处奇仪不睦，未必善始善终。"

丙辛日戊子时

庚符入《震》，得《复》之体，乃朱玄九天之宫，官鬼之地，又为趋三，然而加戊，为太白逢恩格，凡事先迷后利之征。

死门入《离》，得《明夷》之体，有明生暗助之美。

卧云主人曰："值符趋三，有从龙变化之奇，使飞九天，又得玉女守门之时，则为官印相从，彼此兼济。但嫌两途分摄，而就里参差之不同耳。"

丙辛日己丑时

庚符入《巽》，得《升》之体，乃九地之宫，官鬼之地，然而加己，为太白大刑格，未免彼此疑忌之猜。

死门入《坎》，得《师》之体，当有水泽之财。

卧云主人曰："符飞九地而刑己，盖为凌逼之嫌；使入六合而加丙，又为共济之情。大约顺中有碍，险处得财之象。"

丙辛日庚寅时

庚符伏五，为太白重刑之格，一如英雄无用武之地，而进退踌躇之情。

死门归《坤》，亦无所施展之力。

卧云主人曰："符归五，而使归二，皆为彼此遭滞，纵有合而可相从，亦往返迟疑。大约困守无为之占。"

丙辛日辛卯时

庚符入《乾》，得《泰》之体，然而加辛，为太白重锋格，乃螣蛇太阴之宫，子孙之地，未免劫脱之疑。

死门入《震》，得《复》之体，有往返趑趄之情。

卧云主人曰："符趋天阙，而太阴螣蛇隔战；使投元位，而朱玄九天槎枒。皆进退无益之象。"

丙辛日壬辰时

庚符入《兑》，得《临》之体，乃螣蛇太阴之宫，子孙之地，然而加壬，为太白退位格，未免刑脱之嫌。

死门入《巽》，得《升》之体，有退而受制之情。

卧云主人曰："值符受脱于，而有小格之嫌；值使受制于《巽》，而疑暗地之克。盖为进退受困之象。"

丙辛日癸巳时

庚符入《艮》，得《谦》之体，乃六合勾白之宫，比肩之地，然而加癸，为太白刑隔格，未免欺碍之嫌。

死门伏《坤》，为假物当还之象。

卧云主人曰："值符隔碍于比肩，值使归伏于二五，盖为前无所进，后无所从之占。"

丙辛日甲午时

符分天心，辛仪秉令，辖戌、《乾》、亥之气，通六、九、三之宫，有坚白自持之志，《乾》健不息之机，以仁易暴之象，励精图治之情。

卧云主人曰："《乾》亥之气，通六、九、三之宫，得《讼》卦之象。"

按：《易·讼》，争辩也。上《乾》下《坎》，《乾》刚《坎》险，上刚以制其下，下险以伺其上，又为内险而外健，又为己险而彼健，皆《讼》之道也。故占者，必有争辩之事，而随其所处为吉凶也。

丙辛日乙未时

辛符入《坤》，得《否》之体，乃九地之宫，印绶之地，然而加乙，为白虎猖狂格，未免恩怨交杂之情。

开门入《兑》，得《履》之体，有登天步月之想，而依势借光之象。

卧云主人曰："符退九地，使退九天，皆为迤逦间进之局，而进随唱和之象，但事有隐显之不同耳。"

丙辛日丙申时

辛符入《坎》，得《师》之体，乃螣蛇之宫，子孙之地，然而加丙，为天庭得明格，有威权作合之情。

开门入《艮》，得《遁》之体，有暗中生助之美。

卧云主人曰："符入太阴而受脱，使入太阴而受生，然生机非显扬之局，而脱处得作合之奇。惟嫌并进，而事有前后劳逸之不等耳。"

丙辛日丁酉时

符使并入《离》明，乃朱玄之宫，官鬼之地，得《同人》之体，然而加丁，为白虎受伤格，似主所向迟疑，但系玉女守门，又为否中得济。大约为利见大人之象，而钟鸣鼎食之情。况乎符值自刑，未免执事者自生惶惑耳。

按：《易·离》，亦三画卦之名，一阴丽于二阳之间，故其德为丽、为文明，其象为火、为日、为电。《同人》，与人同也。也《离》遇《乾》，火上同于天，六二得位得中，而上应九五，又卦惟一阴，而五阳同与之，故为同人，"于野"，谓旷远而无私也，有亨道矣。以健而行，故能涉川，为卦内文明而外刚健，六二中正而有应，则君子之道也。占者能如是则亨，而又可涉险，然必其所同合于君子之道，乃为利也。

丙辛日戊戌时

辛符入《震》，得《无妄》之体，乃六合之宫，财帛之地，然而加戊，为龙虎争强格，当主冲制得利之情。

开门入《坎》，得《讼》之体，有立言费神之象。

卧云主人曰："符飞六合而理财，使入腾蛇而值脱，尽有脱货生财之意，而因人谋利之情。"

丙辛日己亥时

辛符入《巽》，得《姤》之体，乃勾白之宫，财帛之地，然而加己，为虎坐明堂格，当有反复克战之财。

开门入《坤》，得《否》之体，有俯就受生之意。

卧云主人曰："符返勾白而理财，使入九地而受益。盖为财名双美，但惜反复沉滞耳。"

丁壬日庚子时

辛符入中，为步五之格，然而加庚，为虎逢太白格，虽有捣穴之碓，不无伏兵之险。

开门入《震》，得《无妄》之体，有造作克伐之利，同心断金之举。

卧云主人曰："值符步五而惊飞，在此为二虎争雄，在彼为龙虎相抗，皆刑碍掣肘之象，而事绪迷蒙之情。虽云值使趋三，有远求解援之局，但嫌飞宫步五，为心劳事拙。沉乎所主者，已过乎时令，而所使者乌能大展作为，须从依附借径而行可也。"

丁壬日辛丑时

辛符伏《乾》，乃暂为归宁之局，又为天庭自刑格，未免呻吟茕独之象。

开门入《巽》，得《姤》之体，有反复得财之意。

卧云主人曰："符伏于《乾》，自作负嵎之势；使入于《巽》，当得隔斗之财。然有先迷后利之象。"

丁壬日壬寅时

辛符入《兑》，得《履》之体，乃九天之宫，比肩之地，然而加壬，为天庭逢狱格，未免嫌疑障碍之情。

开门入中，寄《坤》，为重重迷蒙之象。

卧云主人曰："符飞九天，盖有依附远举之志；使寄九地，未免沉滞偃蹇之情。大约有隐显不同之占。"

丁壬日癸卯时

辛符入《艮》，得《遁》之体，乃太阴之宫，子孙之地，然而加癸，为虎投罗网格，未免安而不安之情。

开门伏《乾》，为静中待动之机，而人事摧残之时。

卧云主人曰："符入太阴而受生，惜为癸闭之地；使入本宫而伏吟，又为困守之情。大约进退羁縻之占。"

丁壬日甲辰时

符分天柱，壬仪秉令，辖庚、酉、辛之气，通四、七、一之宫。用惊门为使，有深谋大度而威镇东南之意，与议论风生，而词坛赤帜之情，但惜财印，未必如心，而事防美中不足，纵有图南之计，亦如窃符之象。

卧云主人曰："庚、酉、辛通四、七、一之宫，大旺于东南，惟缺财印，诚恐美举，而变为口舌之是非哉！"

丁壬日乙巳时

壬符入《坤》，得《革》之体，乃九天之宫，印绶之地，然而加乙，为日入九地格，未免远交暗图之局。

惊门入《艮》，得《咸》之体，有惑而后通，暗中生助。

卧云主人曰："符、使分飞《坤》《艮》，皆为荫庇荣身之美，但有迁就移易之机。然符退九天，使入六合，又为弃旧从新。妙在元财反就，似可改图，而妻子二宫被迫，又为好事蹉跎之占。"

丁壬日丙午时

壬符入《坎》，得《困》之体，乃太阴之宫，子孙之地，然而加丙，为天牢伏奇格，未免有得有失之情。

惊门入《离》，得《革》之体，有造化向荣之意。

卧云主人曰："符入北道，而受脱于太阴；使入南宫，而被克于九地。不无南北受伤，隐中失利。究竟两宫奇仪作合，而遁既济之美，反主于冲移分署中，另得联络之象。"

丁壬日丁未时

壬符入《离》，得《革》之体，乃九地之宫，官鬼之地，然而加丁，为太阴被狱格，未免恩中疑忌之情。

惊门入《坎》，得《困》之体，有暗中脱耗之嫌。

卧云主人曰："符退九地，而得玉女之作合，司图暧昧之交投；使入太阴，而窥北窗之明月，不无阴私之耗脱。但符南使北，似属遥企，一克一脱，自生疑二，究竟两处皆不显扬，凡事难称既济。"

丁壬日戊申时

壬符入《震》，得《随》之体，乃勾白之宫，财帛之地，然而加戊，为青龙入狱格，未免反复迟疑而得财，似主人情险巇之象。

惊门入《坤》，得《萃》之体，似有惊天之事，而龙虎猖狂，彼此相抗之局，又有远为求托之意。

卧云主人曰："符入勾白而理财，盖有因财争斗之事，又主冲移往返中，而有得意；使登九天而投生，更主于远举投托处而受迷蒙之益，又为呼天吁诉之情。所喜加临之神，飞进六合之宫，而与癸仪作合，文信以为有准。"

丁壬日己酉时

壬符入《巽》，得《大过》之体，乃朱玄之宫，财帛之地，然而加己，为天地刑冲格，未免奸伪取财之象。

惊门入《震》，得《随》之体，有转移生财之情。

卧云主人曰："符、使俱入财窟，可卜吴楚之财，而作东南之望，但有前后参差之疑耳。"

丁壬日庚戌时

壬符入中，乃步五之体，然而加庚，为天牢倚势格，未免迟疑惊怖之情。

惊门入《巽》，得《大过》之体，有遥为谋利之局。

卧云主人曰："值符步五，所谋多拙；值使趋《巽》，财物遥疑。大约先迷后利之征。"

丁壬日辛亥时

壬任入《乾》，得《夬》之体，乃螣蛇之宫，比肩之地，然而加辛，为白虎犯狱格，凡占有比劫忧疑之象。

惊门入中，得步五之体，有淹塞迟匿之情。

卧云主人曰："符飞天阙，使入《坤》维，未免彼此分飞，而前后蹉跎，纵求生助，不无迟疑。"

戊癸日壬子时

壬符伏《兑》，乃归伏之局，又为天牢自刑格，似主进退迟疑，而凡事淹留之状。

惊门入《乾》，得《夬》之体，有比拟争碍之局。

卧云主人曰："符伏于本位，使入于螣蛇，乃进退赵趄，往返迟疑之象，凡事粘连之情。"

戊癸日癸丑时

壬符入《艮》，得《咸》之体，乃六合之宫，印绶之地，然而加癸，为阴阳重地格，未免闭阻之情。

惊门入《兑》，乃归伏之体，乃完璧归赵之象，而无所作为之情。

卧云主人曰："符趋《艮》而有穷途之局，使伏《兑》而事将鼎革之时，纵有惊人志量，怎奈将老兵骄。"

戊癸日甲寅时

符分天任，癸仪秉令，辖丑、《艮》、寅之气，通八、二、五之宫，系元符九天之神，承六甲终令之运，用生门值使，有引而未发之象，得《益》卦之情。大约进则从龙变化，得依附之荣；退则见龙在田，有远图之利。

按：《易·益》，增益也，为卦损上卦初画之阳，益下卦初画之阴，自上卦而下于下卦之下，故为益。卦之九五、六二，皆得中正，下《震》上《巽》，皆木之象，故进退有所往，而利涉大川也。

戊癸日乙卯时

癸符入《坤》，得《剥》之体，乃勾白之宫，比肩之地，然而加乙，为日沉九地格，未免反复迷蒙之象。

生门入《离》，得《贲》之体，有作合之荣，暗助之喜。

卧云主人曰："符反而事情兢碍，且有飞伏之嫌，未免进退惊疑之局，幸得玉女守门，尚为图南可望之机。大约先否后泰，主劳客逸之征。"

戊癸日丙辰时

符、使入《坎》，得《蒙》之体，乃九天之宫，财帛之地，然而加丙，乃明堂犯悖格，又为青龙返首，未免美中不足，先否后泰之占。大约退而登天，有艰烦图财之象。

按：《易》以阴居下，蒙之甚也，占者遇此，当发其蒙，然发之之道，当痛惩而暂舍之，以观其后，若遂往而不舍，则致羞吝矣，戒占者当如是也。

戊癸日丁巳时

癸符入《离》，得《贲》之体，乃六合之宫，印绶之地，然而加丁，为腾蛇夭矫格，未免生处多疑，而彼此猜忌之象。

生门入《坤》，得《剥》之体，乃门户改移之局。

卧云主人曰："符入六合而受生，所惜见忤于登堂之妇；使入勾白而更变，不无比肩反复之嫌。纵有图南之机，亦是摇疑之事。"

戊癸日戊午时

符、使入《震》，得《颐》之体，乃腾蛇之宫，官鬼之地，然而加戊，为青龙入地格，虽有从龙侣合之意，劫为恩怨交加之情，与其舍己而从人，不若安而受福。

按：《易·颐》，口旁也。口食物以自养，故为养义，养之义贞吉者，占者得正则吉，"观颐"，谓观其所养之道，自求口实，谓观其所以养身之术，皆得正则吉也。

戊癸日己未时

符、使入《巽》，得《蛊》之体，乃太阴之宫，官鬼之地，然而加乙，为华盖入明堂格，虽有依乔之意，却受暗中之磨，凡谋宜慎阴小之侵蚀可也。

按：《易》以刚阳之财，克干其事，虽以刚过而有小人之悔，终无大过咎也。然小悔，已非善事亲也。

戊癸日庚申时

符、使步五，心劳事拙之局，天乙飞兮，居止不宁之象，虽有解围之意，一如议亲之情，究竟进退失所，盖为加庚，乃天网冲犯之格耳。

卧云主人曰："占遇天风冲犯之格，主举止不静，惟闭户待其时而已，又何笑奚疑？"

戊癸日辛酉时

符、使入《乾》，得《大畜》之体，乃九地之宫，子孙之地，然而加辛，为华盖受恩格。大约暗中脱耗之嫌，未免成败萧何之象。

按：《易·乾》之三阳，为《艮》所止，故内外之卦，各取其义。故占者，成败似属画饼，往则有危，而利于止也。

戊癸日壬戌时

符、使入《兑》，得《损》之体，乃朱玄之宫，子孙之地，然而加壬，为天网覆狱格，未免迷蒙脱脱之象，幸得本宫得使，尚有助合之奇，而得征召之吉。

按：《程传》"《损》，《序卦》'解者缓也，缓必有所失，故受之以损。'纵缓则必有所失，失则损也，损所以继解也。为卦，《艮》上《兑》下。山体高，泽体深，下深则上益高，为损下益上之义；又，泽在山下，其气上通，润及草木百物，是损下而益上也；又，下为兑悦，三爻皆上应，是悦以奉上，亦损下益上之义；又，下《兑》之成《兑》由六三之变也，上《艮》之成《艮》自上九变也，三本刚而成柔，上本柔而成刚，亦损下益上之义。损上而益于下则为益，取下而益于上则为损。在人，上者施其泽以及下则益也，取其下以自厚则损也。譬诸垒土，损于上以培厚其基本，则上下安固矣，岂非益乎？取于下以增上之高，则危坠至矣，岂非损乎？故《损》者，损下益上之义，《益》则反是。"

戊癸日癸亥时

符、使归伏，乃机缘穷寂之时，而气运闭塞之际。凡谋当随遇知止，以待智士出可也。

卧云主人曰："占者遇此，如秋冬之草木，值凋残之际；日月之当空，被云雾所遮也。待其天时幸矣。"

（卷之二终）

阳遁四局

冬至下元　　惊蛰下元

清明上元　　立夏上元

甲己日甲子时

符分天辅，戊仪秉令，辖辰、《巽》、巳之气，通四、七、一之宫。用杜门值使，有乘罡御风之义，学礼学诗之情，但端本源于《巽》顺之宫，分辅佐于阴阳之界，每得阴私之利，须防劲敌之欺。大约静中有待之象。

卧云主人曰："得《巽》卦之顺义，守符、使于东南，而丁奇在休门，正兆尤宜于静摄也。"

甲己日乙丑时

戊符入《震》，得《益》之体，乃九天之宫，比肩之地，然而加乙，为青龙入云格，乃风云变化之象，同人帮助之征。

杜门入中，乃步五之格，未免疑困之象。

卧云主人曰："符飞九天，尽有远交依附之意；所惜值使步五，不无贪财受困之占。进退固为有益，未免美中不足耳。"

甲己日丙寅时

戊符入《坤》，得《观》之体，乃太阴之宫，财帛之地，然而加丙，为青龙得明格，盖为财物从心之兆。

杜门入《乾》，得《小畜》之体，凡事有反复受制之象。

卧云主人曰："符飞太阴而理财，惜为遁墓迟滞之局；使趋天阙而受克，又为反复勾连之情。凡谋须慎因财致鬼，或有播迁流离之象也。"

甲己日丁卯时

戊符入《坎》，得《涣》之体，乃朱玄之宫，印绶之地，然而加丁，为青龙耀明格，似有迅速助美之局。

杜门入《兑》，得《中孚》之体，有克制之疑。

卧云主人曰："符入印而使入官，虽有官印相助之美，但主受生而客受克，未免喜惧不同耳。究竟二辛并入，同人似作冤愆。"

甲己日戊辰时

戊符伏《巽》，乃归宁之局，为青龙入地格，未免好事蹉跎之象。

杜门入《艮》，得《渐》之体，盖有暗中谋利之情。

卧云主人曰："符伏于《巽》，有思维进取之意；使入于《艮》，有闭户深山之情。盖为将有谋，而先遣探取之占也。"

甲己日己巳时

戊符入中，乃步五守拙，然而加己，为青龙相合格，当有屯积之利。

杜门入《离》，得《家人》之体，有外开内合，宵小脱诈之嫌。

卧云主人曰："符入中而得财，使入《离》而得子，似有妻子相从之局，又为脱货求财之占，但惜分居九五，未免迟滞之象。"

甲己日庚午时

戊符入《乾》，得《小畜》之体，乃勾白之宫，官鬼之地，然而加庚，为青龙持势格，未免争斗相戕。

杜门入《坎》，得《涣》之体，有通济之美。

卧云主人曰："值符于勾白争衡，以臻翻天覆地；值使图玉女眷顾，怎奈壬合癸欺。大约事情悖戾，大厦非一木能支也。"

甲己日辛未时

戊符入《兑》，得《中孚》之体，乃六合之宫，官鬼之地，然而加辛，为青龙相侵格，未免好事遭磨，而同人为难之局。

杜门入《坤》，得《观》之体，有先迷后利之征。

卧云主人曰："值符受制于六合，值使迷恋于太阴，未免阴谋之事，有吉有凶，而财官之图，有难有易。犹幸双双仙子，共入鸳帷，将来静守，自有佳遇。"

甲己日壬申时

戊符入《艮》，得《渐》之体，乃九地之宫，财帛之地，然而加壬，为青龙破狱格，凡占有得有失之情。

杜门入《震》，得《益》之体，盖有迁乔之象。

卧云主人曰："符飞九地而理财，尽有阴谋得利之局；使登九天而见日，又为乔梓相依之情。但惜隐显之间，而趋向尚未适一。"

甲己日癸酉时

戊符入《离》，得《家人》之体，乃螣蛇之宫，子孙之地，然而加癸，为青龙相和格，似有兼济之美。

杜门伏《巽》，乃归隐之局，有主人不在深闭关之情。

卧云主人曰："符入螣蛇，而得癸仪之合，未免有脱耗之疑；使伏本宫，又有仰望之人，亦不免于孤独。大约事难展作之象。"

甲己日甲戌时

符分天禽，己仪秉令，司中宫之宰，驭八宫之神，虽云信义可风，未免迟疑多滞，至于假死门为使，盖亦通功易事之义也，岂无政出旁午之嫌？

卧云主人曰："假《坤》体之柔顺，亦利贞之象也，以静守为正可耳。"

甲己日乙亥时

己符入《震》，得《复》之体，乃九天玄朱之宫，官鬼之地，然而加乙，为日入地户格，未免趋向克碍之疑。

死门入《乾》，得《泰》之体，有美中不足之嫌。

卧云主人曰："值符趋三，本为吉兆，惜遁冲克，反作凶推，虽云本宫有制鬼之神，未免东西有冲移之志。大约进退趑趄，而勉强作为之象，况乎佐使趋《乾》，又为泄脱之遁，而所谋未为有益。"

乙庚日丙子时

己符入《坤》，乃出五寄三，有子投母腹之意，然而加丙，为地户埋光格，又为返首，大约先迷后利之象。

死门入《兑》，得《临》之体，有俯就犹豫之情。

卧云主人曰："符飞丙位，乃离而合，合而有离之局，虽云未失故武，亦为彼此化离，况乎值使受脱于螣蛇，星仪参差于飞伏。大约粘滞反复，依栖绊恋之占。"

乙庚日丁丑时

己符入《坎》，得《师》之体，乃六合朱玄之宫，财帛之地，然而加丁，为明堂贪生格，当得迅速之财。

死门入《艮》，得《谦》之体，有反复增益之情。

卧云主人曰："符入财窟，使投比肩，有同谋作合，共图山泽之财，而此唱彼和，相与应求之意，出谷乔迁之象也。"

乙庚日戊寅时

己符入《巽》，乃九地之宫，官鬼之地，然而加戊，为明堂从禄格，未免恩中而有生怨之象。

死门入《离》，得《明夷》之体，乃先迷后利之征。

卧云主人曰："符飞九地而受制，使退九天而受生。盖有官印相从，去逆效顺，而彼此协济之情。但前后参差，尚有犹豫未决之情，况又飞庚伏宫，须防阴人之扰。"

乙庚日己卯时

己符步五，乃归伏之局，虽为明堂重逢，劫乃勾曲难明，进退迍邅之嫌。

死门入《坎》，得《师》之体，当主媾遇之财。

卧云主人曰："值符飞而复伏，君子有困穷之思；直使潜入财乡，玉女有赠金之吉，但心劳事拙，惟望神鬼之扶耳。"

乙庚日庚辰时

己符入《乾》，乃腾蛇太阴之宫，子孙之地，然而加庚，为明堂伏杀格，未免阴小脱诈之嫌。

死门入《坤》，乃暂憩之局。

卧云主人曰："符飞天阙，而有飞宫之嫌；使入《坤》维，而为伏吟之格。凡占为自贻伊戚，而人事有合离之殊耳。大约飞天而生疑，伏地而暂退，彼此尽有交泰之谊，于中偏多隔碍也。"

乙庚日辛巳时

己符入《兑》，乃腾蛇太阴之宫，子孙之地，然而加辛，为天庭得势格，虽有旁合之喜，但遁脱害之情。

死门入《震》，得《复》之体，有土木之费，往返之象。

卧云主人曰："符西使东，趋向不一，一脱一克，劳逸不同，况乎玄武朱蛇皆为

71

小人当道，然而《兑》辛《震》乙诚哉龙虎争雄，凡执事者处此，焉得无观望之说，与转易之见哉？"

乙庚日壬午时

己符入《艮》，乃勾白六合之宫，比肩之地，然而加壬，为明堂被刑格，未免斗粟尺布之谣。

死门入《巽》，得《升》之体，有舆尸之象。

卧云主人曰："值符凌逼于勾白，值使迫隔于九宫，凡占有进退艰难之局。"

乙庚日癸未时

己符入《离》，有释五登九之象，出谷迁乔之情，然而加癸，为明堂合华盖，未免贪九天之印绶，而飘飘若仙之象。

死门入《坤》，为假物当还之意，而势穷力尽之时。

卧云主人曰："符登九天，盖为望光之幸；使伏《坤》位，自甘恬退之思。究竟时潜时跃，皆为未得时之象。"

乙庚日甲申时

符分天心，庚仪秉令，辖戌、《乾》、亥之气，通六、三、九之宫。用开门为使，有矫举之志，而另为创设之情，但惜印绶之乡，皆有相刑之忌，惟取林下美人，聊可与娱之局耳。

卧云主人曰："甲申为天辅时，诸凡静中得吉，而况开门为使乎？"

乙庚日乙酉时

庚符入《震》，得《无妄》之体，乃六合之宫，财帛之地，然而加乙，为太白贪合格，尽有良缘际遇之奇。

开门入《兑》，得《履》之体，有宾主留接之雅。

卧云主人曰："符入财宫，而得乙奇之作合；使退九天，而值门宫之比和。盖为所图有济，但嫌二癸来宫，不无宵小、口舌、欺诈、隔碍之嫌。"

乙庚日丙戌时

庚符入《坤》，得《否》之体，乃九地之宫，印绶之地，然而加丙，为太白入荧格，未免先迷后利之征。

开门入《艮》，得《遁》之体，有暗中生助之情。

卧云主人曰："符、使分趋《坤》《艮》，然值太阴九地之宫，堪图荫庇，惟利阴谋之事。大约两处分图，终归一辙。"

乙庚日丁亥时

庚符入《坎》，得《讼》之体，乃螣蛇之宫，子孙之地，然而加丁，为太白受制格，不无侵蚀之嫌。

开门入《离》，得《同人》之体，虽有利见大人之征，不无趑趄呻吟之状。

卧云主人曰："符入螣蛇而受脱，使入朱玄而被迫，皆主口舌虚疑，而南北奔逐之象。"

丙辛日戊子时

庚符入《巽》，得《姤》之体，乃勾白之宫，财帛之地，然而加戊，为太白逢恩格，当于反复冲突，中道有夺标得锦之奇。

开门入《坎》，得《讼》之体，有闺中训女之义，与阴私泄脱之情。

卧云主人曰："符入勾白，而理元财；使入螣蛇，而逢玉女。皆为先迷后利，否中生泰之机。"

丙辛日己丑时

庚符入中加己，为步五之格，乃太白大刑格，未免刑碍迍邅之局。

开门入《坤》，得《否》之体，乃先迷后利，暗中受生之情。

卧云主人曰："值符横张威福于中宫，盖为恩中生怨；值使退求生助于九地，实为暗里扶持。但二五原只一间，符、使俱为投生，于中不无合而分，分而有合之局，与乐中悲，信中疑之情。大约为美中不足之占。"

丙辛日庚寅时

庚符伏《乾》，为太白重刑格，有英雄未遇，而自作愤激之状；历尽风霜，而暂作恬退之情。

开门入《震》，得《无妄》之体，有同心断金之美。

卧云主人曰："符伏于《乾》，使飞于《震》，盖有遣人谋利之意，而遥为联合之情，但动静之不同耳。"

丙辛日辛卯时

庚符入《兑》，得《履》之体，乃九天之宫，比肩之地，然而加辛，为太白重锋格，有两强相持之意，以刚伏柔之情。况乎天心入天柱，皆为金星，而内外值合，不无人事悽怆之举，而彼苍惨黯之征。然作用于卯时，则为兔走乌飞，跛足妇女之争闹；罗鸣鼓响，白衣军卒之喧呼。

开门入《巽》，得《姤》之体，有风行草偃之象，而金木相搏之情，又为反复得财之象，当有僧尼官贵礼神焚祝之应。

卧云主人曰："符飞九天，而值二虎之咆哮；使反勾白，而遇双龙之潜跃。大约有呼吸风云，龙虎伏从之役；与雾瘴迷蒙，逸马奔驰之应。然符有远遁依栖之意，使为争斗获利之征。大约为更移刑碍也。"

丙辛日壬辰时

庚符入《艮》，得《遁》之体，乃太阴之宫，印绶之地，然而加壬，为太白退位格，似于受恩处反变为仇，而阴谋中反多乖戾之象。

开门步五，虽为受益，未免迷蒙。

卧云主人曰："值符刑克于太阴，值使寄栖于九地，皆为暗谋生助之情，未免偃蹇迷蒙之象。大约趋向不同，而事归一辙，究竟有分合冲隔之疵。"

丙辛日癸巳时

庚符入《离》，得《同人》之体，乃朱玄之宫，官鬼之地，然而加癸，为太白刑隔格，未免所图趑趄，而人情悖逆之象。

开门伏《乾》，乃《归妹》之体，凡谋有革故之情。

卧云主人曰："符入朱玄而刑隔，未免口舌之相戕，病非胸目，必是痨伤，凡谋阻碍，彼此彷徨，尤幸开使归伏，而得《归妹》之爻象，反为坐守得吉，同人助美之占。"

丙辛日甲午时

符分天柱，辛仪秉令，辖庚、酉、辛之气，通七、四、一之宫。质同白虎，掌肃杀之权；位镇西方，宣白帝之令；官印皆可相从，比肩每生乖戾；用惊门为使，盖鸣必惊人之象，凡事待时之情。

卧云主人曰："得《兑》为喜悦之象，然必待秋风直上耳。"

丙辛日乙未时

辛符入《震》，得《随》之体，乃勾白之宫，财帛之地，然而加乙，为白虎猖狂格，未免反复得财之象。

惊门入《艮》，得《咸》之体，有依附和美之情。

卧云主人曰："符入勾白理财，以致龙虎争雄，而狡兔有反投之局；值使前趋鬼户，而得暗中助荫之奇。但符前使后，虽有唱随之义，而未免反复之占。"

丙辛日丙申时

辛符入《坤》，得《萃》之体，乃九天之宫，印绶之地，然而加丙，为天庭得明格，当有利见大人之征，与作合荣遇之美。

惊门入《离》，得《革》之体，有陶熔鼎钟之义，与鲲化鹏之情。

卧云主人曰："符退九天而得印，使入九地而遇官。大约有官印相从之局，而时潜时跃之象。"

丙辛日丁酉时

符使入《坎》，得《困》之体，乃太阴之宫，子孙之地，然而加丁，为白虎受伤格，似有暗中侵蚀之嫌。

卧云主人曰："符、使并趋北道，而逢玉女于太阴之宫，当为阴私图谋之吉，须防坎坷脱诈之情，所幸财官并入，本宫利于财名之事。"

丙辛日戊戌时

辛符入《巽》，得《大过》之体，乃朱玄之宫，财帛之地，然而加戊，为龙虎争雄格，当有词林得利之象。

惊门入《坤》，得《萃》之体，有远求生助之情。

卧云主人曰："值符探玄而理财，值使退九天而投印。盖有分谋各署之义，而图名图利之情，然而本宫得真诈之格，将来有暗中生合之奇。"

丙辛日己亥时

辛符入中，乃步五之格，然而加己，为虎坐明堂格，未免凡事忧疑，而生机掣肘之局。

惊门入《震》，得《随》之体，有反复克制之情。

卧云主人曰："值符步五，虽为受生而事拙；值使反吟，虽为得财而冲移。大约迟滞更改之象，自西自东之占。"

丁壬日庚子时

辛符入《乾》，得《夬》之体，乃腾蛇之宫，比肩之地，然而加庚，为虎逢太白格，未免惊疑笃速之状。

惊门入《巽》，得《大过》之体，有威福取利之情。

卧云主人曰："值符趋《乾》，而有惊举之志；值使趋《巽》，而理朱玄之财。既为分踞门户，不无彼此摇疑。"

丁壬日辛丑时

辛符伏《兑》，乃归伏之体，然为天庭自刑，未免所谋疑豫，而进退未决之情。

惊门步五，事觉迟疑，而中涉两可之见。

卧云主人曰："值符伏，而使步五，纵有进取之机，亦为迟疑之象，所图未能显扬。"

丁壬日壬寅时

辛符入《艮》，得《咸》之体，乃六合之宫，印绶之地，然而加壬，为天庭逢狱格，盖有先生后脱之情。

惊门入《乾》，得《夬》之体，有凌逼相持之意。

卧云主人曰："符趋六合而受生，当有同人协济之象；使飞腾蛇而值北，未免家人疑碍之局。究竟前伸后缩之占也。"

丁壬日癸卯时

辛符入《离》，得《革》之体，乃九地之宫，官鬼之地，然而加癸，为虎投罗网之格，凡谋有暗害之阻。

惊门伏《兑》，乃归息之局，有知止之象。

卧云主人曰："符投九地，而机缘俱寂；使伏本宫，而时事已穷。诚乃否塞之际，惟望转通之时。"

丁壬日甲辰时

符分天任，壬仪秉令，辖丑、《艮》、寅之气，通八、五、二之宫，有屹然任事之意，惟嫌色厉内荏之人。大约事可塞处得通之象，将有静中思动之机。

卧云主人曰："天任取能任事之意，但《艮》卦为止之象，必待春气大旺，方有生机耳。"

丁壬日乙巳时

壬符入《震》，得《颐》之体，乃腾蛇之宫，比肩之地，然而加乙，为日入地户格，乃深山去路迷之意，而所谋惊阻之情。

生门入《离》，得《贲》之体，有图南之吉。

卧云主人曰："符入宫而使入印，盖有官印相从之局，不无先克后生之情。"

丁壬日丙午时

壬符入《坤》，得《剥》之体，乃勾白之宫，比肩之地，然而加丙，为天牢伏奇格，未免先迷后利，而反复求荣之象。

生门入《坎》，得《蒙》之体，有远方迅速之财，阴私作合之利。

卧云主人曰："符有返首跌穴之吉，大象往返可观；使遇九天仙子，又为阴谋得利。但事涉遥疑，而未有定适耳。"

丁壬日丁未时

壬符入《坎》，得《蒙》之体，乃九天之宫，财帛之地，然而加丁，为太阴被狱格，虽有作合得财之局，亦防淫讹遥涉之情。

生门入《坤》，得《剥》之体，有祸福两倚之象。

卧云主人曰："符退九天，而逢仙子之作合，似得意外之携；使入《坤》维，而系八门之反吟，未免动摇未定之局。然本宅有暗败之嫌，幸太阴作援解之吉，凡占先否后泰之征。"

丁壬日戊申时

壬符入《巽》，得《蛊》之体，乃太阴之宫，官鬼之地，然而加戊，为青龙入狱格，未免暗中矛盾之嫌。

生门入《震》，得《颐》之体，有趑趄疑豫之情。

卧云主人曰："符前使后，俱入官乡，尽有供入鸳班之局，利见大人之征。但庚来伏宫，不无暗中之阻，而进退迟疑之象也。"

丁壬日己酉时

壬符入中，乃步五之格，然而加己，为天地刑冲格，未免居止不宁，而所谋多拙。

生门入《巽》，得《蛊》之体，有迫制克害之扰。

卧云主人曰："值符步五，不无粘滞之情；值使趋四，又逢克陷之乡。究竟有损无益之象。"

丁壬日庚戌时

壬符入《乾》，得《大畜》之体，乃九地之宫，子孙之地，然而加庚，为天牢倚势格，须防刑碍脱诈之嫌。

生门入中，是为步五，事觉粘滞，返往掣肘。

卧云主人曰："天乙飞而使步五，不惟多惊，亦且多阻。"

丁壬日辛亥时

壬符入《兑》，得《损》之体，乃朱玄之宫，子孙之地，然而加辛，为白虎犯狱格，未免口舌脱耗之虞。

生门入《乾》，得《大畜》之体，有退而蓄积之情，暗中脱耗之意。

卧云主人曰："符、使俱入脱气之宫，所谋未为有益，二癸并临，本似有呪咀冤愆。大约进退蹉跎之占。"

戊癸日壬子时

壬符伏退于《艮》，乃转移迁就之机，又为天牢自刑格，未免沉滞不前之象。

生门入《兑》，得《损》之体，乃孕育之情，与泄脱之意。

卧云主人曰："值符归伏于本宫，值使受脱于辛女，盖为企望遥疑，而作为未济之占。"

戊癸日癸丑时

壬符入《离》，得《贲》之体，乃六合之宫，印绶之地，然而加癸，为阴阳重地格，虽有和美之意，未免计穷之局。

生门入《艮》，乃归伏之体，有知止之象。

卧云主人曰："符贪六合之主，惜为癸闭之地，又兼值使伏吟，凡谋阴阻之占。"

戊癸日甲寅时

符分天英，癸仪秉令，辖丙、午、丁之气，通九、三、六之宫，同景门值使，有崇礼修文之义，由微至著之情。然用癸仪而居南宫，盖有既济文明之象，况乎九天之官印相从，自有荣身之策。大约东南多雅望，西北见赵趄，而财物之间，似有参差耳。

卧云主人曰："天辅时，无不吉之占，然值春夏而占东南，更为大吉。"

戊癸日乙卯时

癸符入《震》，得《噬嗑》之体，乃九地之宫，印绶之地，然而加乙，为日沉九地格，尽暗中生助之妙，但为迟疑不决之情。

景门入《坎》，得《未济》之体，未免事情疑虑之象。

卧云主人曰："符入九地而受生，使与勾白而受克，盖有官印相资之美，而玉女帮助之奇。惟庚辛并临本位，未免恩怨交丛，而财多害己之占。"

戊癸日丙辰时

符、使并入《坤》维，得《晋》之体，乃螣蛇之宫，子孙之地，然而加丙，为明堂犯悖格，未免美中不足之嫌，脱货生财之道。

卧云主人曰："《坤》维肃杀之地，西南求谋，未必遂意。"

戊癸日丁巳时

癸符入《坎》，得《未济》之体，乃勾白之宫，官鬼之地，然而加丁，为螣蛇夭矫格，未免反复冲移未定之局。

景门入《震》，得《噬嗑》之体，有生助欢会之美。

卧云主人曰："符反而加丁，凡事有叮咛揆度之意，与进退疑虑之情；使退九地而受生，堪图暗助之吉。大约官印相资，于中尚多疑豫耳。"

戊癸日戊午时

符、使俱登九天之宫，得《鼎》之体，与元戊作合，尽有攀附之意，然而加戊，为青龙入地格，当主首尾相见之吉，而始终造化之荣。

卧云主人曰："火得时而人得际，当有贤人之助也，亦以《鼎》有养贤之义。"

戊癸日己未时

符、使并退中宫，盖有下乔入谷之象，然而加己，为华盖入明堂格，似主事情迷滞，而叠遭侵蚀之嫌，辛得元戊来携，尚有望中之提拔。

卧云主人曰："凡谋入中宫者，宜伏而不宜动，必审明堂而后可也。"

戊癸日庚申时

符、使并趋天阙，得《大有》之体，然而加庚，为天网冲犯格，未免贪财受累之嫌，而利中有害之侵，究竟暌隔惊疑，而进退趑趄，所不免耳。

卧云主人曰："《大有》虽得东南生气之卦，然天网冲犯，不宜妄动。"

戊癸日辛酉时

符、使入《兑》,得《睽》之体,乃太阴之宫,财帛之地,然而加辛,为华盖受恩格,当有暗助之美,但慎竞碍之嫌。

卧云主人曰:"《睽》有离隔之象,虽辛干得地,不当取索也。"

戊癸日壬戌时

符、使入《艮》,得《旅》之体,乃朱玄之宫,子孙之地,然而加壬,为天网覆狱格,不无上下迷蒙,是非脱诈之侵。

卧云主人曰:"时干入不叶之地,而卦体亦未吉也。"

戊癸日癸亥时

符、使归伏于《离》,乃机缘到头之象,然而加癸,为天网重张格,凡占有闭塞之机,屈抑之状。大约气运之终,人事之极,乃否泰关头,所贵知机而定一。

卧云主人曰:"癸亥为天网,而符、使又伏《离》宫,所以宜静而不宜动也。"

阳遁五局

小寒下元　　立春中元
谷雨上元　　小满上元

甲己日甲子时

符分天禽，戊仪司权，得中央之正气，寄理化于《坤》维，敦笃可佳，迷执多滞，尽有西南得朋之义，但怀赵趄疑豫之情。

死门值使，君子以厚德载物，先迷后得之象，有产穀动移之情，与姻缘相投之事。

卧云主人曰："符步五而使寄《坤》，有坐此企彼之意，遥为动作之思，但嫌中宫发用，事学疑迟耳。"

甲己日乙丑时

戊符入《巽》，得《升》之体，乃九地之宫，官鬼之地，未免暗中抗制之嫌，然而加乙，为青龙入云格，又宜式好无尤，始遂迁乔之吉。

死门入《乾》，得《泰》之体，虽有小往大来之征，不无所事脱耗之局。

卧云主人曰："符趋《巽》而使趋《乾》，此受克而彼受脱，大约事涉两端，有冲突遥驰之象。"

甲己日丙寅时

戊符入《震》，得《复》之体，乃朱玄九天之宫，官鬼之地，幸其有避五趋三，似为向荣之意，然而加丙，为青龙得明格，又值返首，尽有光明显达之象。

死门入《兑》，得《临》之体，凡事先难后易，而内遁惊恐之情。

卧云主人曰："符仪击刑，又入鬼乡，盖为不遑起处之象，虽云加丙，亦为外象可观，而内多忧虑之局。至于直使受螣蛇之脱，又为阴小惊诈之征。然而符东使西，大约事体暌违，彼此更张之意也。"

甲己日丁卯时

戊符入《坤》，乃寄二之局，比肩之宫，然而加丁，为青龙耀明之格，主得暗助之美，又为迟中欲速之机。

死门入《艮》，得《谦》之体，有受益之象，然多反复更易之情。

卧云主人曰："符飞《坤》而使入《艮》，皆为比劫之乡，未免一事而分两端之局。"

甲己日戊辰时

戊符飞而复伏，有归宁之思，然而加戊，为青龙入地格，未免进退未决之情，而旧事羁縻之象。

死门入《离》，得《明夷》之体，有先迷后利之象，远方慰信之征。

卧云主人曰："符步五而使飞《离》，有受困求援之意，俯首望光之情。"

甲己日己巳时

戊符入《乾》，得《泰》之体，乃太阴螣蛇之宫，子孙之地，然而加己，为青龙相合之格，盖为比和生育之情，而俯就图谋之局。

死门入《坎》，得《师》之体，有履险涉渊之意，北道求财之情。

卧云主人曰："符《乾》使《坎》，彼此引从，尽有相通之美。"

甲己日庚午时

戊符入《兑》，得《临》之体，乃螣蛇太阴之宫，子孙之地，然而加庚，为青龙持势之格，盖有恩中招怨之象，养虎成害之形。

死门入《坤》，得《坤》之体，有物来顺受之意，而机缘恬淡之情。

卧云主人曰："值符飞，而事多诧异，须慎宵小诈脱之嫌；值使伏，而玉女守门，徒作倚门盼望之局。虽有乞巧之图，不无惊心之虑。"

甲己日辛未时

戊符入《艮》，得《谦》之体，乃勾白六合之宫，比肩之地，然而加辛，为青龙相侵之格，不无同类隔碍之嫌。

死门入《震》，得《复》之体，有七日来复之意，而土木克制之情。

卧云主人曰："符趋《艮》，而勾白争衡；使入《震》，而朱玄为祟。不惟无协济之情，更且有相妨之隙。"

甲己日壬申时

戊符入《离》，得《明夷》之体，乃九天勾白之宫，印绶之地，有出谷迁乔之意，然而加壬，为青龙破狱之格，未免先迷后利之征，财名双美之象。

死门入《巽》，得《升》之体，有静中思动之机，去逆效顺之意。

卧云主人曰："符受生，而使受克，盖为此逸彼劳，而巧人拙事之象。"

甲己日癸酉时

戊符入《坎》，得《师》之体，乃六合朱玄之宫，财帛之地，尽有利涉大川之义，合伙获利之征，然而加癸，为青龙相和之格，又主彼此兼济之美，但慎阴小口舌之疑。

死门入《坤》，合伏吟之体，有得假归农之象，而同行失似之占。

卧云主人曰："符飞《坎》位，而得作合之财；使伏本宫，而悲向隅之归。盖为迷恋失顾之情，而彼此更张之象。"

甲己日甲戌时

符分天心，己仪秉令，辖戌、《乾》、亥之气，通六、三、九之宫，承戊符之乏，而以金星用事，另有一番损益之机，恺悌操纵之义。

开门值使，有恢扩之意。

卧云主人曰："符、使俱伏于《乾》，盖有乾乾自惕，奋发为雄之意，然而伏吟，尚为暗中萌动之思。"

甲己日乙亥时

己符入《巽》，得《姤》之体，乃勾白之宫，财帛之地，尽有反复得财之象，然而加乙，为日入地户之格，未免蒙蔽侵犯之意。

开门入《兑》，得《履》之体，乃出门交有功，同心利断金之义。

卧云主人曰："符飞财位，使入比肩，反复雷同之象，而因人媒合之情。"

乙庚日丙子时

己符入《震》，得《无妄》之体，乃六合之宫，财帛之地，然而加丙，加地户埋光之格，先暗后明之征，又为返首之吉，则主谋为显达，财名遂意之占。

开门入《艮》，得《遁》之体，有暗求生助之机。

卧云主人曰："值符加丙而理财，值使入《艮》而受生，尽有彼此作合之美，而财名双美之局。"

乙庚日丁丑时

己符入《坤》，得《否》之体，乃九地之宫，印绶之地，然而加丁，为明堂贪生之格，先费后益，暗中生扶之美。

开门入《离》，得《同人》之体，似有炉冶铸造之举，丹药调鼎之象。

卧云主人曰："符受生而使受克，有此逸彼劳之情，虽云暗中有助，却慎宵小为灾。"

乙庚日戊寅时

己符入中，遥寄于二，乃步五之格，无正摄之权，然而加戊，为明堂从禄之格，虽有相资之美，不无羁滞之情。

开门入《坎》，得《讼》之体，有不平则鸣之象，亦未免美中不足之意。

卧云主人曰："符步五而使受脱，未免心劳事拙，进退疑豫之占。"

乙庚日己卯时

己符伏《乾》，乃飞而复伏之体，有辗转回还之思，然而加己，为明堂重逢之格，未免勾曲难明之象。

开门入《坤》，得《否》之体，虽有交际之情，却受中人之阻。

卧云主人曰："符飞复伏，有退思补过之意；然而直使逢丁于九地，堪谋幽会之奇。大约有此静彼动之象。"

乙庚日庚辰时

己符入《兑》，得《履》之体，乃九天之宫，比肩之地，然而加庚，为明堂伏杀之格，未免事多刑隔，而所遇未必如心。

开门入《震》，得《无妄》之体，虽为佐使理财之象，然有三奇辐辏之隆。

卧云主人曰："符西使东，主一事而分为两辙，然天乙飞而自多疑虑，使理财而旁多助美，尽可择一而趋，自有作合之妙。"

乙庚日辛巳时

己符入《艮》，得《遁》之体，乃太阴之宫，印绶之地，堪谋暗中生助之荣，然而加辛，为天庭得势之格，可图进取之机。

开门入《巽》，得《姤》之体，惟图隔斗之财，但多反复不常之象。

卧云主人曰："符受生而使理财，行藏皆为得意，但一向明而一向暗，彼此未必和同。"

乙庚日壬午时

己符入《离》，得《同人》之体，乃朱玄之宫，官鬼之地，然而加壬，为明堂被刑格，似主际遇多乖，不利攸往之象。

开门入中，乃步五之体，虽有生助之机，未免沉滞之象。

卧云主人曰："符受克而使受生，动作皆未遂意，尤喜本宫生门丙奇，则静守更自为佳。"

己符入《坎》，得《讼》之体，乃螣蛇之宫，子孙之地，然而加癸，为明堂合华盖之格，未免小人脱耗之象，而势穷事尽之情。

开门伏《乾》，为归宁之象，将来有革故之情，而不无故人之想。

卧云主人曰："符入癸闭之乡，使伏本宫之位，已有彼此泮涣之意，而人情携二之象。"

乙庚日甲申时

符分天柱，庚仪秉令，掌肃杀之威权，宣白帝之政令，承雍熙之余，而振刚锐之绩，另有更张之局。

惊门值使，有义利分明之象，而锄邪剃弊之情。

卧云主人曰："符、使皆伏，尽有伏戎于莽之意，而威镇八方之思。"

乙庚日乙酉时

庚符入《巽》，得《大过》之体，乃朱玄之宫，财帛之地，然而加乙，为太白贪合之格，堪谋伙合之财，须慎小人之侮。

惊门入《艮》，得《咸》之体，尽有良朋生助之机。

卧云主人曰："符入财而使受生，行藏皆为迪吉，然系一事两途之局。"

乙庚日丙戌时

庚符入《震》，得《随》之体，乃勾白之宫，财帛之地，尽有移西就东之象，然而加丙，为太白入荧，又为青龙返首，大利求财之占，宜张威福之用。

惊门入《离》，得《革》之体，有大利日中之象，但多隔碍之嫌。

卧云主人曰："符入财而使受克，未免反复惊惧之占。"

乙庚日丁亥时

庚符入《坤》，得《萃》之体，乃九天之宫，印绶之地，尽有生助之美。

惊门入《坎》，得《困》之体，未免泄脱之嫌。

卧云主人曰："符受生而使受脱，于中丁癸相疑，未免隐显莫测。"

丙辛日戊子时

庚符入中，乃步五之局，寄居《坤》位，系九天之宫，印绶之地，有事涉两可之情，然而加戊，为太白逢恩之格，凡事先迷后利，先损后益之征。

惊门入《坤》，得《萃》之体，君子戒不虞，幸得玉女守门，利求阴助。

卧云主人曰："符步五，而使飞《坤》，皆有受生之益。大约有合而离，离而又合之象。"

丙辛日己丑时

庚符入《乾》，得《夬》之体，乃螣蛇之宫，比肩之地，须慎格角之非，然而加己，为太白大刑格，惟宜守旧自重可也。

惊门入《震》，得《随》之体，虽为反复之情，却为求财之应。

卧云主人曰："符有刑隔之疵，使入勾白之地，须慎自任刚暴，而数门户动摇，以及财物分更之象。"

丙辛日庚寅时

庚符入《兑》，飞而复伏，有回还自揣，与刚柔自用，而迟疑笃速之情。

惊门入《巽》，得《大过》之体，有"大风起兮黑云飞，威镇东南声势恢"之象。

卧云主人曰："符伏本宫，使飞财窟，尽可运筹帷幄，决胜千里，况四、七仪神，遥为联合，又有声应气求之象。"

丙辛日辛卯时

庚符入《艮》，得《咸》之体，乃六合之宫，印绶之地，似有生助之美，然而加辛，为太白重锋之格，有两强相持之象，以刚伏柔之情，凡事须慎争端之论。

惊门入中，寄《坤》得《萃》之体，又为避五之格，凡事有两下图谋，而趋向不一之占。

卧云主人曰："符趋《艮》而使步五，皆用于土垣，尽有资生之策，然土能埋金，又恐谋猷不显，若非田宅之经心，亦主山坟之介意。"

丙辛日壬辰时

庚符入《离》，得《革》之体，乃九地之宫，官鬼之地，诚哉暗箭宜防，然而加壬，为太白退位之格，又值小格之嫌，未免所遇拂意，而暗中受刑克之欺。

惊门入《乾》，得《夬》之体，有"扬于王庭"之义，然多比劫之嫌。

卧云主人曰："符受克隔，图谋已不显扬；使入比肩，大约事不由己。凡占须慎阴人是非。"

丙辛日癸巳时

庚符入《坎》，得《困》之体，乃太阴之宫，子孙之地，似主暗中脱耗，然而加癸，为太白刑隔之格，又值大隔之嫌，未免人情屈折，而所谋不扬，以致有山穷水尽之象。

惊门伏《兑》，得《兑》之体，虽有盈庭之论，却无主盟之人。

卧云主人曰："符值癸闭，使值伏吟，未免进退赵趄，而暗中障碍之局。"

丙辛日甲午时

符分天任，辛仪秉令，理丑、《艮》、寅、之气，通八、五、二之宫，承庚符之乏，展坚耐之能，而以勾白六合之元神出而继治，尽有聪明详辩，刚毅励精之象。

生门值使，有《艮》止之机，而萌动之意，凡占胎育福履之兆。

卧云主人曰："符使俱伏于《艮》，有静中思动之象。"

丙辛日乙未时

辛符入《巽》，得《蛊》之体，及太阴之宫，官鬼之地，须慎阴人是非，然而加乙，为白虎猖狂格，主有走失破财之事，与逃亡隐匿之情。

生门入《离》，得《贲》之体，有束帛笺笺之吉，而图南向荣之美。

卧云主人曰："符使分隶东南，一受克而一受生，盖有同途各辙之意，主劳客逸之情。"

丙辛日丙申时

辛符入《震》，得《颐》之体，乃螣蛇之宫，官鬼之地，须慎小人是非，然而加丙，为天庭得明格，又值青龙返首，有威权作合之情，炉冶钱谷之事，但美中不足，盖亦有之。

生门入《坎》，得《蒙》之体，有先迷后利，财物暗助之象。

卧云主人曰："符入官而使入财，有财官双美之意，然一进前而一退后，乃瞻前顾后之情。妙在本宫有飞使来临，远财入赘，凡事当于疑豫中，而得坐享之福。"

丙辛日丁酉时

辛符入《坤》，得《剥》之体，乃勾白之宫，比劫之地，须慎反复冲射之情，然而加丁，为白虎受伤格，凡事有始无终，内多耗散。

生门入《坤》，为反吟之体，而事多冲易之象。

卧云主人曰："符使皆反，似无依附之局，虽为玉女守门，终无调摄之美。"

丙辛日戊戌时

辛符入中，乃步五之局，寄迹于二，乃通变之权，然而加戊，为龙虎争强之格，未免所谋多拙，而求谋不遇之情。

生门入《震》，得《颐》之体，未免进退艰难，而所事未顺之象。

卧云主人曰："符、使皆未得地，诚哉拙人拙事，难以展作之情。"

丙辛日己亥时

辛符入《乾》，得《大畜》之体，乃九地之宫，子孙之地，须慎暗中脱耗之嫌，然而加己，为虎坐明堂格，未免所图难成，而事绪费力之局。

生门入《巽》，得《蛊》之体，凡占有阴人阻挠之象。

卧云主人曰："符居《乾》而使入《巽》，未免一事而分两端。然符飞天门而值受脱，使居地户而受克，不惟彼此暌违，难以照应，亦且事情遥涉，而泮涣不亲。大约凡谋未谐耳。"

丁壬日庚子时

辛符入《兑》，得《损》之体，乃朱玄之宫，子孙之地，未免口舌耗散之虞，然而加庚，为虎逢大白格，又称天乙飞，则所谋必多疑虑，而笃速诧异之占。

生门入中，乃步五之局，虽寄于二，却为反复之疑，而进退未定之局。

卧云主人曰："值符飞而使步五，所图多应罔济，若非小人之克脱，亦主人情之乖违。"

丁壬日辛丑时

辛符入《艮》，飞而复伏，为回还之机，辗转之局，然而加辛，为天庭自刑格，凡事有自败之局。

生门入《乾》，得《大畜》之体，未免脱耗之侵。

卧云主人曰："值符飞而复伏，值使退入九地，皆有遁藏之机，而失作为之算。"

丁壬日壬寅时

辛符入《离》，得《贲》之体，乃六合之宫，印绶之地，虽有向明之图，却有暗昧之阻，然而加壬，为天庭逢狱格，须防脱诈谋事难成耳。

生门入《兑》，得《损》之体，似有口舌损耗之嫌。

卧云主人曰："符受飞庚之伏，大势已自不安，况又飞去加壬，盖为堕网之险，而兼值自刑之格，佐使又未得地，凡占未许和谐。"

丁壬日癸卯时

辛符入《坎》，得《蒙》之体，乃九天之宫，财帛之地，尽有远交近攻之局，然而加癸，为虎投罗网之格，所谋多阻之征。

生门得《艮》，得《艮》之体，有知止之象，而势孤力寡之情。

卧云主人曰："符入网而使归伏，英雄无用武之地，虽欲竿头进步，其何能哉？"

丁壬日甲辰时

符分天英，壬仪秉令，司丙、午、丁之气，通九、三、六之宫，有文明照著之象，深谋远虑之能。

景门值使，为日中之吉，乃宴享之神，文章之府。

卧云主人曰："符使任事于南宫，而勾白遥晌于北道，诚有伏戎于莽之象。君子用戒不虞，纵有知遇，亦琐琐姻娅之辈而已。"

丁壬日乙巳时

壬符入《巽》，得《鼎》之体，乃九天之宫，印绶之地，似得生助之奇，然而加乙，为日入九地，未免好事遭磨。

景门入《坎》，得《未济》之体，凡事反复受制之局。

卧云主人曰："符受生而使受克，所谋有始无终。况乎符退九天，空怀远大之想；使入勾白，恐中敌人之计。"

丁壬日丙午时

壬符入《震》，得《噬嗑》之体，乃九地之宫，印绶之地，堪谋利益于东都，然而加丙，为天牢伏奇之格，似主光明正大之事，却为暧昧迷蒙之情。

景门入《坤》，得《晋》之体，虽有玉女扶持，却为暗中脱耗。

卧云主人曰："值符返首于九地，堪作秘密之图；使会玉女于螣蛇，反借宵小之力。惟忌庚来伏宫，须慎阴人之扰。"

丁壬日丁未时

壬符入《坤》，得《晋》之体，乃腾蛇之宫，子孙之地，堪卜生育之占，然而加丁，为太阴被狱格，尽有作合之美，不无疑忌之情。

景门入《震》，得《噬嗑》之体，堪谋宴会之象。

卧云主人曰："符飞《坤》而得玉女之作合，使入《震》而得丙奇之助，尽有彼此兼济之妙，尤忌飞庚伏宫，须存见利思义之戒。"

丁壬日戊申时

壬符入中，乃避五之局，虽寄于二，亦遥涉之情，然而加戊，为青龙入狱格，未免凡事迍邅赵趄之象。

景门入《巽》，得《鼎》之体，有烹葵剥枣之意，而宴享生意之谋。

卧云主人曰："值符退九而入五，未免舍尊而就卑，虽有值使入九天，亦徒为张大之势，究竟志有余而力不逮也。"

丁壬日己酉时

壬符入《乾》，得《大有》之体，乃六合之宫，财帛之地，然而加己，为天地刑冲格，虽贪六合之财，却成入墓之鬼。

景门入中，为避五之局，诸事难得显扬之局。

卧云主人曰："符趋《乾》而有入墓之嫌，使入中而有步五之忌。凡事难以图谋，大约所得不足以尝所失耳。"

丁壬日庚戌时

壬符入《兑》，得《睽》之体，乃太阴之宫，财帛之地，须防阴人反目之非，然而加庚，为天牢倚势格，凡谋虚耗难成，惊疑反复。

景门入《乾》，得《大有》之体，堪谋库质之财。

卧云主人曰："符使皆入财乡，堪谋利益之图，但天乙飞而值使墓，又为疑豫迷蒙之象。"

丁壬日辛亥时

壬符入《艮》，得《旅》之体，乃朱玄之宫，子孙之地，须慎口舌耗费之事，然而加辛，为白虎犯狱格，不无忧惊之象。

惊门入《兑》，得《睽》之体，须知人情有反复之疑。

卧云主人曰："符入朱玄而受脱，使入太阴而理财，所惜符、使皆未得地，凡占难以有成。"

戊癸日壬子时

壬符入《离》，乃飞而复伏，有历长途转而归宁之局，但未免呻吟愁叹之思，然而加壬，为天牢自刑格，凡事迟滞难行。

景门入《艮》，得《旅》之体，未免下乔入谷之象。

卧云主人曰："符伏于《离》，使飞于《艮》，大约为守拙之时，而偏无遂意之举。"

戊癸日癸丑时

壬符入《坎》，得《未济》之体，乃勾白之宫，官鬼之地，然而加癸，为阴阳重地格，未免事多魔障，而势穷力尽之象。

景门伏《离》，虽为恢复之局，亦无展作之时。

卧云主人曰："符入鬼方，又为罗网交加，凡占为反复不宁之象，进退疑虑之情。"

戊癸日甲寅时

符分天蓬，癸仪秉令，辖壬、子、癸之气，通一、四、七之宫，为元符之合神，俱本卦之旺位，宜为隐遁求仙，与埋伏宝藏之举。

休门值使，有静以待动之机，塞而后通之象。

卧云主人曰："符、使皆伏于《坎》，妙在癸仪入庙，况又中得盟主，则无丁癸之呼，唯忌庚癸之格，大约官印之间，未为尽善。"

戊癸日乙卯时

癸符入《巽》，得《井》之体，乃六合之宫，子孙之地，然而加乙，为日沉九地格，当有暗中生助之妙，惟多迟疑不速之情。

休门入《坤》，得《比》之体，有舍己从人之象。

卧云主人曰："符趋《巽》而使趋《坤》，一刑击而一受克，则图谋固难顺适，况乎飞庚伏宫，推丁赴癸，而本宫之中，更慎阴小是非之嫌。"

戊癸日丙辰时

癸符休门入《震》，得《屯》之体，乃太阴之宫，子孙之地，然而加丙，为明堂犯悖格，须慎暗中脱耗，忧疑阻滞之嫌，幸为返首之吉，堪谋生蓄之财。

卧云主人曰："符使并飞《震》位，未免泄脱之情，亦先迷后利之象。"

戊癸日丁巳时

癸符入《坤》，得《比》之体，乃朱玄之宫，官鬼之地，然而加丁，为腾蛇夭矫格，未免趑趄不决之情，所谋多拙之象。

休门入《巽》，得《井》之体，有济物利人之义。

卧云主人曰："符、使分投《坤》《巽》，虽有暗会之意，不无克脱之嫌。"

戊癸日戊午时

癸符休使俱步五，彼此受克，事多险阻，然而加戊，为青龙入地格，亦未免恩怨交丛。

卧云主人曰："符、使深入重围，进退难支之象。"

戊癸日己未时

癸符休使，并入九天之宫，印绶之地，然而加己，为华盖入明堂格，虽为相生之意，内有勾连揆度之情。

卧云主人曰："符使并趋天阙，尽有攀仰之意，但涉迟疑之情。"

戊癸日庚申时

癸符休使，并入九地之宫，印绶之地，然而加庚，为天网冲犯格，未免求亲而得疏之局。

卧云主人曰："符、使求生于九地，为暗中揣度之情，而惶惑迟疑之象。"

戊癸日辛酉时

癸符休使，并入腾蛇之宫，官鬼之地，然而加辛，为华盖受恩格，凡谋吉凶各半。

卧云主人曰："符使受制，须慎小人之侵侮，而华盖受恩，又利于隐藏也。"

戊癸日壬戌时

癸符休使，并入勾白之宫，财帛之地，然而加壬，为天网覆狱格，未免反复冲移。

卧云主人曰："符使并入财乡，尽有图南之美，但无定一之筹。"

戊癸日癸亥时

癸符休使，并伏于《坎》，乃气运之尽期，事绪之结尾，然而加癸，为天网重张格，不无闭塞屈抑之情。

卧云主人曰："符使归伏，惜为网张，纵欲挥戈，亦须易辙。"

阳遁六局

大寒下元　　雨水中元
春分下元　　芒种上元

甲己日甲子时

符分天心，戊仪秉令，辖戌、《乾》、亥之气，通六、三、九之宫。以开门为使，有《乾》纲独振之意；九地癸仪作合，西南可以得明；太阴庚仪伏飞，东北似为失利。究竟图谋固密，而尚虑成败萧何耳。甲子值符起于六，金水气运天赐福，财禄事业总堪图，只防阴小为鬼贼。玉兔伏窟乙入伍，凡事迍遭难威武，投南须防起祸殃，东北有人堪依辅。火行风起丙入《巽》，名若春雷事业振，勾陈白虎又来临，气运相扶财位进。苍龙献珠《震》宫丁，所有图谋尽遂情，况又六合来生助，管叫谈笑取功名。

卧云主人曰："此占惟东南利耳。"

甲己日乙丑时

戊符入中，乃步五之体，然而加乙，为青龙入云格，虽有相资之意，却为羁滞之情。

开门入《兑》，得《履》之体，有退思高蹈之意，而多比拟障碍之局。

卧云主人曰："符步五，而所谋似拙，且有疑二未定之象；使登天，而事在比肩，不无进退粘滞之局。究竟使退九天，符寄九地，盖为半隐半现，逡巡迟缩之疵。"

甲己日丙寅时

戊符入《巽》，得《姤》之体，乃勾白之宫，财帛之地，然而加丙，为得明返首之格，内值天遁之祥，尽有反复得财之象。

开门入《艮》，得《遁》之体，有暗求生助之局。

卧云主人曰："符入财而使投印，盖有财名双美之妙，惟觉反复迟滞之情，至于飞庚伏宫，须慎阴人之悖戾，似为美中不足之占。"

甲己日丁卯时

戊符入《震》，得《无妄》之体，乃六合之宫，财帛之地，然而加丁，为青龙耀明格，当得迅速之财。

开门入《离》，得《同人》之体，有利见大人之象。

卧云主人曰："符入财而使入官，堪问纳粟求名之吉，但符值刑而受迫，又为好事遭磨，而小人之搬斗宜防也。"

甲己日戊辰时

戊符入《乾》，乃归伏之体，有去而复来之象，往返进退之思。

开门入《坎》，得《讼》之体，有宵小脱耗之嫌。

卧云主人曰："符退伏，而令有进取之机；使趋《乾》，而却受螣蛇之脱。虽有彼此唱随之义，未免前后瞻顾之情，大约所谋迟滞之占耳。"

甲己日己巳时

戊符入《兑》，得《履》之体，乃九天之宫，比肩之地，然而加己，为青龙相合格，有遥为依附之情。

开门入《坤》，得《否》之体，有暗求生助之美。

卧云主人曰："符退九天，使退九地，有迤逦退缩之象，欲隐欲现之情，然未免生脱之别，劳逸之殊。"

甲己日庚午时

戊符入《艮》，得《遁》之体，乃太阴之宫，印绶之地，然而加庚，为青龙持势格，未免求盖而反损。

开门入《震》，得《无妄》之体，有作合婚媾之财。

卧云主人曰："天乙飞兮，所谋未为安逸；值使入财，欣逢玉女扶持。究竟图名不若图利。"

甲己日辛未时

戊符入《离》，得《同人》之体，乃朱玄之宫，官鬼之地，然而加辛，为青龙相侵格，有公庭趑趄之情。

开门入《巽》，得《姤》之体，有战斗反复之财。

卧云主人曰："符入官乡，而使入财窟，盖有财官兼济之美，惟嫌反复冲制耳。"

甲己日壬申时

戊符入《坎》，得《讼》之体，乃螣蛇之宫，子孙之地，然而加壬，为青龙破狱格，未免宵小脱诈之嫌。

开门入《坤》，得《否》之体，有暗中生助之妙。

卧云主人曰："符趋《坎》，而使步五，盖为险阻拙滞之情。大约先脱后生，先损后益之象。"

甲己日癸酉时

戊符入《坤》，得《否》之体，乃九地之宫，印绶之地，然而加癸，为青龙相和格，有作合生助之美。

开门入《乾》，为归息之局，有相势而韬之象。

卧云主人曰："符贪合而忘归，使归伏而失主，有彼此离异之象，而革故鼎新之占。"

甲己日甲戌时

符分天柱，己仪秉令，辖庚、酉、辛之气，通七、四、一之宫。权分白帝，掌肃杀之威权；位镇西方，代戊仪之治政。

惊门为使，有鸣必惊人之象，正己正人之思。

卧云主人曰："己仪分符《兑》宫临，酉戌相刑事不宁。况又九天为遥涉，遇合应知破后成。"

甲己日乙亥时

己符入中，乃步五之体，然而加乙，为日入地户格，未免暗昧迷蒙，俯就受生之局。

惊门入《艮》，得《咸》之体，有彼此作合相生之益。

卧云主人曰："符步五，而心劳事拙；使趋《艮》，而暗地受生。大约先迷后利，迹殊志同之情。"

乙庚日丙子时

己符入《巽》，得《大过》之体，乃朱玄之宫，财帛之地，然而加丙，为地户埋光格，未免先暗后明之象。

惊门入《离》，得《革》之体，有鼎新之意，疑战之情。

卧云主人曰："值符返首于财乡，而财神转投于印地，尽有相生之源；值使飞居九地而逢官，若非暗中之陶熔，须忌阴谋之侵蚀。大约符、使并向东南，似有财官兼济之局，而推庚伏宫，阴六不和，宅中宜慎灾讼。"

乙庚日丁丑时

己符入《震》，得《随》之体，乃勾白之宫，财帛之地，然而加丁，为明堂贪生格，当于隔斗中，而得反复迅速之财。

惊门入《坎》，得《困》之体，有暗中脱耗之疑，而逃走猖狂之事。

卧云主人曰："符返于东，使趋于北，盖有遥为协济之情，但兼财物反复，徒劳玉女之神，庚癸相呼，未得资辅之力，而成中见破，方得破后重圆。"

乙庚日戊寅时

己符入《乾》，得《夬》之体，乃螣蛇之宫，比肩之地，然而加戊，为明堂从禄格，虽有依附之情，不无拟碍之局。

惊门入《坤》，得《萃》之体，有遥求生助之意，而内遁财官疑二之情。

卧云主人曰："符趋《乾》而使退《坤》，有前后分张之意，而进退不一之情，皆困刑格。聚本宫而致呼天吁地，分投元局之合神，以冀将来之生聚耳。"

乙庚日己卯时

己符飞而复伏，有辗转留连之情，又为明堂重逢之格，凡事勾屈难明，而进退未决之情。

惊门入《震》，得《随》之体，有门户更张，而运转财物之局。

卧云主人曰："符伏而使返，有我逸彼劳之意，而静以观动之象，但嫌主事者沉滞无为，以致副投之东西易处，亦未免门户搋动，而事无定一之占。"

乙庚日庚辰时

己符入《艮》，得《咸》之体，乃六合之宫，印绶之地，然而加庚，为明堂犯杀格，未免求益得损，而所事惊张之局。

惊门入《巽》，得《大过》之体，有风行草偃，而威震东南之情。

卧云主人曰："值符飞，而刑碍多疑，须慎同人之弄鬼；使趋《巽》，而丁壬得化，可图妻孥之好合。大约先否后泰，弃印从财之象。"

乙庚日辛巳时

己符入《离》，得《革》之体，乃九地之宫，官鬼之地，然而加辛，为天庭得势格，似为利见大人之征。

惊门寄《坤》，得《萃》之体，有遥图闻誉之意。

卧云主人曰："符入官，而使入印，盖有官印相从之局，然符九地，而使九天，又为隐显兼济之情。究竟迤逦遁去，未免逡巡退缩之象，至于分居九五，只利功名高举之事。"

乙庚日壬午时

己符入《坎》，得《困》之体，乃太阴之宫，子孙之地，然而加壬，为明堂被刑格，须慎脱耗之虞。

惊门入《乾》，得《夬》之体，有趋前依附之情。

卧云主人曰："符飞《坎》，而使趋《乾》，有亦步亦趋之义，彼此唱和之妙，但未免险阻费力，难以前图，不若退图家庆，尚有财官双美之象。"

乙庚日癸未时

己符入《坤》，得《萃》之体，乃九天之宫，印绶之地，然而加癸，为明堂合华盖格，未免赘婿，而苟安忘家之局。

惊门入《兑》，得《归妹》之体，凡占闭阻之象。

卧云主人曰："符值癸闭，而图谋未必显扬；使值伏吟，而事绪不无龃龉。于中有我动彼静之机。"

乙庚日甲申时

符分天任，庚仪秉令，辖丑、《艮》、寅之气，通八、二、五之宫，用生门值使，有矫举更设之谋，而阴私用事之局，所惜财官皆不相得，而合神又并隔神，未免恩怨交丛，而呻吟岛屿之象。

卧云主人曰："庚仪分符在《艮》中，无奈禄马闹匆匆，太阴文书疑暗劫，纵有际遇隔帘笼。"

乙庚日乙酉时

庚符入中，乃步五之体，然而加乙，为太白贪合格，亦未免合处生疑，而人情反复之象。

生门入《离》，得《贲》之体，有作合生助之荣。

卧云主人曰："值符步五，盖为心劳事拙，虽得乙妹之财，尚虑比肩之隔；而值使登九，尽有荣遇之奇，而财官作合之美。大约先迷后利，内滞外顺之象。"

乙庚日丙戌时

庚符入《巽》，得《蛊》之体，乃太阴之宫，官鬼之地，然而加丙，为太白入荧，又曰返首，未免悖战之嫌，而阴中克制之象。

生门入《坎》，得《蒙》之体，有退而得财之局。

卧云主人曰："符入太阴而遇鬼，使登九天而理财，虽有财官兼济，不无前后参差，大约苦去甘来，乐里生悲之意。"

乙庚日丁亥时

庚符入《震》，得《复》之体，乃螣蛇之宫，官鬼之地，然而加丁，为太白受制格，不无叮咛趑趄之情。

生门入《坤》，得《剥》之体，乃反复冲突之局。

卧云主人曰："符加丁而使加癸，彼此有疑斗之嫌，一受制而一反吟，宾主无安静之时，究竟入宅未宁，而此疑彼诈之象。"

丙辛日戊子时

庚符入《乾》，得《大畜》之体，乃九地之宫，子孙之位，然而加戊，为太白逢恩格，未免有刑犯之意，而张弧脱弧之情。

生门入《震》，得《颐》之体，有游说趑趄之象。

卧云主人曰："符飞天阙，而暗中侵犯堪嫌；玉女守门，而龙虎交衡失利。大约美而不足之占。"

丙辛日己丑时

庚符入《兑》，得《损》之体，乃朱玄之宫，子孙之地，然而加己，为太白大刑格，未免欺傲被脱之嫌。

生门入《巽》，得《蛊》之体，有阴小脱败之虞。

卧云主人曰："符入朱玄而刑隔，使入太阴而迫制，行藏未得其宜，纵有六合并临，良朋助美之情，怎奈枳棘之卉，终非鸾凤之栖，究竟事业更张，进退不前之象。"

丙辛日庚寅时

庚符复伏，为太白重刑格，有自作傲世之想，而沉吟进退之情。

生门步五，乃比拟反复之嫌。

卧云主人曰："符飞而伏，已为迟滞；使又入中，更为掣肘。究竟迍邅迟滞，未可展作。"

丙辛日辛卯时

庚符入《离》，得《贲》之体，乃六合之宫，印绶之地，然而加辛，为太白重锋格，未免鸠居鹊巢之象。

生门入《乾》，得《大畜》之体，有暗中泄脱之意，与龙逃虎走之嫌。

卧云主人曰："符入六合，而有威镇同人，势压明堂之局，但不该乘人之危，而作要君之计耳。至于值使退入九地，须深防微杜渐之思，凡占未免益中之损。"

丙辛日壬辰时

庚符入《坎》，得《蒙》之体，乃九天之宫，财帛之地，然而加壬，为太白退位格，乃进则多阻之象，隔碍取财之情。

生门入《兑》，得《损》之体，未免口舌泄脱之嫌。

卧云主人曰："符入财，而有小隔之疵；使入《兑》，而有生泄之局。虽云两宫相资，不无损而后益，究竟遥驰多阻，只恐将来冲复之嫌。"

丙辛日癸巳时

庚符入《坤》，得《剥》之体，乃勾白之宫，比肩之地，然而加癸，为太白刑隔格，未免人情阴抑，而事多障碍之情。

生门伏《艮》，得《艮》止之体，有归宁之象。

卧云主人曰："值符隔癸，而同类事生障碍，若非田墓争衡之事，亦主封疆更张之谋，至于值使归伏，又为迟滞之机。大约欲速不达，有穷途逆旅之情。"

丙辛日甲午时

符分天英，辛仪秉令，辖丙、午、丁之气，通九、三、六之宫，有肃杀柔刚之体，文明著作之相，但值自刑，未免虚疑欲速之情。

景门值使，又为词坛树帜之征，东南堪图生合之助，北道须慎冲克之非，至于财帛，未为进善之美，子孙不无猖狂隔碍之疑，凡占宜审时度务可也。

卧云主人曰："辛仪分符到《离》宫，虎居火地施为空。朱雀临午徒喧噪，火符自刑事虚中。"

丙辛日乙未时

辛符入中，得步五之体，然而加乙，为白虎猖狂格，未免弃明投暗，舍尊就卑之象。

景门入《坎》，得《未济》之体，有水火惊疑，南北交易之情。

卧云主人曰："符步五而受脱，盖为失陷之情，事拙之局；使投北而入鬼，适引勾白之作祟耳。究竟个中事绪，纷然而外象，反复冲突，所谋未为得利之占。"

丙辛日丙申时

辛符入《巽》，得《鼎》之体，乃九天之宫，印绶之地，然而加丙，为天庭得明，又为返首，盖有仰攀依附，遥为作合之象。

景门入《坤》，得《晋》之体，有锡马蕃庶之意，田宅交易之情。

卧云主人曰："符退九天而受生，使进螣蛇而受脱。盖有前后参差，事分两头，于中未免进退瞻顾之情。"

丙辛日丁酉时

符使入《震》，得《噬嗑》之体，乃九地之宫，印绶之地，然而加丁，为白虎受伤格，盖有暗中生助之美。

卧云主人曰："符、使并退九地，而值玉女之守门，凡阴谋私策，尽有暗里之调停，况乎财神俱来本宫，又为脱中生财之大道。"

丙辛日戊戌时

辛符入《乾》，得《大有》之本，乃六合之宫，财帛之地，然而加戊，为龙虎争强格，虽为得财之局，却有入墓之疵。

景门入《巽》，得《鼎》体，有自求口实之局，家人宴享之情。

卧云主人曰："符趋天阙，当分大人之财；使退地户，有远求生助之美。但惜彼此暌违，遥为照应之局，究竟财印，有两处名利之图。"

丙辛日己亥时

辛符入《兑》，得《睽》之体，乃太阴之宫，财帛之地，然而加己，为虎坐明堂格，宜于阴谋得利之征。

景门入中，步五之格，不惟所事多拙，亦且泄气堪嫌。

卧云主人曰："符入太阴而理财，使入中宫而受脱，虽有子动生财之机，却遁内外疑滞之局，大约有图财而虑拙。"

丁壬日庚子时

辛符入《艮》，得《旅》之体，乃朱玄之宫，子孙之地，然而加庚，为虎逢太白格，未免两强相持，而自起脱耗之侮。

景门入《乾》，得《大有》之体，呈得朝元之财，却有羁縻之累。

卧云主人曰："符、使分投《乾》《艮》，有此失彼得之情。然而天乙飞兮，所图未为安逸；使入墓兮，凡谋未必显扬。况乎两庚刑己，太阴恐遭乖庚，若非妻小之灾，须慎朱玄之破费也。"

丁壬日辛丑时

辛符入《离》，得归伏之体，又为天庭自刑格，但符值自刑之疵，凡占并无和蔼之象。

景门入《兑》，得《睽》之体，有阴谋取利之局。

卧云主人曰："值符飞伏，有自顾不遑之意；值使理财，亦为有得有失之情。大约心劳事拙之占。"

丁壬日壬寅时

辛符入《坎》，得《未济》之体，乃勾白之宫，官鬼之地，然而加壬，为天庭逢狱格，凡谋反复难成，须慎克脱之扰。

景门入《艮》，得《旅》之体，有寝食不安之象。

卧云主人曰："符受克而使受脱，彼此皆为失利，但南北冲移，而作为每增乖庚。大约人情反复，而凡事有逗遛之情。"

丁壬日癸卯时

辛符入《坤》，得《晋》之体，乃螣蛇之宫，子孙之地，然而加癸，为虎投罗网格，未免下乔入谷，阻隔脱诈之情。

景门伏《离》，乃归伏之体，为机穷缘涩，而无所作为之时。

卧云主人曰："符入螣蛇而受脱，使归本宫而伏吟，盖为彼此离异之象，执迷不返之情。"

丁壬日甲辰时

符分天蓬，壬仪秉令，辖壬、子、癸之气，通一、四、七之宫。用休门为值使，有塞求通之情，但系元局螣蛇，未免疑阻之险。

卧云主人曰："符、使伏吟于北道，君其问诸水滨，勾白遥临于财乡，图南未免费力，纵有连合处，尚多阻碍之情。大约有遥为期遇之局，惟嫌事属迟滞之象。"

壬仪符分到《坎》宫，仪神得地事兴隆。螣蛇丁神合壬化，见遇迍遭后称情。

丁壬日乙巳时

壬符入中，乃步五之局，然而加乙，为日入地户格，未免心劳事拙，而进退踌躇之象。

休门入《坤》，得《比》之体，有水行地上之意，而所遇逼迫之占。

卧云主人曰："符步五而使入《坤》，所谋不无淹蹇，虽分谋而实合辙，似觉事绪多歧，可喜戊丙飞来，尚有意外之助。"

丁壬日丙午时

壬符入《巽》，得《井》之体，乃六合之宫，子孙之地，然而加丙，为天牢伏奇格，又为返首，盖为美中不足，有损有益之占。

休门入《震》，得《屯》之体，又逢玉女守门，堪图暗中作合之机。

卧云主人曰："符、使并入子孙之宫，乃太白阴六合之地，又兼得奇得门，凡谋尽有显达之局，但并投泄气，未免耗费堪嫌，若非子女之劳心，亦主阴私之脱耗。"

丁壬日丁未时

壬符入《震》，得《屯》之体，乃太阴之宫，子孙之地，然而加丁，为太阴被狱格，虽有作合之美，不无伤神之局。

休门入《巽》，得《井》之体，有风水之役，舟楫之举，老妪探女之象。

卧云主人曰："符、使并入子孙之宫，于中又有唱随之好，大象外遇堪夸，惟嫌本宫驳杂，未免人事乖张，而暗中刑碍之疵。"

丁壬日戊申时

壬符入《乾》，得《需》之体，乃九天之宫，印绶之地，然而加戊，为青龙入狱格，虽有相生之机，却有遥疑之局。

休门入中，乃步五之格，未免阻隔受制之嫌。

卧云主人曰："符受生而使受克，虽为官印相资，未免淹蹇遥涉，逡巡退缩之象。"

丁壬日己酉时

壬符入《兑》，得《节》之体，乃九地之宫，印绶之地，然而加己，为天地刑冲格，未免先损后益之象。

休门入《乾》，得《需》之体，有从龙变化，利见大人之情。

卧云主人曰："符、使退居九地九天之宫，有时潜时跃之意，可隐可现之情，与分谋生助之局。"

丁壬日庚戌时

壬符入《艮》，得《蹇》之体，乃螣蛇之宫，官鬼之地，然而加庚，为天牢倚势格，未免惊疑阻滞之情。

休门入《兑》，得《节》之体，有暗中生助之象，退步苟安之局。

卧云主人曰："符、使入官印之乡，尽有彼此兼济之美，但天乙飞兮，而事多悖戾，纵有值使之投生，其如主事者之受制何。"

丁壬日辛亥时

壬符入《离》，得《既济》之体，乃勾白之宫，财帛之地，然而加辛，为白虎犯狱格，未免反复遥疑，而财物纷更之象。

休门入《艮》，得《蹇》之体，盖为趑趄难前，所谋多拙之局。

卧云主人曰："符入财而使入官，似为财官兼济之美，但惜反复冲突，而未得获一之谋；作事踦蹊，而未得坦然之遇。大约人事多拙，而进退不一之占。"

戊癸日壬子时

壬符伏《坎》，乃归伏之体，未免沉滞呻吟障碍之象。

休门入《离》，得《既济》之体，有胎姤之意，与水火冲射之情。

卧云主人曰："值符伏吟，盖有历尽长途，转而恬息之意，筹划进取之谋，至于值使理财，盖有图南之局，惜随有反复冲易之情。大约此静彼动，乃遥为期望之局也。"

戊癸日癸丑时

壬符入《坤》，得比之体，乃朱玄之宫，官鬼之地，然而加癸，为阴阳重复格，大约阻隔之象。

休门伏《坎》，乃静止之意，未可展作之时。

卧云主人曰："符入鬼乡，又值罗网；使居《坎》位，乃是伏吟。彼此固已参差，而行藏未为顺适。"

戊癸日甲寅时

符分天芮，癸仪秉令，乃元符九地之神，辖未、《坤》、申之气，通二、五、八之宫。用死门值使，乃局气之终符，凡占有闭止之机，而塞处求通之象。

癸仪甲寅寄居《坤》，一冲一墓事沉吟。九地加来多险阻，罗网徒张暗算人。

卧云主人曰："符、使皆伏，图谋未必显扬；死癸为邻，病讼逢之有忌。大约沉滞淹塞之局。"

戊癸日乙卯时

癸符入中，乃步五之体，然而加乙，为日沉九地格，盖为进退迟拙，未得显扬之象。

死门入《震》，得《复》之体，又值守门，不无阴私吊唁与婆妇向遇之情。

卧云主人曰："值符步五，乃离而合，合而离，泾谓不分，进退未定之局，至于值使受克，须慎阴人之扰。"

戊癸日丙辰时

符、使入《巽》，得《升》之体，乃九地之宫，官鬼之地，然而加丙，为明堂犯悖格，有暗中之欺磨。

卧云主人曰："符、使并入官乡，又得返首之吉，似有财官兼济之美，但值退入九地而受刑迫，未免有得有失。"

戊癸日丁巳时

癸符入《震》，得《复》之体，乃朱玄之宫，官鬼之地，然而加丁，为螣蛇夭矫格，未免所事多疑。

死门步五，盖为进退迟疑之局。

卧云主人曰："符入玄朱之宫，而得来复之卦，不无叮咛反复之情，所喜财仪入局，有良朋助美之意，至于值使归伏，又为欲速不达，先疑后信耳。"

戊癸日戊午时

癸符入《乾》，得《泰》之体，乃太阴之宫，子孙之地，然而加戊，为青龙入地格，未免脱泄生合之谋。

死门入《乾》，有静以求动，舍己从人，仰攀作合之局。

卧云主人曰："符使并趋天阙，有从龙变化之图，至于首尾相逢，又为弃旧从新之情，然而太阴用事，虽有二乔可居，而未免先脱后就之象。"

戊癸日己未时

符使入《兑》，得《临》之体，乃螣蛇之宫，子孙之地，然而加己，为华盖入明堂格，不无耗费之嫌，与勾连揆度之意。

卧云主人曰："符、使并入螣蛇，须慎小口之灾疾，然贵知己知彼，庶免脱耗之牵连。"

戊癸日庚申时

符、使入《艮》，得《谦》之体，乃勾白之宫，比肩之地，然而加庚，为天网冲犯格，未免反复暌隔之情。

卧云主人曰："符、使俱趋勾白，适为起人之侮，况又自生疑惧，而终不免于反复之差迭也。"

戊癸日辛酉时

符、使入《离》，得《明夷》之体，乃九天之宫，印绶之是，然而加辛，为华盖受恩格，盖有退而求授之意，但多心迩地遥之情。

卧云主人曰："符、使并居九天，尽有攀仰依附之美，远退受生之象，但丙奇乃九地之神而作鬼，须慎暗中之侵蚀，究竟彼此同志，文案可以消磨，而目前退遁遥涉所事未有确见。"

戊癸日壬戌时

符、使入《坎》，得《师》之体，乃六合之宫，财帛之地，然而加壬，为天网覆狱格，未免上下蒙蔽，而因人成事之象。

卧云主人曰："符、使并入财乡，堪图水泽之利，然而丁癸加临，未免比拟阵阻之情。"

戊癸日癸亥时

符、使归伏于《坤》，乃归牛放马之局，万物静止之机，纵有天阙之可依，所惜时光之不再，只宜随遇而安，另作结构之事可也。

卧云主人曰："《坤》有顺之义，而符、使伏之，甚不宜妄动可知矣。"

（卷之三终）

阳遁七局

冬至中元　　惊蛰中元
清明下元　　立夏下元

甲己日甲子时

符分天柱，戊仪秉令，辖庚、酉、辛之气，通七、四、一之权，宣白帝之政，伸严肃之威，又为坐西图东之情。然九地伏戎于莽，暗中奸宄须防，勾朱作财，只恐妻姜乖张，妙在三光透《乾》《巽》，管叫诸事可显扬。

卧云主人曰："《兑》卦司权，主肃杀之意，大约东南方利耳。"

甲己日乙丑时

戊符入《乾》，得《夬》之体，乃螣蛇之宫，比肩之地，然而加乙，为青龙入云格，尽有乘龙御风之象，借光依势之情，而螣蛇用事，未免迟疑。

惊门入《艮》，得《咸》之体，有交妭生益之美，阴谋用事之情，惟嫌飞庚，则暗箭宜防。

卧云主人曰："符趋《乾》，而使入《艮》，图谋荫庇之荣，但阴星入阴宫，内合而外合。大约先损后益之征，隔涉遥歧之占。"

甲己日丙寅时

戊符入中，步五之体，然而加丙，为青龙返首格，似有生助之荣，但嫌步五，而事尚丛杂耳。

惊门入《离》，得《革》之体，有出谷迁乔陶熔品质之义，未免进退趑趄，而有怀莫吐之象。

卧云主人曰："符步五而好事蹉跎，使被迫而所谋惶惑。符寄九天，使飞九地，已有隐显各别之情，符五使九，又为官印相从之意。大约求贵图名，皆属趑趄之占，先塞后通之象。"

甲己日丁卯时

戊符入《巽》，得《恒》之体，乃朱玄之宫，财帛之地，然而加丁，为青龙耀明格，盖有阴人暗助之财，文书生意之事。

惊门入《坎》，得《困》之体，似为暗中泄脱，更防陷溺之虞。

卧云主人曰："符理朱玄之财，使入子孙之窟，虽有妻子兼从之意，大约遥为联合之情。"

甲己日戊辰时

戊符入《兑》，乃归息之体，诚有历尽长途，而转思进取之谋，与旧事重题之情。

惊门入《坤》，得《萃》之体，有子投母腹之象，远为依附之占。

卧云主人曰："符伏于《兑》，使退登天，有静中思动之意，远书欲寄之象。"

甲己日己巳时

戊符入《艮》，得《咸》之体，乃六合之宫，印绶之地，然而加己，为青龙相合格，主有良朋赞助之美。

惊门入《震》，得《随》之体，有反复得财之情。

卧云主人曰："符飞六合而受生，使入勾白而理财，尽有得名得利之奇，但有比劫更变之疑耳。"

甲己日庚午时

戊符入《离》，得《革》之体，乃九地之宫，官鬼之地，然而加庚，为青龙持势格，未免阻抑惊疑。

惊门入《巽》，得大过之体，有阴人之助，与迅速之财。

卧云主人曰："符飞九地而受制，似乎暗中遭磨；使入勾白而会丁，当得阴谋财物。但天乙已飞，而事情悖庚，虽有玉女守门，怎奈迫宫之险。"

甲己日辛未时

戊符入《坎》，得《困》之体，乃太阴之宫，子孙之地，然而加辛，为青龙相侵格，未免脱诈侵蚀之险。

惊门步五，寄《坤》得《萃》之体，虽有相生之局，奈为两处同心。

卧云主人曰："值符受脱于北道，值使受困于中宫，虽有相生相合之机，奈非显扬作为之局，况又推庚伏宫，凡占当防暗变。"

甲己日壬申时

戊符入《坤》，得《萃》之体，乃九天之宫，印绶之地，然而加壬，为青龙破狱格，可谋生助之机，但有迟疑之局。

惊门入《乾》，得《夬》之体，虽有比和之谊，却有狂逃之弊。

卧云主人曰："使进前而符退后，有进退观望之意，而参差不照之情，大约有相信相疑之象。"

甲己日癸酉时

戊符入《震》，得《随》之体，乃勾白之宫，财帛之地，然而加癸，为青龙相合格，虽有首尾相见，却乃移西就东，当得争竞之财。

惊门伏《兑》，乃功成恬退，而自有笃速之情。

卧云主人曰："符贪合财，竟留恋于东土；使守本域，亦无意于故人。未免彼此暌违，而有人涉邛否之叹。"

甲己日甲戌时

符分天任，己仪秉令，辖丑、《艮》、寅之气，通八、五、二之宫。以生门为使，敦信义之节，着恺悌之庥，但伏于《艮》宫，而属昧爽之时，而事业尚未显赫耳。

卧云主人曰："《艮》卦用事，然时止而止，反得生意。"

甲己日乙亥时

己符入《乾》，得《大畜》之体，乃九地之宫，子孙之地，然而加乙，为日入地户格，凡事虚败暗耗之虞。

生门入《离》，得《贲》之体，尽有向荣之美。

卧云主人曰："符受脱于九地，使受生于六合，未免劳逸各别，究竟而趋向不一之占。"

乙庚日丙子时

己符入中，乃步五之体，比肩之地，然而加丙，为地户埋光格，未免阻屈难伸，而望光不逮之象。

生门入《坎》，得《蒙》之体，似主退步得财，但防暗中阻碍耳。

卧云主人曰："值符步五，未免困抑之疑，纵然加丙，亦为悖戾之局，至于使登九天，实维涉渊之情，大约迟滞中而遥思通财之象。"

乙庚日丁丑时

己符入《巽》，得《蛊》之体，乃太阴之宫，官鬼之地，然而加丁，为明堂贪生格，须防阴人生非，与暗中谋害之事。

生门入《坤》，得《剥》之体，不无冲复离异之局。

卧云主人曰："值符受制于太阴，值使反吟于勾白，大约事之变复无常，而阴小偏能作祟之情。"

乙庚日戊寅时

己符入《兑》，得《损》之体，乃朱玄之宫，子孙之地，然而加戊，为明堂从禄格，虽有声应气求之意，却遁口舌暗耗之嫌，又为彼此兑换之局。

生门入《震》，得《颐》之体，有趦趄疑虑，惟文书公庭事务。

卧云主人曰："符受脱于西，使受克于东，不惟彼此有猜忌之疑，亦且主客失善算之策，况又飞庚伏宫，未免同人之谤议，而暴客相侵，以致事绪之更张，大约恩怨交丛之占。"

乙庚日己卯时

己符伏《艮》，乃归伏体，又为明堂重逢格，未免回还迍邅之思，旧事重整之情。

生门入《巽》，得《蛊》之体，不无阴私败克之扰。

卧云主人曰："符伏本宫，使逢玉女，似有静中之利，阴私败克之谋，究竟宫制其门，好事未为顺利。"

乙庚日庚辰时

己符入《离》，得《贲》之体，乃六合之宫，印绶之地，然而加庚，为明堂伏杀格，尽有同人文书之事，但多趦趄悖戾之情，又为求荣得累，美中不足之嫌。

生门入中，得《剥》之体，凡事蹉跎，而趋向不定之局。

卧云主人曰："符登九而使步五，有出谷迁乔，依光九五之象，但嫌天乙飞，而事无主宰，使入中而谋为不昌耳。"

乙庚日辛巳时

己符入《坎》，得《蒙》之体，乃九天之宫，财帛之地，然而加辛，为天庭得势格，当有远大之图，退步得财之情，但凡事切宜回顾可也。

生门入《乾》，得《小畜》之体，须防暗中脱耗之虞。

卧云主人曰："符理财于九天，使受脱于九地，似有脱货生财之道，前后唱和之占。"

乙庚日壬午时

己符入《坤》，得《剥》之体，乃勾白之宫，比肩之地，然而加壬，为明堂被刑格，未免反复冲移，而事无定向耳。

生门入《兑》，得《损》之体，未免有旧事脱败，口舌暗耗之嫌。

卧云主人曰："符返于勾白，使脱于朱玄，所谋未为顺利。"

乙庚日癸未时

己符入《震》，得《颐》之体，乃螣蛇之宫，官鬼之地，然而加癸，为明堂合华盖格，虽有弃暗投明，内遁关格阻滞。

生门伏《艮》，为静止之局，革故鼎新之象。

卧云主人曰："值符有穷途之隔，值使有伏枥之思，皆进退迍邅，而时事将新之意。盖因符飞螣蛇而遇鬼，未免所谋越趄，况局内龙逃蛇矫，则为背盟失约，而中生隔碍之疑，究竟我劳彼逸，而两不相照之占。"

乙庚日甲申时

符分天英，庚仪秉令，辖丙、午、丁之气，通九、三、六之宫，用景门值使，盖有更换规模之局，惟有刚愎暴躁之嫌，然而金入火乡，当主炉冶文印之事。

卧云主人曰："虽有《离》明之象，而得土金旺时，方为有际也。"

乙庚日乙酉时

庚符入《乾》，得《大有》之体，乃六合之宫，财帛之地，然而加乙，为太白贪合格，堪图作合之财，而图际遇之隆。

景门入《坎》，得《未济》之体，凡事有反复受制之嫌。

卧云主人曰："符飞天阙，而得乙奇作合之财；使入官乡，而有门户反移之变。虽有财官兼济之美，不无前后隔涉之情。"

乙庚日丙戌时

庚符入中而步五，未免所谋多拮，然而加丙，为太白入荧格，不无悖战疑虑之情。

卧云主人曰："符步五而使飞二，虽为天各一方，究竟事同一类，大约离而合，合而离之局也。"

乙庚日丁亥时

庚符入《巽》，得《鼎》之体，乃九天之宫，印绶之地，然而加丁，为太白受制格，虽有生助之荣，不无先凶后吉。

景门入《震》，得《噬嗑》之体，有暗中受益之情，好事蹉跎之占。

卧云主人曰："值符退于九天，值使退入九地，皆为荫庇之宫，似得明暗之利，但嫌丁癸杂处，而此中之机变，又不可同日而语。"

丙辛日戊子时

庚符入《兑》，得《睽》之体，乃太阴之宫，财帛之地，然而加戊，为太白逢恩格，当有财喜之事，惟防疑忌之嫌。

景门入《巽》，得《鼎》之体，有饮食衍衍之象。

卧云主人曰："符飞太阴而理财，有先迷后利之益；使退九天而乘丁，有窈窕淑女之携。大约前趋利后图名，皆宜阴谋用事。"

丙辛日己丑时

庚符入《艮》，得《旅》之体，乃朱玄之宫，子孙之地，然而加己，为太白大刑格，未免欺碍之嫌。

景门入《坤》，得《晋》之体，有诈脱之疑。

卧云主人曰："符、使分投朱螣，似有自招口舌，况乎两处皆脱，徒劳冲克遥疑耳。"

丙辛日庚寅时

庚符伏《离》，乃归伏之体，又为太白重刑格，一如英雄未遇，而自作愤激之情。

景门入《乾》，得《大有》之体，有入库取财之局。

卧云主人曰："符伏《畜》而使趋《乾》，盖有远交图谋之意，所惜机缘涩，而际遇迷，不无依附绊恋之象。"

丙辛日辛卯时

庚符入《坎》，得《未济》之体，乃勾白之宫，官鬼之地，然而加辛，为太白重锋格，未免刑欺冲覆之嫌。

景门入《兑》，得《睽》之体，有炉冶金刀之利。

卧云主人曰："符返勾白而遇鬼，使入太阴而理财，不无财来助鬼之嫌，当切见利思义之情。"

丙辛日壬辰时

庚符入《坤》，得《晋》之体，乃螣蛇之宫，子孙之地，然而加壬，为太白退位格，未免泄脱障碍之嫌。

景门入《艮》，得《旅》之体，有童仆琐琐之象。

卧云主人曰："符、使分飞于朱滕，当有口舌之耗费，然而遥歧于《坤》《艮》，未免子弟之参商，大约为泄脱冲复之占。"

丙辛日癸巳时

庚符入《震》，得《噬嗑》之体，乃九地之宫，印绶之地，然而加癸，为太白刑隔格，未免见生不生之象。

景门入《离》，乃归伏之体，凡占有穷思寂寞之情。

卧云主人曰："符隔于九地，使伏于本宫，皆偃塞伏匿之局，而无可作为之占。"

丙辛日甲午时

符分天蓬，辛仪秉令，辖壬、子、癸之气，通一、四、七之宫，用休门值使，以太阴主事，凡占有潜谋密渡之意，而穷通随遇之情。

卧云主人曰："以吉门而又得太阴之利，凡事宜乘北方而行，况甲午时为天辅耶？"

丙辛日乙未时

辛符入《乾》，得《需》之体，乃九天之宫，印绶之地，然而加乙，为白虎猖狂格，似有风云际会之奇。

休门入《坤》，得《比》之体，有玄武欺诈之嫌。

卧云主人曰："符退九天，而龙虎争雄；使入《坤》维，而朱玄为祟。就里官印相资，但虑有生有克，而恩怨各别之情。"

丙辛日丙申时

辛符入中，乃步五之格，然而加丙，为天庭得明格，似有美中不足之嫌。

休门入《震》，得《屯》之体，有暗中脱耗之疑。

卧云主人曰："值符步五而作合，有贪合受制之情；值使趋三而受脱，须防阴人小耗之计。大约所图无益之占。"

丙辛日丁酉时

符、使并趋《巽》户，得《井》之体，乃六合之宫，子孙之地，然而加丁，为白虎受伤格，虽有玉女守门之吉，未免阴小侵蚀之虞。

卧云主人曰："《井》卦有无丧无得之义，惟乘玉女之门，而行亦无不利也。"

丙辛日戊戌时

辛符入《兑》，得《节》之体，乃九地之宫，印绶之地，然而加戊，为龙虎争强格，有先损后益之征。

休门入中，乃步五之格，未免所谋多拙。

卧云主人曰："符受生于太阴，使受制于中五，大约有仰求生助之志，惜非顺利自在之谋。"

丙辛日己亥时

辛符入《艮》，得《蹇》之体，乃腾蛇之宫，官鬼之地，然而加己，为虎坐明堂格，未免所图惊阻之疑。

休门入《乾》，得《需》之体，有穷流及源之意，瞻云望日之情。

卧云主人曰："符前使后，趋向已自不同，况一克一生，劳逸于中各别，大约进前而生疑，退后而遥涉，凡占未有定规耳。"

丁壬日庚子时

辛符入《离》，得《既济》之体，乃勾白之宫，财帛之地，然而加庚，为虎逢太白格，虽云财物往返，不无事业更张。

休门入《兑》，得《节》之体，有暗图生助之美。

卧云主人曰："符入勾白而理财，堪作图南之计；使入九地而受生，可谋潜取之机。但惜飞宫而事多疑虑耳。"

丁壬日辛丑时

辛符伏《坎》，乃归伏之局，又为天庭自刑格，未免呻吟沉滞之情。

休门入《艮》，得《蹇》之体，有趑趄不前而进取受制之象。

卧云主人曰："符伏吟，有受惊而退息之思；使被迫，又为前驱而见阻之情。大约进退不宁之占。"

丁壬日壬寅时

辛符入《坤》，得《比》之体，乃朱玄之宫，官鬼之地，然而加壬，为天庭逢狱格，须慎官司讼与灾非。

休门入《离》，得《既济》之体，有败北图南反复移易之象。

卧云主人曰："符飞官位，使入财乡，似有因财致官之意，惜皆勾朱之宫，反为战斗冲移，而图谋悖戾之占。"

丁壬日癸卯时

辛符入《震》，得《屯》之体，乃太阴之宫，子孙之地，然而加癸，为虎接罗网格，未免自堕暗脱之蹇。

休门伏《坎》，而无可作为之时，不若随遇而安可也。

卧云主人曰："符投太阴之网，甘受脱而不返；使伏太阴之宫，念伊人而非旧。大约沉滞坎坷，事不显扬之占。"

丁壬日甲辰时

符分天芮，壬仪秉令，辖未、《坤》、申之气，通二、五、八之宫，分元符九天之神，而理健顺之事，但惜伏吟未免清浊未分之象。

卧云主人曰："凡卦得伏吟，不可动作，况天芮非吉星乎？"

丁壬日乙巳时

壬符入《乾》，得《泰》之体，乃太阴之宫，子孙之地，然而加乙，为日入九地格，未免有暗耗之嫌。

死门入《震》，得《复》之体，有往返疑惧之情。

卧云主人曰："符入太阴而值脱，使入朱玄而受克，大约有损无益之占。"

丁壬日丙午时

壬符入中，乃步五之体，然而加丙，为天牢伏奇格，未免求荣受累，反复蹉跎之象。

死门入《巽》，得《井》之体，虽有向明之意，却有暗阻之情。

卧云主人曰："值符步五，而使受制，本体非为吉兆，然得返首与守门，又为否中得泰之占。"

丁壬日丁未时

壬符入《巽》，得《升》之体，乃九地之宫，官鬼之地，然而加丁，为太阴被狱格，未免恩中生怨之情。

死门入中而步五，凡谋进退疑迟之局。

卧云主人曰："符使加临丙丁，尽有帮助之美，所惜暗中矛盾，而快意处还须提防。"

丁壬日戊申时

壬符入《兑》，得《临》之体，乃螣蛇之宫，子孙之地，然而加戊，为青龙入狱格，未免俯就生疑之局。

死门入《乾》，得《泰》之体，有作合生育之情。

卧云主人曰："使前符后，未免进退迟疑，然而螣蛇太阴用事，又主阴私泄脱之象。"

丁壬日己酉时

壬符入《艮》，得《谦》之体，乃勾白之宫，比肩之地，然而加己，为天地刑冲格，凡占反复冲疑。

死门入《兑》，得《临》之体，有小口脱诈之事，子母相见之情。

卧云主人曰："值符返入勾白，大势已有自摇疑；值使前入螣蛇，所谋多主犹豫。凡占未有利益之象。"

丁壬日庚戌时

丁壬入《离》，得《明夷》之体，乃九天之宫，印绶之地，然而加庚，为天牢倚势格，凡事虚耗难成。

死门入《艮》，得《谦》之体，有反复动移之局。

卧云主人曰："符退九天，本有光望之美，怎奈加庚，反生悖阻之嫌，至于值使反吟，又为事情乖戾之占。"

丁壬日辛亥时

壬符入《坎》，得《师》之体，乃六合之宫，财帛之地，然而加辛，为白虎犯狱之格，未免有履险取利之象。

死门入《离》，得《明夷》之体，有隐显作为之情。

卧云主人曰："符投北道，有同心断金之好；使入南闱，有仰求荣遇之情。但主事涉遥疑，而财名两歧之占。"

戊癸日壬子时

壬符伏《坤》，乃归宁之体，又为天牢自刑格，凡事淹留蹇涩之象。

死门入《坎》，得《师》之体，有利涉大川之征。

卧云主人曰："符飞而伏，乃辗转回还之思；值使理财，有同舟共济之利。但其中动静参差，未免不相照应耳。"

戊癸日癸丑时

壬符入《震》，得《复》之体，乃朱玄之宫，官鬼之地，然而加癸，为阴阳重地格，未免阻克迷蒙之疵。

死门归《坤》，乃穷伏之机，凡谋当宜了结耳。

卧云主人曰："符投网而受制，使返《坤》而伏吟，皆为时事蹉跎，而难以作为之占。"

戊癸日甲寅时

符分天冲，癸仪秉令，辖甲、卯、乙之气，通三、九、六之宫，继五仪之极运，振震治之宏猷，用伤门值使，作元配理元财，凡占有塞而求通之象。

卧云主人曰："值使得生气，而天星亦乘时，将有作为之象。"

戊癸日乙卯时

癸符入《乾》，得《大壮》之体，乃朱玄之宫，官鬼之地，然而加乙，为日沉九地格，不无失意之塞。

伤门入《巽》，得《恒》之体，有依附帮助之情。

卧云主人曰："符使分投《乾》《巽》，盖有登天步月之想。然值玄武朱螣，又为彼此惊疑之状，况乎本宫受飞庚之伏，凡谋进退羁縻耳。"

戊癸日丙辰时

符、使并入中宫，盖为步五守拙，然而加丙，为明堂犯悖格，虽为返首之吉，不无贪利受屈之疵，况乎本宫有迫制之嫌，凡占进退无益。

卧云主人曰："得步五之占，而又受迫制，宜静守为吉。"

戊癸日丁巳时

癸符入《巽》，得《恒》之体，乃螣蛇之宫，比肩之地，然而加丁，为螣蛇夭矫格，未免事涉惊疑，而宵小欺侮之嫌。

伤门入《乾》，得《大壮》之体，有颠倒自反之状。

卧云主人曰："符飞《巽》而使趋《乾》，盖有纵横两间之意。然此生而彼受制，未免进退维谷之思，况乎螣蛇朱玄，皆为小人横议。"

戊癸日戊午时

符、使入《兑》，得《归妹》之体，乃勾白之宫，官鬼之地，然而加戊，为青龙入地格，大象反复冲移，而进退受制，虽有作合之机，亦为离异之说，于中自西而东，又为各立门户，究竟反复中尚为联合之美。

卧云主人曰："《震》《兑》东西之别，凡事合则难，亦宜静守得吉。"

戊癸日己未时

符使入《艮》，得《小过》之体，乃九天之宫，财帛之地，然而加己，为华盖入明堂格，虽有得财之美，不无先费之意，大约勾连遥度之占。

卧云主人曰："卦有可小事不可大事之义，即财亦宜慎取也。"

戊癸日庚申时

符使入《离》，得《丰》之体，乃太阴之宫，子孙之地，为天网冲犯格，须防阴小之脱诈，还慎暴客之侵欺。

卧云主人曰："凡占值天网，不宜动作，看其冲破之方，可以出头耳。"

戊癸日辛酉时

符使入《坎》，得《解》之体，乃九地之宫，印绶之地，然而加辛，为华盖受恩格，似有暗中生助之美，但为退而笼密之象。

卧云主人曰："解者，散也。幸而华盖受恩，凡占可以相机而出。"

戊癸日壬戌时

符、使入《坤》，得《豫》之体，乃六合之宫，财帛之地，然而加壬，为天网覆狱格，未免迷蒙得利之情，而所图沉滞之局。

卧云主人曰："《豫》虽得意之象，然壬干受克，有得有失，不可妄求也。"

戊癸日癸亥时

符使入《震》，乃一元归结之期，凡事静止之局，诚为天网重张，难以作为之占，惟宜遵养时晦可也。

卧云主人曰："《震》宫有动之象，但值癸亥，总不宜动。"

阳遁八局

小寒中元　　立春上元

谷雨下元　　小满下元

甲己日甲子时

符分天任，戊仪司权，摄丑、《艮》、寅之气，通二、五、八之机，信义固然可风，刚拗未免涩滞。大约养高自重，不无寡和之情；腹内操戈，自作负嵎之势。

生门值使，为静中思动之机，宜收积滋息之事。然"艮其背不获其身，君子以思不出其位"，大约为昧爽呈象之始，而出险入夷之局。

卧云主人曰："符、使皆伏，妙在宫仪比和，尽有规模一新，而屹然任事之象。所惜腾阴化鬼，宵小之侵玷宜防；勾白属比，同人之产业为碍。财宫伏庚，室人乖戾；三奇失地，事难显扬。就中鬼送财，阴谋堪得利。"

甲己日乙丑时

戊符入《兑》，得《损》之体，乃朱玄之宫，子孙之地，须慎小人口舌，暗中脱耗之虞，然而加乙，为青龙入云之格，当得帮助之奇，究竟外开内合，尚有相抗之局。

生门入《离》，得《贲》之体，堪作图南之计，惟忌刑悖之宫，不无美中不足之象。

卧云主人曰："符受脱而使受生，彼此劳逸各别；一西而一南，宾主趋向不同。六合登堂，岭南逢驿使；太阴登天，病症号飞魂。大约子孙制鬼，讼事可云无忧，然而鬼遁入财，凶灾须防再起，而父兄两宫，皆未叶吉，所谋事业，多属两歧。"

甲己日丙寅时

戊符入《乾》，得《大畜》之体，乃九地之宫，子孙之地，未免暗中得失之情，然而加丙，得青龙返首之吉，为父子荣登之象，不谋自就之局，但丙奇入墓，好事尚属迟疑。

生门入《坎》，得《蒙》之体，堪图渔盐求财之利，未免先迷后利之情。

卧云主人曰："值符受脱于九地，值使理财于九天，虽有相生之机，不无隐显之别。然而心迹地遥，又属暌涉之情，究竟本宫遭飞庚之伏，又隔化合之神，虽有鬼迷财之局，却有财助鬼之嫌。"

甲己日丁卯时

戊符步五通二，得避五之体，乃勾白之余，比肩之地，未免心劳事拙，而同类反复之情，然而加丁，为青龙耀明格，主得暗助之美，又为迅速之机。

生门入《坤》，得《剥》之体，凡占先成后破，事多反复，有田产交易之情，子母离合之意。

卧云主人曰："符、使递居二五，皆是土局，未免堕入樊篱，进退冲突，究竟星门俱反，须防人情不测之险。大约事体丛杂，英雄未得用武之地耳。"

甲己日戊辰时

戊符飞而复伏，乃去逆效顺之机，转复更新之象，然而加戊，得青龙入地之格，又为偃蹇伏枥之情。

生门入《震》，得顺之体，凡占动止未决，事主忧疑。

卧云主人曰："值符飞而复伏，乃回还辗转之谋；值使进而受伤，乃趑趄惊疑之象。究竟腾蛇作祟，只宜危邪不入，庶无宵小之侮。果能静中调摄，自有图南之期。"

甲己日己巳时

戊符入《离》，得《贲》之体，乃六合之宫，印绶之地，尽有欣欣向荣之美，然而加己，为青龙相合格，主有币帛婚媾之喜，与室家敦好之情。"

生门入《巽》，得《蛊》之体，凡占有掣肘之疑，未免成中见破之象，好事转折之情。

卧云主人曰："符受生而使受制，乃半凶半吉，趋向不一，徒有生机之可投，而未得施作之利道。况乎值使之宫，罗网并缠，推庚作隔，未免作事崎岖，所谋偃蹇，纵有相生之局，亦为先难后易之情。"

甲己日庚午时

戊符入《坎》，得《蒙》之体，乃九天之宫，财帛之地，堪谋金水之财，然而加庚，为青龙持势格，又为天乙飞宫，未免事多疑虑，若非室人之冤愆，须忧贪财之害己。

生门入中，乃步五之格，有篑土成山，嵩高敦厚之势，所惜居中通二，未免事涉两歧，而反复未宁之情，虽云玉女守门，盖为浊乱之合，而此中执迷，更宜自省也。

卧云主人曰："天乙飞，而使步五，未免乖戾沉滞之局，与惊疑反复之情。究竟阴谋用事，偏多妬忌之嫌；冒险取财，终遭脱克之患。"

甲己日辛未时

戊符入《坤》，得《剥》之体，乃勾白之宫，比劫之地，似主反复战斗之情，然而加辛，得青龙相侵格，又为星返，盖为彼此移易，开合新故之占，若非田宅之动摇，亦主同类之乖戾。

生门入《乾》，得《大畜》之体，有滋蓄积聚之情，不无暗中脱耗之象。

卧云主人曰："符加辛而使加丙，于中盖有联合之情，况又一入《坤》而一入《乾》，就里不无否泰之机，但系勾白太阴，未免暗中矛盾，好事多歧之占。"

甲己日壬申时

戊符入《震》，得《颐》之体，乃螣蛇之宫，官鬼之地，凡事趑趄之状，然而加壬，为青龙破狱格，又值用符被刑，须慎官讼之灾愆，与谋为之受制。

生门入《兑》，得《损》之体，盖有泄脱之意，况又内遁虎狂，须慎走失之事。

卧云主人曰："符受克，而使受脱，大象已不可图，况又此在东而彼在西，又为离异冲突，至于本宫受庚之伏，得癸之合，未免恩仇不辨，而成中见破之象。"

甲己日癸酉时

戊符入《巽》，得《蛊》之体，乃太阴之宫，官鬼之地，堪作从龙之计，然而加癸，得青龙相和格，当主首尾兼济，暗中谋合之情。

生门入《艮》，有备历艰辛，而自甘恬退之局，然未免见鞍思马之象。

卧云主人曰："符从合而忘家，惜值气运之尽；使归伏而易主，徒深寡鹄之思。大约有垓前之意，而所谋多拙也。"

甲己日甲戌时

符分天英，己仪秉令，摄丙、午、丁之气，通三、九、六之权，具敦厚之体，著文明之绩，承土符之乏，任事于南宫，尽有规模一新，而干蛊跨灶之局。

景门值使，为彰明较著之象，宜文书享宴之占，大约日中测影，不无从虚起见之局，然"明两作《离》，大人以继明照于四方，利贞吉"。

卧云主人曰："符分元符之六合，使分元使之印绶，俱伏于南宫，皆为著作之宰，所嫌勾白遥遁于北道，则强暴宜防，至于阴六，虽寄于财宫，然死绝无益，而印绶之地，皆为罗网之神，凡占宜审时度务可也。"

甲己日乙亥时

己符入《兑》，得《睽》之体，乃太阴之宫，财帛之地，当有暗助之美，然而加乙，得日入地户之格，凡事暗昧难图。

景门入《坎》，得《未济》之体，盖为受克之象，而反复冲突之情。

卧云主人曰："符入太阴而理财，使入勾白而受克，须慎财来助鬼之嫌，况乎本宫生脱交加，另有一番顾瞻之意。"

乙庚日丙子时

己符入《乾》，得《大有》之体，乃六合之宫，财帛之地，当主恩中生怨先暗后明，得地户埋光格，似有阻滞之情，幸值返首之吉，更为迟中得利。

景门入《坤》，得《晋》之体，有"锡马蕃庶，昼日三接"之象，然未免泄脱之嫌，而韬光敛彩之意。

卧云主人曰："符飞《乾》，而使飞《坤》，彼此丙辛作合，遥为联络，去否生泰之象，然使受脱而符理财，盖为贸易生息之道。"

乙庚日丁丑时

己符入中，得步五之局，乃隐明就暗之情，然而加丁，为明堂贪生格。凡占先费后益，欲速不达，大约进退受脱制之象。

景门入《震》，得《噬嗑》之体，有"雷电噬嗑，先王以明罚敕法"之意，而投托借资之情。

卧云主人曰："符受脱而使受生，未免劳逸不同，一加丁而一加壬，又主遥为联合，大约暗中摩索，而事绪不一之占。"

乙庚日戊寅时

己符入《艮》，得《旅》之体，乃朱玄之宫，子孙之地，然而加戊，为明堂从禄格，凡占有返本顾祖之思。

景门入《巽》，得《鼎》之体，有"正位凝命"，而彰明较著之象。

卧云主人曰："符趋《艮》，而使趋《巽》，有止静思动之机；己加戊，而景加癸，有首尾作合之意。但此值脱，而彼值生，盖为主劳客逸，况又飞庚伏宫，虽有丙奇跌穴，未免格斗克伐之扰，而九天丁癸，远信反生忧疑也。"

乙庚日乙卯时

己符飞而复伏，有辗转回翔之思，然用己加己，得明堂重逢格，凡占有忧惧越趄之情。

景门入《坤》，得《晋》之体，有"自昭明德，锡马蕃庶"之意。

卧云主人曰："符退伏，而若有所思；使入《坤》，而腾蛇当道。盖为疑豫之象，阴小耗脱之非。"

乙庚日庚辰时

己符入《坎》，得《未济》之体，乃勾白之宫，官鬼之地，然而加庚，为明堂伏杀之格，凡占有勾曲难明，反复不宁之占。

景门入《乾》，得《大有》之体，有"遏恶扬善，顺天休命"之义。

卧云主人曰："天乙飞，而使入墓，不惟所谋不扬，更且事多悖戾。"

乙庚日辛巳时

己符入《坤》，得《晋》之体，乃腾蛇之宫，子孙之地，然而加辛，得天庭得势之格，凡占有安生于危之意。

景门入《兑》，得《睽》之体，有"以同而异"之思，当有阴人财利，暗中图索之情。

卧云主人曰："符居《坤》，而使居《兑》，有彼此引从之意，脱货生财之举。"

乙庚日壬午时

己符入《震》，得《噬嗑》之体，乃九地之宫，印绶之地，然而加壬，为明堂被刑格，凡占得暗中生助之意，俯首受益之情。

景门入《艮》，得《旅》之体，为"明慎用刑"之意，须防欺诈脱耗之侵。

卧云主人曰："符、使自西南而转入东北，有改弦易辙之情，但符受生，而使受脱，为主逸客劳之象，大约比类淫合之局。"

乙庚日癸未时

己符入《巽》，得《鼎》之体，乃九天之宫，印绶之地，然而加癸，为明堂合华盖格，凡占有隐显莫测之象，暗中生助之情。

景门伏《离》，得《离》之体，有"明两作《离》"之意，灭而复明之局。

卧云主人曰："符飞九天遇癸，虽有生机亦拙；使归本宫而伏，所惜故人已非。大约为势穷机变之占。"

乙庚日甲申时

符分天蓬，庚仪秉令，摄壬、子、癸之气，通一、四、七之机，具塞坚之体，着刚险之用，承火符之乏，而以水继之，尽有一番更改，而雄豪果敢之义。

休门值使，为养精蓄锐之象，宜暗修慎独之时。

卧云主人曰："符分元局，九天之神；使分元使，财令于北。盖为从微至著之机，大约有失之东隅，收之桑榆之占。"

乙庚日乙酉时

庚符入《兑》，得《节》之体，乃九地之宫，印绶之地，然而加乙，为太白贪合格，凡占有生助之美。

休门入《坤》，得《比》之体，然而受克，须防田土阴非之扰。

卧云主人曰："符受生而使受克，未免谋生之计太急，而治生之业不扬，况乎壬癸皆入本宫，深有漏厄之诮。"

乙庚日丙戌时

庚符入《乾》，得《需》之体，乃九天之宫，印绶之地，然而加丙，为太白入荧格，凡事废后方成，幸为青龙返首，尚有向荣之美。

休门入《震》，得《屯》之体，尽有云龙相从之意，然而受脱，须防暗中脱费之嫌。

卧云主人曰："符《乾》使《震》，未免生脱交加，有分而合，合而有分之象。"

乙庚日丁亥时

庚符入中，乃步五之格，凡事艰阻难图，然而加丁，为太白受制格，未免更改叮咛，刑战疑斗之象。

休门入《巽》，得《井》之体，不无受脱制肘之情。

卧云主人曰："符、使皆受克脱，所图未必有功，慎勿轻入虎穴，而令朱玄之袭我也。"

丙辛日戊子时

庚符入《艮》，得《蹇》之体，乃螣蛇之宫，官鬼之地，然而加戊，为太白逢恩格，凡占先损后益之象。

休门入中，寄《坤》，得《比》之体，虽云盈科而进，未免所谋迭遭暗昧之局。

卧云主人曰："符入螣蛇而受克，使寄朱玄而被欺，不无进退羁縻，纵虽玉女守门，亦为俯首受制，况阴谋者不昌，当作明哲保身之策可也。"

丙辛日己丑时

庚符入《离》，得《既济》之体，乃勾白之宫，财帛之地，然而加己，为太白大刑格，须慎妻小之灾。

休门入《乾》，得《需》之体，有从龙变化之象。

卧云主人曰："符返勾白，若非财物纷更，即疑眷属刑碍；使登九天，若非远处奔驰，必叨上人提携。大约有财名兼图之意。"

丙辛日庚寅时

庚符伏《坎》，乃回还之局，然而加庚，为太白重刑格，未免呻吟寂寞之思。

休门入《兑》，得《节》之体，暗有生合之妙。

卧云主人曰："符伏于庚，使飞于乙，有遥求生合之意，而阴谋联络之情。"

丙辛日辛卯时

庚符入《坤》，得《比》之体，乃朱玄之宫，官鬼之地，然而加辛，为太白重锋格，似有争论之情。

休门入《艮》，得《蹇》之体，未免诸事艰阻。

卧云主人曰："符、使分投《坤》、《艮》，始终皆失便宜，秦晋化为胡越，彼此两下冲移。"

丙辛日壬辰时

庚符入《震》，得《屯》之体，乃太阴之宫，子生之地，然而加壬，为太白退位格，凡事有隔涉之疑。

休门入《离》，得《既济》之体，有财物反复之局。

卧云主人曰："符隔于太阴，使返于勾白，本有子动生财之局，但多隔碍反复之情。"

丙辛日癸巳时

庚符入《巽》，得《井》之体，乃六合之宫，子孙之地，然而加癸，为太白刑隔格，未免人情悖戾，谋为多阻之占。

休门伏《坎》，为沉滞不前之象。

卧云主人曰："符入癸而计穷，盖有脱泄之甚；使伏《坎》而不动，不无迟滞之情。"

丙辛日甲午时

符分天芮，辛仪秉令，辖未、《坤》、申之气，通二、五、八之宫，备刚柔兼济之质，司勾白边郵之情。使用死门，盖为弃旧迎新之局。

卧云主人曰："符、使俱伏，似有隐忧未达之意，而一隅偏安之象。"

辛仪到《坤》土埋金，惟在萧墙包祸心。勾白交横徒济恶，不知计已泄他人。"

丙辛日乙未时

辛符入《兑》，得《临》之体，乃螣蛇之宫，子孙之地，然而加乙，为白虎猖狂格，须慎走失破耗之非。

死门入《震》，得《复》之体，不无往返惊怖之疑。

卧云主人曰："符西使东，皆遭脱克，不惟事绪之暌违，亦且人情之冲突。"

丙辛日丙申时

辛符入《乾》，得《泰》之体，乃太阴之宫，子孙之地，然而加丙，为青龙返首格，凡事有不谋自就之美。

死门入《巽》，得《升》之体，反为出门见鬼之占。

卧云主人曰："符居《乾》而使居《巽》，尽有纲维行止之意，但皆太阴九地之宫，不无阴私暌违之象。"

丙辛日丁酉时

辛符入中，乃退处不宁之象，玉女守门，惟宜静守得吉。

卧云主人曰："符、使并驱中原，一如探骊得珠，入穴取子之象，然辛加丁，为白虎受伤之格，凡谋掣肘之情。"

丙辛日戊戌时

辛符入《艮》，得《谦》之体，乃勾白之宫，比肩之地，然而加戊，为龙虎争强格，所谋每有抗阻之情。

死门入《乾》，得《泰》之体，有生泄之局。

卧云主人曰："符返而事情疑二，使脱而暗有消磨，大约事涉两歧之占。"

丙辛日己亥时

辛符入《离》，得《明夷》之体，乃九天之宫，印绶之地，然而加己，为虎坐明堂格，虽为受生之意，却怀退缩之思。

死门入《兑》，得《临》之体，有宵小诈脱之疑。

卧云主人曰："符退后而求生，却值自刑之地；使进前而受脱，每增疑虑之思。诚为前后参差，而趋向不同之象。"

丁壬日庚子时

辛符入《坎》，得《师》之体，乃六合之宫，财帛之地，然而加庚，为虎逢太白格，未免谋为惊阻之局。

死门入《艮》，得《谦》之体，为更改疏附之象。

卧云主人曰："符入财乡，堪于险中得利，然而天乙惊飞，盖惧财来害己，况乎值使反复，而事绪未得归于一也。"

丁壬日辛丑时

辛符伏《坤》，为归伏之体，然而加辛，为天庭自刑格，未免有势难行，而进退犹疑之象。

死门入《离》，得《明夷》之体，虽有退步受益之局，亦为去暗求明之机。

卧云主人曰："值符伏而使登天，有一动一静之思，大约自己无为，而借资于旁人耳。"

丁壬日壬寅时

辛符入《震》，得《复》之体，乃朱玄之宫，官鬼之地，然而加壬，为天庭逢狱格，所谋费力难成。

死门入《坎》，得《师》之体，有因众求财之意。

卧云主人曰："符入官而使理财，尽有财官兼济之美，但遁口舌是非之疑，况乎本宫被迫，又值伏宫，须慎财来害己之嫌。"

丁壬日癸卯时

辛符入《巽》，得《升》之体，乃九地之宫，官鬼之地，然而加癸，为虎投罗网格，盖主迟而后利，塞而后通。

死门伏《坤》，为归息之时，凡谋有过时退后之占。

卧云主人曰："值符受克于九地，乃暗中阻碍；值使回伏于本宫，而无所作为。大约有权摄不正，而验证以照应之象。"

丁壬日甲辰时

符分天冲，壬仪秉令，辖甲、卯、乙之气，通三、九、六之宫，具智谋之才，着慷慨之事，可以迟中作合，难以暗处求生。

伤门伏《震》，将有动未动之机。

卧云主人曰："符、使皆伏于《震》，事有动作之期，然以腾蛇秉令，尚有疑豫不前之局。"

丁壬日乙巳时

壬符入《兑》，得《归妹》之体，乃勾白之宫，官鬼之地，然而加乙，为日入九地格，谋事多有惊阻之险。

伤门入《巽》，得《恒》之体，不无比劫争碍之情。

卧云主人曰："符受制于勾白，使值假于腾蛇，盖为反复冲移，而进退不宁之占。"

丁壬日丙午时

壬符入《乾》，得《大壮》之体，乃朱玄之宫，官鬼之地，然而加丙，为天牢伏奇格，又为青龙返首，似为利见大人之征。

伤门步五寄《坤》，得《豫》之体，盖为迟中得利之局。

卧云主人曰："符居《乾》而使寄《坤》，有两相照会之情，然一入官而一入财，又为财官两途之事，究竟阻滞迷蒙，欲速不达，惟俯就阴谋，颇为有就。"

丁壬日丁未时

壬符入中，得步五之局，然而加丁，为太阴被狱格，谋为未免暗昧。

伤门入《乾》，得《大壮》之体，盖有趑趄进退之情。

卧云主人曰："使趋前而受克，符步五而紊縻，况乎本宫天庚推丙，恩难交驰，而喜惧各得其半耳。"

丁壬日戊申时

壬符入《艮》，得《咸》之体，乃九天之宫，财帛之地，然而加戊，为青龙入狱格，未免入谷取财之象。

伤门入《兑》，得《归妹》之体，有来复移易之情。

卧云主人曰："符入财而使入官，须慎因财致讼，而往返冲动之非。"

丁壬日己酉时

壬符入《离》，得《丰》之体，乃太阴之宫，子孙之地，然而加己，为天地刑冲格，未免脱害之嫌。

伤门入《艮》，得《小过》之体，有山樵捕猎之财。

卧云主人曰："符入太阴而脱气，使登九天而取财，虽有子动生财之局，盖为进退疑二之情。"

丁壬日庚戌时

壬符入《坎》，得《解》之体，乃九地之宫，印绶之地，然而加庚，为天牢倚势格，未免恩中生怨。

伤门入《离》，得《丰》之体，虽有日中之交，却有暗侵之局。

卧云主人曰："值符惊飞于北道，值使受脱于南宫，盖为得失两关心，而去就未定一之占。"

丁壬日辛亥时

壬符入《坤》，得《豫》之体，乃六合之宫，财帛之地，然而加辛，为白虎犯狱格，未免贪财受制之嫌。

伤门入《坎》，得《解》之体，似有渔盐舟楫之利。

卧云主人曰："符入财而使入印，可问财名之事，一六合而一九地，未免阴暗之谋。"

戊癸日壬子时

壬符伏《震》，乃归伏之体，然而加壬，为天牢自刑格，未免惶惑不宁之思。

伤门入《坤》，得《豫》之体，有西南得朋之局，土木财利之谋。

卧云主人曰："符伏于东，使墓于《坤》，虽有因人取财之意，亦为迟滞谋利之情。"

戊癸日癸丑时

壬符入《巽》，得《恒》之体，乃螣蛇之宫，比肩之地，然而加癸，为阴阳重复格，未免阻碍之嫌。

伤门伏《震》，乃功成业就之时，而另思作为之局。

卧云主人曰："符投网而使归伏，彼此俱已灰心；符无辅而使无依，宾主皆成孤零。大约事难作为之占。"

戊癸日甲寅时

符分天辅，癸仪秉令，辖辰、《巽》、巳之气，通四、七、一之宫，用杜门为使，凡事有潜修静养之意，而消阻闭塞之情。癸到《巽》宫仪乘绝，太阴相资尚和悦。其如符神作刑威，反有夭矫惊惶诀。

卧云主人曰："时为天辅,凡占宜吉,但杜门非可作为之象。"

戊癸日乙卯时

癸符入《兑》,得《中孚》之体,乃六合之宫,官鬼之地,然而加乙,为日沉九地格,须防堕入术中。

杜门入中,乃步五之体,虽无玉女守门,一如赘婿受制。

卧云主人曰："符入官而使理财,似利名之易举,但嫌符受克而使步五,未免进惊退阻,况乎丙庚伏宫,外占口舌所不免耳。"

戊癸日丙辰时

符、使入《乾》,得《小畜》之体,乃勾白之宫,官鬼之位,又为明堂犯悖格,未免阻抑忧疑,幸而加丙,为青龙返首,尚能去否生泰。

卧云主人曰："符、使为重,而格局不吉,亦当守静,不可妄为。"

戊癸日丁巳时

癸符入中,乃步五之体,然而加丁,为腾蛇夭矫格,未免心劳事拙,而行止多疑。

杜门入《兑》,得《中孚》之体,凡谋有惊阻之情。

卧云主人曰："符步五而理财,使入《兑》而受制,皆为迟滞受制之象。"

戊癸日戊午时

符、使入《艮》,得《渐》之体,乃九地之宫,财帛之地,然而加戊,为青龙入地格,似有首尾相见之意,阴谋私合之情。

卧云主人曰："《渐》以进而宜渐,则无不遂意者。"

戊癸日己未时

癸杜入《离》,得《家人》之体,乃腾蛇之宫,子孙之地,然而加己,为华盖入明堂格,凡谋不无耗费之情。

卧云主人曰："《家人》之卦,值腾蛇而有惊疑之事,应在子孙也。"

戊癸日庚申时

符、使入《坎》,得《涣》之体,乃朱玄之宫,印绶之地,然而加庚,为天网犯冲格,凡谋虽有益而反损之象。

卧云主人曰："涣亦散之意,而况天网加庚之时乎?"

戊癸日辛酉时

符、使入《坤》，得《观》之体，乃太阴之宫，财帛之地，然而加辛，为华盖受恩格，凡谋费力方成，沉滞得利之象。

卧云主人曰："时干受恩，亦可乘其方而出，但辛干不宜耳。"

戊癸日壬戌时

符、使入《震》，得《益》之体，乃九天之宫，比肩之地，然而加壬，为天网重覆格，未免进退疑虑，同人欺侮之象。

卧云主人曰："凡天网格，俱不吉，况重覆更凶，且卦是《震》而春动，动则无不取咎者。"

戊癸日癸亥时

符、使伏《巽》，乃势穷力尽之时，而完璧归赵之际也，纵有一腔心事，也须另换规模。

卧云主人曰："《巽》为顺之象，又为所伏，何必妄动？"

阳遁九局

大寒中元　　雨水上元
春分中元　　芒种下元

甲己日甲子时

符分天英，戊仪秉令，辖丙、午、丁之气，统九、三、六之宫。尊同六甲，有保障之威；权摄六丁，神变化之用。八方有拱合之吉，奇仪有旺暮之殊。

景使入《离》，君子以享亲划策，明堂约法之思。

卧云主人曰："符、使起元于《离》，乃消长之关头，新故之机轴。得乎时，则声教可以四讫；失乎令，则揣摩大属淫讹。大约为虚鹜之象。"

甲己日乙丑时

戊符入《艮》，得《旅》之体，乃朱玄之宫，子孙之地，似有宵小之侵欺，然而加乙，为青龙入云格，虽有生助之机，不无抗悖之意。

景门入《坎》，得《未济》之体，盖有反复受制，彼此冲突之情。

卧云主人曰："符受脱而使受克，皆在于勾朱之宫，未免下乔入谷，而事绪多歧，凡谋有进退迟疑之占。"

甲己日丙寅时

戊符入《兑》，得《睽》之体，乃太阴之宫，财帛之地，堪问妻财之喜，然而加丙，为青龙返首格，凡事有暗中得利，不谋自就之局。

景门入《坤》，得《晋》之体，有田产文书之事，牛马交易之情，惟防诈脱之嫌。

卧云主人曰："符前使后，彼此有唱随之义，而妻子相从之情，但转入《坤》《艮》，又为避明投暗之局。"

甲己日丁卯时

戊符入《乾》，得《大有》之体，乃六合之宫，财帛之地，堪谋阴小之财，然而加丁，为青龙耀明格，凡占有暗助之美，蹇滞中得迅速之利。

景门入《震》，得《噬嗑》之体，有宴亨之事，生助之美。

卧云主人曰："符入财而入墓，使投印而受生，离为分谋，却为合计，始终有造就之局。"

甲己日戊辰时

戊符伏《离》，乃归伏之局，未免所事偃蹇，而踌躇进退不一。

景门入《巽》，得《鼎》之体，有荐举之荣，婚媾之吉。

卧云主人曰："符归伏而使登天，有遥为遣问之意，而旁为借栖之思。"

甲己日己巳时

戊符入《坎》，得《未济》之体，乃勾白之宫，官鬼之地，未免反复克制之情。然而加己，为青龙相合格，但恐好事蹉跎。

景门入《坤》，得《晋》之体，有母女相会之事，陶冶锻炼之情。

卧云主人曰："符受克而使受脱，所谋未为称意，而反复诈害之征。"

甲己日庚午时

戊符入《坤》，得《晋》之本，乃螣蛇之宫，子孙之地，似有小人脱害之意，然而加庚为青龙持势格，未免隔碍惊疑之局。

景门入《乾》，得《大有》之体，利于求财，亦不免先迷后利之象。

卧云主人曰："符值螣蛇，已有惊疑之状，况又天乙飞兮，未免趑趄之情。虽云值使遥趋天阙，当有利达之图，然而系入墓乡，不无沉迷偃蹇。符加庚，而主谋未定，玉女守门，私意徒牵，怎奈地天悬绝，有欲就未就之情，美中不足，惟塞处得通之象。"

甲己日辛未时

戊符入《震》，得《噬嗑》之体，乃九地之宫，印绶之地，可以暗求生助，然而加辛，为青龙相侵格，况乎符仪刑击，未免求伸得缩之占。

景门入《兑》，得《睽》之体，虽有阴私之财，不无妒忌之局。

卧云主人曰："符入印而使入财，尽有财名双美之意，然一东而一西，又为彼此冲格之情，究竟大象可观，而不无美中未足。"

甲己日壬申时

戊符入《巽》，得《鼎》之体，乃九天之宫，印绶之地，可作乔迁之思，然而加壬，为青龙破狱格，不无仰攀而生阻塞之疑。

景门入《艮》，得《旅》之体，尽有谈笑封侯，而烽烟示警之意。

卧云主人曰："符趋《巽》而使入《艮》，有生脱互现之情，时潜时跃之象。"

甲己日癸酉时

戊符入中，得步五之局，未免事情丛杂，然而加癸，为青龙相和格，有首尾兼济之情，隐明两就之思。

景门伏《离》，乃势穷力尽之时，而将有更新之谋。

卧云主人曰："值符退五，诚为弃明就暗，徒深缱绻之思；景门伏《离》，盖为故国他乡，式劳征人之梦。究竟有'行其庭，未见其人'之象。"

甲己日甲戌时

符分天蓬，己仪秉令，辖壬、子、癸之气，通一、四、七之宫，具敦厚之体，展经济之能，使用休门，有遵养时晦，而龙飞北海之象。

卧云主人曰："符使俱伏于《坎》，有静中思动之机，盈科而进之局。"

甲己日乙亥时

己符入《艮》，得《蹇》之体，乃螣蛇之宫，官鬼之地，然而加乙，为日入地户格，未免蒙蔽侵犯之欺。

休门入《坤》，得《比》之体，有江河行地之意。

卧云主人曰："符趋《艮》而使趋《坤》，为主客受制之情，符进前而使退后，有彼此遥疑之局，大约知其所止而已。"

乙庚日丙子时

己符入《兑》，得《节》之体，乃九地之宫，印绶之地，可望暗助之荣，然而加丙，为青龙返首格，堪卜婚媾之占。

休门入《震》，得《屯》之体，有积中发外之义。

卧云主人曰："符西使东，有遥为照应之情，但值太阴九地，盖为秘密之图，就里生脱互现，未免趋向不一之征。"

乙庚日丁丑时

己符入《乾》，得《需》之体，乃九天之宫，印绶之地，似有迅速之谋，然而加丁，为明堂贪生格，亦先难后易之占。

休门入《巽》，得《井》之体，有并受其福之象。

卧云主人曰："符使于《乾》《巽》，尽有经天纬地之才，然而生脱交加，又为有始无终耳。"

乙庚日戊寅时

己符入《离》，得《既济》之体，乃勾白之宫，财帛之地，堪作图南之计，然而加戊，为明堂从禄格，凡占财利有成。

休门步五，所谋多拙，阻抑之占。

卧云主人曰："符使飞入《坤》《离》，似有财名双美之局，然而反复受制，更为劳逸不等之象。"

乙庚日己卯时

己符伏《坎》，乃归伏之体，未免回环之思，然而加己，为明堂重逢格，有勾曲隐匿之情。

休门入《乾》，得《需》之体，有利见大人之征。

卧云主人曰："符伏于《坎》，有恬退之意；使登于天，有上达之机。未免动静多疑，遥盼玉女之情。"

乙庚日庚辰时

己符入《坤》，得《比》之体，乃朱玄之宫，官鬼之地，未免作事蹉跎，然而加庚，为明堂伏杀格，须防事起萧墙。

休门入《兑》，得《节》之体，有受生生之益。

卧云主人曰："符受克而天乙飞，使受生而三奇聚，盖为主劳客逸，先迷后利，一如避难逃生之象。"

乙庚日辛巳时

己符入《震》，得《屯》之体，乃太阴之宫，子孙之地，有暗为生泄之情，然而加辛，为天庭得势格，乃先损后益之象。

休门入《艮》，得《蹇》之体，有裹足不前之局。

卧云主人曰："符前使后，似有引从之机，然而受脱受克，未免进退趑趄之占。"

乙庚日壬午时

己符入《巽》，得《井》之体，乃六合之宫，子孙之地，尽有得助之美，然而加壬，为明堂被刑格，未免美中不足之占。

休门入《离》，得《既济》之体，有反复交易之情。

卧云主人曰："值符遥飞六合，值使反入财宫，盖为互图生聚之局，而彼唱此和之意，但人情险诈，恐有中道之改移也。"

乙庚日癸未时

己符步五，所谋多拙，然而加癸，为明堂合华盖格，凡图反复龃龉。

休门入《坎》，乃止静为贵。

卧云主人曰："符受克于中五，又寄困于《坤》庚，刚进退惶惑，而人事多乖之象。"

乙庚日甲申时

符分天芮，庚仪秉令，辖未、《坤》、申之气，通二、五、八之宫，抱刚雄之质，施柔顺之功，以死门为使，有节制之义与更改之情。

卧云主人曰："仪用金，而门用土，凡事彼此相宜，而湿土旺金，未免色厉内荏之象。"

乙庚日乙酉时

庚符入《艮》，得《谦》之体，乃勾白之宫，比肩之地，凡事反复多歧，然而加乙，为大白贪合格，又主冲复中而得相亲之局。

死门入《震》，得《复》之体，有关梁闭塞七日来复之象。

卧云主人曰："符返而得合，使进而受克，未免美中不足之占。"

乙庚日丙戌时

庚符入《兑》，得《临》之体，乃螣蛇之宫，子孙之地，然而加丙，为太白入荧格，凡事费力而成，虽曰返首，亦有彼此猜疑之局。

死门入《巽》，得《升》之体，有乔迁之意，而生逡巡之思。

卧云主人曰："符使受克脱，所谋未必如心。"

乙庚日丁亥时

庚符入《乾》，得《泰》之体，乃太阴之宫，子孙之地，然而加丁，为太白受制格，未免暗遭脱耗之嫌。

死门步五，所谋多拙，而图取不扬之占。

卧云主人曰："庚符加丁，有叮咛更改之意，然在太阴之宫，而值玉女，堪图阴私之事，惟嫌值使偃蹇，而事则淹留耳。"

丙辛日戊子时

庚符入《离》，得《明夷》之体，乃九天之宫，印绶之地，然而加戊，为太白逢恩格，凡占先迷后利，先损后益。

死门入《乾》，得《泰》之体，有小往大来之意。

卧云主人曰："符受生而有向荣之占，使受脱而得鬼假之祥。似有隐显图谋之局，但嫌时干飞，而事觉不宁耳。"

丙辛日己丑时

庚符入《坎》，得《师》之体，乃六合之宫，财帛之地，然而加乙，为太白大刑格，未免刚柔自用，而事情悖戾之占。

死门入《兑》，得《临》之体，有母女相恋之情，老妪歌妓之事。

卧云主人曰："符刑己于财窟，使受脱于《兑》宫，大约妻子乖张，图谋淹滞之象。"

丙辛日庚寅时

庚符伏《坤》，乃归伏之体，有回翔辗转之思，然而加庚，为太白重刑格，一如英雄落魄之象。

死门入《艮》，得《谦》之体，有反复更移之局。

卧云主人曰："符伏使返，有欲宁而不休，尾大而不掉之势。"

丙辛日辛卯时

庚符入《震》，得《复》之体，乃朱玄之宫，官鬼之地，然而加辛，为太白重锋格，虽云两强相持，亦未免狡兔返接之占。

死门入《离》，得《明夷》之体，盖有先迷后利。

卧云主人曰："符入官而使入印，利于官印之占，一受克而一受生，不无劳逸之别。"

丙辛日壬辰时

庚符入《巽》，得《升》之体，乃九地之宫，官鬼之地，须防暗中刑欺，然而加壬，为太白退位格，未免势难施展之象。

死门入《坎》，得《师》之体，乃因人取利。

卧云主人曰："符入九地而受隔，使入六合而理财。盖名利两图之局，而暗中摩索之情。"

丙辛日癸巳时

庚符入中，为步五之体，寄居于二，乃归伏之情。

死门伏《坤》，亦为返本还原之局，而势穷事拙，难以作为之象。

卧云主人曰："度伏固妙，但值使不利，亦非吉兆。"

丙辛日甲午时

符分天冲，辛仪秉令，辖甲、卯、乙之气，通三、九、六之宫，有"帝出乎震"之义。然用九地值符，而伏于印绶之宫，尽有从微至著，静中思动之机，大约事涉遥期，未免先迷而后利。

卧云主人曰："值天辅而诸事可为，自有进动之兆。"

丙辛日乙未时

辛符入《艮》，得《小过》之体，乃九天之宫，财帛之地，然而加乙，为白虎猖狂格，若非逃亡之事，亦主争竞之财。

伤门入《巽》，得《恒》之体，虽为帮助之益，却生比劫之嫌。

卧云主人曰："符退后而使进前，盖为参差不一之局，而进退未决之情。"

丙辛日丙申时

辛符入《兑》，得《归妹》之体，乃勾白之宫，官鬼之地，然而加丙，为天庭得朋返首之格，盖为利见大人之征。

伤门入《坤》，得《豫》之体，虽为得财，却也迍遭。

卧云主人曰："符入官而返，使入财而墓，盖为名利之事，而多反复沾濡之情。"

丙辛日丁酉时

辛符伤使入《乾》，得《大壮》之体，乃朱玄之宫，官鬼之地，然而加丁，为白虎受伤格，凡谋有欲速不达之占。

卧云主人曰："符使俱趋天阙，盖有近贵依尊之象，然而庚来伏宫，不无进退险阻之情。"

丙辛日戊戌时

辛符入《离》，得《丰》之体，乃太阴之宫，子孙之地，然而加戊，为青龙白虎争强，未免阴小脱诈之嫌。

137

伤门入《兑》，得《归妹》之体，不无反复往来之象。

卧云主人曰："符探《兑》而受脱，使趋《兑》而动摇，凡占未得利。"

丙辛日己亥时

辛符入《坎》，得《解》之体，乃九地之宫，印绶之地，似有暗助之美，然而加己，为虎坐明堂格，不无先忧后喜之情。

伤门入《艮》，得《小过》之体，有山林捕猎之财。

卧云主人曰："符受生于九地，使理财于九天，有阴谋明攻，或现或隐之情。"

丁壬日庚子时

辛符入《坤》，得《豫》之体，乃六合之宫，财帛之地，然而加庚，为虎逢太白格，未免财物乖争，而沾濡惊迷之象。

伤门入《离》，得《丰》之体，有俎豆之事，与泄脱之情。

卧云主人曰："符前使后，尽有唱随之义，与脱中生财之妙，但嫌财墓符飞，事多惊阻，值使死脱，暗耗宜防。"

丁壬日辛丑时

辛符伏《震》，得伏吟之体，为天庭自刑格，凡事有回还归伏之意。

伤门入《坎》，得《解》之体，为舟楫之象，与生助之情。

卧云主人曰："符伏本家，盖为惊阻归来之局；使投九地，亦为避脱投生，去否生泰之机。"

丁壬日壬寅时

辛符入《巽》，得《恒》之体，乃螣蛇之宫，比肩之地，然而加壬，为天庭逢狱格，凡占有疑虑争碍之情。

伤门入《坤》，得《豫》之体，有迟中得利，急难展移之象。

卧云主人曰："符入比，而有依附之意；使入财，而有投托之情。但嫌本宫乙庚并临，未免于财物之交，而有吉凶相间之象。"

丁壬日癸卯时

辛符入中，乃步五之体，然而加癸，为虎投罗网格，未免贪财受害之情。

伤门伏《震》，为动中反静之止。

卧云主人曰："值符轻入重围，有进退不宁之局，值使复还本位，乃机谋寝息之时，大约为迟拙之象。"

丁壬日甲辰时

符分天辅，壬仪秉令，辖辰、《巽》、巳之气，通四、七、一之宫。智足多能，而有经天纬地之才；深谋大度，而作遁世避嚣之事。大约先迷后利之征。

卧云主人曰："时为天辅之吉，宜有腾达之机。"

丁壬日乙巳时

壬符入《艮》，得《渐》之体，乃九地之宫，财帛之地，然而加乙，为日入地户格，宜图暧昧之财。

杜门入中，乃步五之格，所谋多拙之情。

卧云主人曰："符使皆入财乡，堪问土木之利，惟于中参差不齐耳。然而阴庚伏宫，飞神入鬼，须慎因财致讼之疑。"

丁壬日丙午时

壬符入《兑》，得《中孚》之体，乃六合之宫，官鬼之地，然而加丙，为天牢伏奇格，未免同人障碍之嫌。

杜门入《乾》，得《小蓄》之体，盖有塞而求通之象。

卧云主人曰："符使皆入鬼乡，但系青龙返首，玉女守门，而彼此有旁为联络之意，交车作合之情，究竟乐处生悲，反复惊疑之状。大约理元局之财，尽有轩昂之象，只因自己经理，而启人中阻之嫌，未免有离合之疑，然尚有绵绵之兆，不至终塞也。"

丁壬日丁未时

壬符入《乾》，得《小畜》之体，乃勾白之宫，官鬼之地，然而加丁，为太阴被狱格，凡谋必有反悔之局。

杜门入《兑》，得《中孚》之体，亦疑豫不安之情。

卧云主人曰："符返而奇仪作合，似于离散中而得气味之投，然值使受制，未免进退不利之占。"

丁壬日戊申时

壬符入《离》，得《家人》之体，乃螣蛇之宫，子孙之地，然而加戊，为青龙入狱格，未免耗费之惊疑。

杜门入《艮》，得《渐》之体，有阴谋得利之美。

卧云主人曰："符进而受脱，使退而理财，诚为'嘉遁贞吉'之象。"

丁壬日己酉时

壬符入《坎》，得《涣》之体，乃朱玄之宫，印绶之地，然而加己，为天地刑冲格，堪谋文凭之美。

杜门入《离》，得《家人》之体，似有通明之象，而内生烦耗之情。

卧云主人曰："符北使南，天各一方，而一生一脱，为彼劳我逸之占，究竟二丙跌穴，好事必有双降，将来官印之事可图，而病讼之占不利。"

丁壬日庚戌时

壬符入《坤》，得《观》之体，乃太阴之宫，财帛之地，然而加庚，为天牢倚势格，未免阴人侵欺，而有利必有害。

杜门入《坎》，得《涣》之体，有文书生意之美。

卧云主人曰："符入财而使入印，似为财名双美之占，然天乙飞而入墓，又为沉滞不快，虽云值使逢生，不免有得有失。"

丁壬日辛亥时

壬符入《震》，得《益》之体，乃九天之宫，比肩之地，然而加辛，为白虎犯狱格，当主事绪迟疑。

杜门入《坤》，得《观》之体，有阴人产物之财。

卧云主人曰："符退九天而值比，有棠棣芬芳之意；使入太阴而得财，有迟中得利之情。究竟本宫戊癸作合，尽有妻子从心，而家殷物阜之象。

戊癸日壬子时

壬符伏《巽》，乃归伏之体，然而加壬，为天牢自刑格，未免诸事迟疑。

杜门入《震》，得《益》之体，不无依附之局。

卧云主人曰："符归伏而使登天，有一静一动之象。"

戊癸日癸丑时

壬符入中，乃步五之格，然而加癸，为阴阳重地格，不无遭滞迷蒙。

杜门入《巽》，乃静止之局，而杜门谢客之情。

卧云主人曰："符步五而事多拙，使归伏而势难施，凡谋未得自在之好。"

戊癸日甲寅时

符分天禽，癸仪秉令，司中央之气，通二八之权，用死门值使，有居止未安，而依人附势之象。

卧云主人曰："《坤》为白虎之方，虽值天辅，而不可不知方向也。"

戊癸日乙卯时

癸符入《艮》，得《谦》之体，乃六合勾白之宫，比肩之地，然而加乙，为日沉九地格，似主迟滞中得人提携之占。

死门入《乾》，得《泰》之体，有遇合之奇。

卧云主人曰："符趋《艮》，而使趋《乾》，有两途谋为之象。"

戊癸日丙辰时

符使入《兑》，得《临》之体，乃太阴螣蛇之宫，子孙之地，然而加丙，为明堂犯悖格，又为青龙返首，则主先损后益之情。

卧云主人曰："犯悖返首二格皆不吉，诸凡宜谨之，况《兑》为正秋之时乎？"

戊癸日丁巳时

癸符入《乾》，乃螣蛇太阴之宫，子孙之地，然而加丁，为螣蛇夭矫格，未免宵小生疑。

死门入《艮》，得《谦》之体，有反复冲突之情。

卧云主人曰："符加丁而疑虑生，使入《艮》而事反复，凡占有迟速之别。"

戊癸日戊午时

符使入《离》，得《明夷》之体，乃勾白九天之宫，印绶之地，然而加戊，为青龙入地格，虽有仰攀之意，却为逡巡之情。

卧云主人曰："明入地中之象，尚有待耳。"

戊癸日己未时

符使入《坎》，乃朱玄六合之宫，财帛之地，然而加己，为华盖入明堂格，有自南自北之思，水泽渔盐之利。

卧云主人曰："北方自利，亦取华盖明堂之吉为妙。"

戊癸日庚申时

符使入《坤》，有离而又合，去而复返之意，凡事多徘徊之情。

卧云主人曰："《坤》渐入阴之地，况时干是庚，急宜避之。"

戊癸日辛酉时

符使入《震》，得《复》之体，乃朱玄九天之宫，官鬼之地，然而加辛，为华盖受恩格，虽为避五趋三，未免进退惶惑。

卧云主人曰："生机将动，必趋三为吉，使夏时得辛干，又未免休囚之象耳。"

戊癸日壬戌时

符使入《巽》，得《升》之体，乃九地之宫，官鬼之地，然而加壬，为天网重覆格，未免闭塞暗阻之象。

卧云主人曰："卦义虽升，而天网则有阻，宜守时以通为要。"

戊癸日癸亥时

符归中而使归二，有参商两地之情，而谋为偃蹇之象。

卧云主人曰："凡占不宜，以时为癸亥也。"

（卷之四终）

阴遁九局

夏至上元　　白露上元
寒露中元　　立冬中元

甲己日甲子时

符分天英，戊仪秉令，辖丙、午、丁之气，通九、三、六之宫，用景门值使，有"相见乎《离》之义，而宗庙明堂之举"。

卧云主人曰："符使并伏于南宫，为一元之领袖，著赫奕之文明，有立言之美，与章奏之情，妙在印仪作合，最嫌九地财刑，然而前后引从，进退尚有余裕也。"

甲己日乙丑时

戊符入《坎》，得《未济》之体，乃勾白之宫，官鬼之地，然而加乙，为青龙入云格，未免比抗冲复之嫌。

景门入《艮》，得《旅》之体，须慎口舌脱耗之侵。

卧云主人曰："符受克而使入脱，盖为艰阻之局，诚乃弃明投暗，舍尊而就卑之情，以致鬼脱并入本宫，始终自招乖戾，凡文信财印之图，未得归一之策。"

甲己日丙寅时

戊符入《坤》，得《晋》之体，乃九天之宫，子孙之地，然而加丙，为得明返首之格，似有美中不足之嫌。

景门入《兑》，得《睽》之体，堪谋炉冶之财。

卧云主人曰："符飞九天，使入九地，一受脱而一得财，盖为先损后益之象，总希高远之图，不若俯就之计，究竟逡巡退缩，所谋必显扬，况乎印束作合，又被财刑，不无成中见破，暗中刑伏之情。"

甲己日丁卯时

戊符入《震》，得《噬嗑》之体，乃太阴之宫，印绶之地，然而加丁，为青龙耀明格，当有暗中助美之喜。

景门入《乾》，得《大有》之体，有尺牍取材之象，阴私和好之利。

卧云主人曰："符趋三而得印，使入墓而得财，盖为财名双美之局，分谋归一之占，大象始终回还，惟防利中遁害。"

甲己日戊辰时

戊符飞而复伏，有辗转归宁之象，与进退趑趄之情。

景门步五，所谋未许显扬。

卧云主人曰："值符归伏，值使步五，皆为心劳事拙，所谋迟滞，大约行藏费力，未免事涉隐显，而彼此蹉跎之象。"

甲己日己巳时

戊符入《艮》，得《旅》之体，乃六合之宫，子孙之地，然而加己，为青龙相合格，须慎比拟脱耗之嫌。

景门入《巽》，得《鼎》之体，有家人贡薪，烹葵剥枣之义。

卧云主人曰："符受脱而使受生，盖为一劳一逸之情，况乎财鬼争衡于本宫，而时干飞格于西位，大约人情乖离之局，始终皆被贿赂之伤，不惟则利不能如心，究竟谋生未为安稳。"

甲己日庚午时

戊符入《兑》，得《睽》之体，乃九地之宫，财帛之地，然而加庚，为青龙持势格，未免贪财而生惊惧之情。

景门入《震》，得《噬嗑》之体，有饮食衎衎之意，佳人和合之情也。

卧云主人曰："符西使东，彼此有离异之局。然天乙惊飞，所图未为安逸；玉女守门，阴谋事可和同。但俱是暧昧之图，未免主劳而客逸，而财印之间，未得兼济之象也。"

甲己日辛未时

戊符入《乾》，得《同人》之体，乃朱玄之宫，财帛之地，然而加辛，为青龙相侵格，有龙虎际遇之奇。

景门入《坤》，得《晋》之体，有远书投达之象。

卧云主人曰："符入财乡，惜天星之入墓，又且子午相冲，未免冲射迟疑；使入《坤》

维，不无遥疑脱耗，但此贪财而入墓，彼泄气而登天。虽有地天遥合之情，却乃进退羁縻之局，不无因财坏印之虑耳。"

甲己日壬申时

戊符入中，乃步五之格，然而加壬，为青龙破狱格，未免心劳事拙，而左右受脱之象。

景门入《坎》，得《未济》之体，有南北摇移之举，与门户冲动之机。

卧云主人曰："符步五而受脱，盖为下乔之象；使返《坎》而受克，又为冲覆之情。未免所谋多拙，而事情变易不常，虽有癸仪并来作合，奈财印俱未如心乎。"

甲己日癸酉时

戊符入《巽》，得《鼎》之体，乃九天之宫，印绶之地，然而加癸，为青龙相合格，盖有远图会遇之谋。

景门伏《离》，乃返本归止之局，而势穷力尽之机。

卧云主人曰："符飞九天，而与癸仪作合，似有财印相从之局，然遁贪合忘家之情，至于值使归伏，一如主人不在深闭关之意。"

甲己日甲戌时

符分天任，己仪秉令，辖丑、《艮》、寅之气，通八、五、二之宫，用生门为使，系元符六合之宰，有承文明之盛，而反以淳朴之意，但遁勾连执滞之情，而事机未发之象，六合已生，土木粲盛，胎财交易，皆为称情。

卧云主人曰："凡官中事故，未免叮咛揆度之局；而比肩子孙，不无刑隔悖战之举。只宜仰求元符之生，而俯取乙使之利，似乎南北尽可从心耳。"

甲己日乙亥时

己符入《坎》，得《蒙》之体，乃腾蛇之宫，财帛之地，然而加乙，为日入地户格，当得牵扯迷蒙之财。

生门入《兑》，得《损》之体，有生育之情。

卧云主人曰："符入财而使入子孙，地盘两宫作合，盖为家人嗃嗃之象，与脱贤生财之占，但时下有克脱互现，而前后企望之情，先益后损之局。"

乙庚日丙子时

己符入《坤》，得《剥》之体，乃勾白之宫，比肩之地，然而加丙，为地户埋光格，有恩怨相倚之象，反复移易之情。

生门入《乾》，得《大畜》之体，有暗中生泄之局。

卧云主人曰："值符反吟，而互现返首跌穴，本为荣遇之占，所惜返吟，则为思中生怨，反复无常，值使投《乾》，又有交泰之象。总之大势蹉跎，而百凡未能安静，况官鬼自逢克战，须慎家人致鬼之嫌。究竟劫脱并逢，前图未为有济，而本宫被迫，暗中事宜提防也。"

乙庚日丁丑时

己符入《震》，得《颐》之体，乃螣蛇之宫，官鬼之地，然而加丁，为明堂贪生格，未免生克互现，而叮咛揣度之情。

生门入中，得《剥》之体，步五之格，凡占反复迟疑之局。

卧云主人曰："符入九天而乘丁，须慎官中之惊疑；使入中宫而寄二，堪嫌事情之拙滞。盖为谋干艰阻之象，而时下有矢矫克作之虞，然太阴并来制我财使，不无脱中生财，因而破财之局，虽官印有作合之机，而比肩飞格妒之隙，究竟进退趑趄，谋而不遇之象也。"

乙庚日戊寅时

己符入《离》，得《贲》之体，乃朱玄之宫，文书之地，然而加戊，为明堂从禄格，有趋炎附势之象，与仰求荫庇之情。

生门入《巽》，得《蛊》之体，有暗中侵蚀之嫌。

卧云主人曰："符飞朱玄而受生，使入九地而受迫，虽有官印相从之局，不无暗中口舌之庇，究竟符前使后，唱随相携，而二庚伏宫，宅有乖戾，虽时下有文书之财，宜防阴人之脱，究竟内欺外侮，而大事未免蹉跎。"

乙庚日己卯时

己符入《艮》，乃归伏之体，然为明堂重逢格，大约进退未定，而呻吟勾曲之情。

生门入《震》，得《颐》之体，有远行之兆。

卧云主人曰："符伏于《艮》，盖有劳逸备尝，转求宿地之象，至于使入螣蛇，而得玉女守门，固利阴私之事。不无疑惧之情，虽彼此趑趄，而有仙子遥临之象。"

乙庚日庚辰时

己符入《兑》，得《损》之体，乃六合之宫，子孙之地，然而加庚，为太白退位格，未免惊惧脱诈之情。

生门返《坤》，得《剥》之体，有反复冲移之象。

卧云主人曰："天乙加庚而飞，盖有启处不遑之局；值使入《坤》而返，又为否泰交易之征。究竟《兑》仪并入本宫，虽为生助之意，不无朱玄之杂众也，而时下且有官鬼隔碍之嫌。"

乙庚日辛巳时

己符入《乾》，得《大畜》之体，乃太阴之宫，子孙之地，然而加辛，为天庭得势格，却有阴谋暗败之情。

生门入《坎》，得《蒙》之体，有财物相将之义，而二女共济之情。

卧云主人曰："符入太阴而值脱，使入腾蛇而理财，有脱气生财之意，前后参差之象，况乎本宫被迫，须慎暗中之侵欺也。"

乙庚日壬午时

己符入中，乃步五之格，然而加壬，为明堂被刑格，未免反复执滞之情。

生门入《离》，得《贲》之体，有束帛笺笺之吉，婚媾有言之象。

卧云主人曰："值符步五，盖为心劳事拙；值使趋九，又嫌朱玄并争。大约好个局面，于中反复无常耳。"

乙庚日癸未时

己符入《巽》，得《蛊》之体，乃九地之宫，官鬼之地，然而加癸，为明堂合华盖格，未免阻隔魔障之疵。

生门伏《艮》，乃抱质归根，完璧返赵之局。

卧云主人曰："符入九地，而羁縻不返；使伏本宫，而独自沉吟。盖为彼此暌违而穷途寂寞之情，虽时下有官印之图，亦未免否中之泰耳。"

乙庚日甲申时

符分天柱，庚仪秉令，辖庚、酉、辛之气，通一、四、七之宫，用惊门为使，有肃杀之威权，与矫制之作用，但伏险未发耳。然寄合神于九地，未免贪合暗耗之嫌；分财赋于癸丁，又为威逼诈格之利。究因持己之刚，转为我仇，则为寡助之象。

卧云主人曰："九地庚惊，险幻阴生。如砒寄密，势不可撄。然乘秋令，秉申而行。可以出险，事亦有成。"

乙庚日乙酉时

庚符入《坎》，得《困》之体，乃九地之宫，子孙之地，然而加乙，为太白贪合格，盖有恩爱处受脱，作合处费神。

悖门入《乾》，得《夬》之体，有比拟依附之意，羊质虎皮之局。

卧云主人曰："符进九地，而得乙妹之合；使登九天，而会丙丁之奇。盖有唱随之机，引从之局。然而符前使后，未免参差之殊，虽时下有脱气化财之吉，而本宫有财官作化之奇，亦终不免于暗中之侵蚀也。"

乙庚日丙戌时

庚符入《坤》，得《萃》之体，乃九天之宫，印绶之地，然而加丙，为太白入荧格，又值青龙返首，盖为远投生助之象。

惊使入中，乃步五之格，有贪生受困之情。

卧云主人曰："符使飞居二五，皆有投生之局，然而有离而合，合而离之象，未免美中不足之嫌，彼此沾濡之情。大约进则多咎，以致债不堪。"

乙庚日丁亥时

庚符入《震》，得《随》之体，乃勾白之宫，财帛之地，然而加丁，为太白受制格，未免反复移易之疵。

惊门入《巽》，得《大过》之体，有因人取利而内生障碍之情。

卧云主人曰："符使并入财乡，但遁叮咛揆度之意，而冲复瞻顾之情，究竟'七日来复'之象，财印暗助之美也。"

丙辛日戊子时

庚符入《离》，得《革》之体，乃太阴之宫，官鬼之地，然而加戊，为太白逢恩格，虽为回明之局，须防阴小之侵。

惊门入《震》，得《随》之体，有阴私快利之财。

卧云主人曰："符入官乡，使入财位，有财官兼济之局，火木通明之美。但符已受制，虽云值符理财，而会玉女于勾白之宫，未免有阴人成败之象，而反复更易之情。况时下生脱互现，不无二事两端之疑，究竟先迷而后利耳。"

丙辛日己丑时

庚符伏《艮》，得《咸》之体，乃朱玄之宫，印绶之地，然而加己，为太白大刑格，未免有求授凌逼之情。

惊门入《坤》，得《萃》之体，有子恋母肠之意。

卧云主人曰："符使分投《坤》《艮》，皆为投生之象，然朱玄互现，若非文信之牵连，亦主口舌之冲制。大约先有刑碍，后有奇遇之兆，然时下有文信入官，为财物失脱之象，慎之。"

丙辛日庚寅时

庚符伏《兑》，乃归伏之体，有刚愎自用之象，然而加庚，为太白重刑格，有英畏莫展而暂思退养之象。

惊门入《坎》，得《困》之体，乃暗中生泄之局。

卧云主人曰："符伏使飞，有穷愁呻吟，而遣人缔合之情，虽两宫奇仪作合，亦未免先迷后利之征，与暗中联络之象。"

丙辛日辛卯时

庚符入《乾》，得《夬》之体，乃九天之宫，比肩之地，然而加辛，为太白重锋格，不无同室操戈，而势压家人之象。

惊门入《离》，得《革》之体，有从新陶熔之情。

卧云主人曰："符趋天阙，而同类有障碍之嫌；使入九地，而宫中有阴私之扰。虽云丙己并来本宫作助，亦未免刑悖之疑，但时下有狂悖之虑。"

丙辛日壬辰时

庚符入中，乃步五之格，然而加壬，为太白退位格，未免恩变为仇，而刑疑迟滞之象。

惊门入《艮》，得《咸》之体，有婚媾生助之美。

卧云主人曰："符伏中宫，有惊散一室之意；使飞《艮》位，有词林艺苑之谋。然而皆在印绶之宫，未免生涯离合之局，而进退蹉跎之情。"

丙辛日癸巳时

庚符入《巽》，得《大过》之体，乃六合之宫，财帛之地，然而加癸，为虎投罗网格，又为大隔之疵，盖为隔斗取才之意。惊使伏《兑》，有敛威恬退之象。

卧云主人曰："符投癸而机穷，使伏《兑》而势失，皆如逆旅之状，而事业穷塞之机，凡谋当求鼎新之计，反虑时下有得中复失之事，与三合回还之征。"

丙辛日甲午时

符分天心，辛仪秉令，辖戌、《乾》、亥之气，通六、九、三之宫，有易暴励精之志，伏枥长嘶之情。然分元局朱玄之神，司财库之宰，用开门为使，有革故鼎新之义，而乾纲独振之机，但值起伏，有隐而未发。将思有为之局。

卧云主人曰："朱玄辛开，口舌生财。成中见破，防生祸胎。然宜各旺，更妙春来。得时而驾，宁不快哉？"

丙辛日乙未时

辛符入《坎》，得《讼》之体，乃九天之宫，子孙之地，然而加乙，为白虎猖狂格，须慎逃脱之嫌。

开门入中，乃步五之格，凡谋有遇而不遇之象。

卧云主人曰："符退九天，而值龙虎之相抗；值使步五，而借太阴之暂栖。于中生脱交加，未免进退迟疑，而人事蹉跎之局，虽有太阴作合，无奈螣蛇伏宫，未免成中见破之象。"

丙辛日丙申时

辛符入《坤》，得《否》之体，乃太阴之宫，印绶之地，然而加丙，为天庭得明返首之格，盖有官印相从，而依栖得势之局。

开门入《巽》，得《姤》之体，有东南得利之征。

卧云主人曰："符入印而使入财，尽有分图名利之美，然返首于太阴之宫，理财于勾白之地，于中进退，尚有沉滞反复之情，虽云本宫得使，亦未免财印分驰之局。"

丙辛日丁酉时

符使入《震》，得《无妄》之体，乃朱玄之宫，财帛之地，然而加丁，为白虎受伤格，所当见利思义，恐受阴小之侵欺。至于玉女守门，又为阴人当权，而美中须防不足。况乎二戊来宫，不无同人公庭之役，与文信宴会之谋。

卧云主人曰："卦名《无妄》，乃无故而有灾，如行人牵牛以去，而居者反遭诘捕之扰也。要之时乘丁而克战，取为多不快心。"

丙辛日戊戌时

辛符入《离》，得《同人》之体，乃六合之宫，官鬼之地，然而加戊，为龙虎争强格，未免先迷后利之征。

开门入《坤》，得《否》之体，有暗中受益之象。

卧云主人曰："符投官而使入印，盖为官印相从，而并力图南之局。但惜符入自刑之地，而行止未尽如心，又兼二丁来宫，当得迅速之利，与阴人财物之扰也。"

丙辛日己亥时

辛符入《艮》，得《遁》之体，乃九地之宫，印绶之地，然而加己，为虎坐明堂格，盖有婉转受生之意。

开门入《坎》，得《讼》之体，有远谋脱陷之情。

卧云主人曰："符入九地，使投九天，有求隐半现之情，此前彼后之意。然而生脱互现，事有参差，妙在财印并来本宫守己，更为得意之象。"

丁壬日庚子时

辛符入《兑》，得《履》之体，乃螣蛇之宫，比肩之地，然而加庚，为虎逢太白格，盖有自招强暴之侮，而比拟妬劫之象。

开门入《离》，得《同人》之体，乃向明之意，而有克制之嫌。

卧云主人曰："天乙飞而事多疑虑，使受迫而图谋不良，盖为彼此不安之象，虽云本宫得使，亦慎狂徒之疵。况乎四维多事，而中宫罗网交加，皆为进退羁掌，即时下未免印绶刑碍之疑。"

丁壬日辛丑时

辛符伏《乾》，得《归妹》之体，然为天庭自刑格，未免受惊归来，而转思投生之计。

开门入《艮》，得《遁》之体，有暗中受生之象，而秘密图谋之情。

卧云主人曰："值符归伏，乃计无所施之时；使入九地，有阴谋远交之义。但动静之间，未同一辙耳，虽有暗合生助之机，未免迷蒙濡滞之象。"

丁壬日壬寅时

辛符入中，乃步五之体，然而加壬，为天庭逢狱格，未免心劳事拙，而俯首困穷之象。

开门入《兑》，得《履》之体，有依倚之意，与代庖之情。

卧云主人曰："用符步五，虽受生而事拙，即有他图作合之意，亦为偃仰栖迟之情。至于值使入螣蛇，未免疑忌之虑，况乎飞庚伏宫刑己，须慎暗中实疑，而时下有合中罗网之嫌，财印皆为羁縻之象。"

丁壬日癸卯时

辛符入《巽》，得《姤》之体，乃勾白之宫，财帛之地，然而加癸，为虎投罗网格，未免贪财受迷，而反复不宁之象。

开门伏《乾》，乃归息之局，为困首之情。

卧云主人曰："符飞《巽》而理财，使伏《乾》而困守，盖为彼此离异之局，而遥移冲复之嫌，究竟动中，故云得利，而机括尚尔羁縻，一如尾大不掉，水落石出之情。"

丁壬日甲辰时

符分天禽，壬仪秉令，辖中宫之气，通二、五、八之宫，具阴险之体，督信义之符，寄迹于西南，交欢于东北，借死门为使，皆勉强任事之象，而迟疑进退之情。

卧云主人曰："壬仪步五，似难张武。欲求际遇，须复东土。借径而行，凡事从古。笃其信义，有甘无苦。"

丁壬日乙巳时

壬符入《坎》，得《师》之体，乃朱、玄、勾、白之宫，财帛之地，然而加乙，为日入地户格，当得口舌格斗之财。

死门入《巽》，得《升》之体，有信问之举，与阴害之情。

卧云主人曰："符飞北道，而值龙飞于九渊；使入《巽》维，而值癸仪之为网。虽云符使并驭财官，亦未免险阻迟疑之局，而时下但有财化鬼脱之嫌。"

丁壬日丙午时

壬符入《坤》，乃寄伏之宫，然而加丙，为天牢伏奇格，又为返首，似有依乔之吉，未免离合之情。

死门入《震》，得《复》之体，有阴私和合之中，而生障碍欺侮之咎。

卧云主人曰："符入《坤》，而沾同人之泽；使入《震》，而值玉女之携。大象似为可观，内里却多差迭，未免美中不足之占。大约作事迍邅，而遣使遥求合济之情也。"

丁壬日丁未时

壬符入《震》，得《复》之体，乃六合太阴之宫，官鬼之地，然而加丁，为太阴被狱格，虽有作合之奇，却遁疑虑之局。

死门伏《坤》，乃暂息之局，又为归宁之情。

卧云主人曰："符入官乡，而奇仪作合，似有费力之处，另有际遇之美；使入《坤》维，而中道伏吟，又如便道中而姑作回家之计。大约有彼贪合，而此偷安之象；只因飞庚伏宫，未免有避嚣投合之意，而恩中生怨之情。"

丁壬日戊申时

壬符入《离》，得《明夷》之体，乃腾蛇朱玄之宫，印绶之地，然而加戊，为青龙入狱格，盖有出谷迁乔之象，遥求恩遇之荣。

死门入《坎》，得《师》之体，有水泽之利。

卧云主人曰："符飞《离》明而投印，使入《坎》水而理财，盖为财名双美之局，南北分谋之举，未免一事两端，而趋向未有定见，或现或隐，而升降尚尔暌违，虽时下有生合之机，奈比肩受天庚之伏，未免有南宫歌管，北宫愁闷之象。"

丁壬日己酉时

壬符入《艮》，得《谦》之体，乃勾白之宫，比肩之地，然而加己，为天地刑冲格，未免比劫冲复之嫌。

死门入《离》，得《明夷》之体，有狂走之疵，虽云生助之机，但奇仪遁不睦之局。

卧云主人曰："符趋《艮》，而事涉妖欺；使趋《离》，而奇仪克制于中。虽有追随唱和之情，未免前后蹉跎之局，究竟魁刚冲射于受迫之宫，时下反有惶惑不宁之象。"

丁壬日庚戌时

壬符入《兑》，得《临》之体，乃九天之宫，子孙之地，然而加庚，为天牢倚势格，未免所谋惊阻，而有隔脱之嫌。

死门入《艮》，得《谦》之体，有反复休咎之别。

卧云主人曰："值符飞而值使返，所谋未为顺适，且太阴丁神飞入本宫，虽有作合之机，宜慎阴人之扰，而时下且有隔我上下之咎，纵丁神入宫作合，亦未免外面猜疑之象耳。"

丁壬日辛亥时

壬符入《乾》，得《泰》之体，乃九地之宫，子孙之地，然而加辛，为白虎犯狱格，未免有生脱之嫌。

死门入《兑》，得《临》之体，有俯就之思。

卧云主人曰："符使入子孙之宫，乃脱气之局，然使登天而符入地，未免半隐半现，而彼此参差，有沦胥及矣之象。况乎阴癸缠害，而时下有俯仰惊惧之情。"

戊癸日壬子时

壬符入中，乃归伏之体，又为天牢自刑，未免诸事迟疑，而东西未有适从之局。

死门入《乾》，得《泰》之体，有彼此生合之情。

卧云主人曰："使趋《乾》而符步五，盖有遣使天门之意，未免困中受脱之情。大约有力尽长途，而力乏气竭之象，与居处不违，而趦趄进退之征。究竟寄宫受迫，未免呻吟愁叹，纵有神驰北道之思，亦为瞻云望日之情耳。"

戊癸日癸丑时

壬符入《巽》，得《升》之体，乃太阴之宫，官鬼之地，然而加癸，为阴阳重地格，未免蒙蔽克陷之象。

死门入《坤》，乃归宁之体，有无依茕独呻吟之象。

卧云主人曰："符飞《巽》而罗网交加，使伏《坤》而人事非旧。盖为大势已去，而途劳故国之思，纵有谋献，亦待鼎新之后。况时下又有夭矫之疑，而进退蹉跎，所谋多拙，虽同逝水之客，奈为转蓬之情。"

戊癸日甲寅时

符分天辅，癸仪秉令，辖辰《巽》、巳之气，通四、七、一之宫，用杜门为使，有韬光敛彩之意，而继往立极之机，将以成元局之径济，而著成平平作用者也。螣蛇癸杜，刑害忧惑，先信后疑，泰生否极。

卧云主人曰："分元符螣蛇之神，而居庙旺之宫，则为神居旺地，所惜符寄刑乡，未免内怀忧疑，而外强振作，虽议论风生，奈前合后疑，不无瞻顾之思耳。"

戊癸日乙卯时

壬仪入《坎》，得《涣》之体，乃六合之宫，印绶之地，然而加乙，为日沉九地格，似有投生受益之举。

杜门入《震》，得《益》之体，有依乔附势之象。

卧云主人曰："符飞六合而受生，使遇玉女而寄比，盖有婚媾之义，阴私之谋。但嫌二庚伏宫，不无强暴之侵逼，且有投避难之局，而官中贿嘱之情。"

戊癸日丙辰时

癸符入《坤》，得《观》之体，乃九地之宫，财帛之地，然而加丙，为明堂犯悖，又为返首，未免贪财入墓之嫌。

杜门入《坤》，得《观》之体，当有山林田野之利。

卧云主人曰："符使并入九地而理财，得丙奇之助美，勘问田产之利。然而寅申相冲，符使入墓，又为执滞冲复之象，况乎财宫并入本宫，须慎阴中之勾绞，而时下有假虞伐虢之情。"

戊癸日丁巳时

癸符入《震》，得《益》之体，乃螣蛇之宫，比肩之地，然而加丁，为螣蛇夭矫格，须慎同类之龃龉，与宵小之是非。

杜门入《坎》，得《涣》之体，有舟楫之事，渔盐之谋。

卧云主人曰："符入螣蛇，而癸丁杂处，未免彼此猜疑。虽云使入六合而受生，亦为主劳客逸之象，况乎本宫被迫，幸得元戊之合解，而时下反有疑虑得财之征。"

戊癸日戊午时

癸使入《离》，得《家人》之体，乃九天之宫，子孙之地，然而加戊，为青龙入地格，虽有首尾相见之意，不无俯就脱耗之嫌，然本宫得使得假，诚为进退有益，而时下有脱中化财之情。

卧云主人曰："《离》有文明之象，况本宫得使得假，自是动静如意，更于时有火土相生之妙也。"

戊癸日己未时

癸符入《艮》，得《渐》之体，乃太阴之宫，财帛之地，然而加己，为华盖入明堂格，有山林田野之财，先迷后利之象，况乎戊丙俱来本宫，尽有可隐可现之情，明与暗助之局，惟时下有财生鬼劫之嫌耳。

卧云主人曰："土与土比，则凡事厚重而迟滞，正与卦之名义相符，有渐而进之象也。"

戊癸日庚申时

癸使入《兑》，得《中孚》之体，乃朱玄之宫，官鬼之地，然而加庚，为天网冲犯之格，未免自贻暴戾之侵，幸得二乙来宫，尚有家人解祸之局，而时下有三合回还之情，亦未免苦去甘来之象。

卧云主人曰："金有坚刚之体，而入《兑》则与时同用，幸卦得《中孚》，宫来二乙，有孚信之助耳。"

戊癸日辛酉时

符使入《乾》，得《小畜》之体，乃勾白之宫，官鬼之地，然而加辛，为华盖受恩格，盖有天庭受克之象，而反复未宁之情，况乎本宫丙辛作合，反有财来助鬼之嫌，大约止利求名之局。

卧云主人曰："《乾》为冲地，事多不济。反复无常，勾白作弊。财助鬼生，却有奇遇。"

戊癸日壬戌时

符使入中，乃步五之格，然而加壬，为天网覆狱格，凡占进退艰难，有贪利受害之意义，而谋为拙滞之情，究竟三奇会吉门于比肩之宫，诚乃我劳他逸之局。但嫌丁神飞来投江，不无阴人之诧异，而时下且有化鬼之嫌。

卧云主人曰："步五则静守为上策，稍为动作，恐投网而受丁神之累矣。"

戊癸日癸亥时

符使伏《巽》，乃穷流及源之象，而万物静止之时，且一元之作用，至此而周六仪之功化，于此而极，纵有将来之造化，且待另换规模，而数过时非，难以展作之象。

卧云主人曰："此课凡占固凶，但时当春木夏火之旺，亦可以无虑，何也？癸亥，水也，水势衰而凶亦减，情理之所共见者。"

阴遁八局

小暑上元　　立秋下元
霜降中元　　小雪中元

甲己日甲子时

符分天任，戊仪秉令，辖丑、《艮》、寅之气，通八、五、二之宫，用生门为使，有开物成务之义，恺悌作人之情，用螣蛇作使而理财，遇九天官星而作合，太阴有悍悖之风，九地有伏网之患，大象利于图南，而《乾》《巽》各有制忌。大约为萌动之机，将欲有为之象。

卧云主人曰："门虽伏而吉，晦养之久，必乘时而有为，宁得曰《艮》者止也，而不能远举乎？"

甲己日乙丑时

戊符入《离》，得《贲》之体，乃朱玄之宫，印绶之地，然而加乙，为青龙入云格，有"飞龙在天"之象，而图南得利之情。

生门入《兑》，得《损》之体，有俯就受脱之情。

卧云主人曰："符入朱玄，而得乙奇之助美，盖有闻誉荣身之象。但索乙于太阴，则有狂逃之弊；索乙于螣蛇，反值三奇之会，所当择善而从。至于值使飞入脱气之乡，以致二己并来本宫，须慎同人脱耗之虞。"

甲己日丙寅时

戊符入《坎》，得《蒙》之体，乃螣蛇之宫，财帛之地，然而加丙，为得明返首之格，盖有山林水泽捕猎之财。

生门入《乾》，得《大畜》之体，须慎阴中脱耗之虞。

卧云主人曰："符入财而使值脱，似乎利于脱货求财，独嫌本宫庚癸相呼，须慎合中生非，而阴人乖戾之事。"

甲己日丁卯时

戊符入《坤》，得《剥》之体，乃勾白之宫，比肩之地，然而加丁，为青龙耀明格，盖有反复动移，去顺效逆之象。

生门入中，乃步五之体，凡事迟拙之局。

卧云主人曰："符入勾白而乘丁，盖有速为举动之象，与反复更改之情，虽云值使步五，究竟必通于二，又为离而复合之意，造次瞻顾之象也。"

甲己日戊辰时

戊符伏《艮》，乃飞伏之体，又为青龙入地格，盖有播迁之后，而复得归宁之情。

生门入《巽》，得《蛊》之体，须慎阴害之嫌。

卧云主人曰："符飞而伏，俪如避五之意，乃行止遥疑之象。至于值使飞入官乡，而堕九地之网，未免作事多歧，而有不测之咎。且前途履历未必轩昂，纵尔呻吟亦无妙算。"

甲己日己巳时

戊符入《兑》，得《损》之体，乃六合之宫，子孙之地，然而加己，为青龙相合格，虽得同人之雅，未免脱耗之嫌。

生门入《震》，得《颐》之体，有进退趑趄之象。

卧云主人曰："符入《兑》而受脱，使入《震》而受克，则东西皆为不便，彼此那个便宜。况乎飞庚入中，不无阴人之愤事，所喜二乙并来本宫，宜恬退以安生机可也。"

甲己日庚午时

戊符入《乾》，得《大畜》之体，乃太阴之宫，子孙之地，然而加庚，为青龙持势格，未免惊疑脱诈之情。

生门入《坤》，得《剥》之体，有阴私反复之局。

卧云主人曰："符入《乾》而使入《坤》，盖有天地遥涉之情，然而天乙飞兮主事凶，已为不利，纵得玉女守门，而合中却又生疑，虽丙奇跌穴，还防财中遁鬼。大约凶中有吉，吉事成空之象。"

甲己日辛未时

戊符入中，乃步五之体，然而加辛，为青龙相侵格，有相持之意，而进退不便之情。

生门入《坎》，得《蒙》之体，有官中文书，水泽得利之局。

卧云主人曰："值符步五，一腔隔碍之情，与反复迟疑之象，虽云值使理财，又惧官中文信之侵，况乎本宫勾白加丁，须防远方之谋害。"

甲己日壬申时

戊符入《巽》，得《蛊》之体，乃九地之宫，官鬼之地，然而加壬，为青龙破狱格，须慎暗中之侵欺。

生门入《离》，得《贲》之体，有求授之情。

卧云主人曰："符前使后，大象已是参差，叠次罗网交加，未必官印如意，况乎本宫合而见隔，虽为子孙制鬼，不无人情悖戾之疵。"

甲己日癸酉时

戊符入《震》，得《颐》之体，乃九天之宫，官鬼之地，然而加癸，为青龙相合格，未免合中疑忌之嫌。

生门伏《艮》，乃归宁之象。

卧云主人曰："符入官而作合，惜内遁而刑返，有夭矫罗网之疑；使伏《艮》而呻吟，幸逢天遁，更有财官兼济之美。大约动不若静，战不及守，不可造次以图财官，终恐财官又生他变耳。"

甲己日甲戌时

符分天柱，己仪秉令，辖庚、酉、辛之气，通七、四、一之宫，用惊门为使，分元局六合之神，而出令于《兑》，有约法函关之义。所惜天地之宫，皆逢隔悖；财帛之地，俱是罗网，大约际遇多艰之象。六合已惊，有败有成。合而不合，暗里冲刑。

卧云主人曰："天辅之吉，自足有为，亦从困顿而亨，勿堕远举之志可耳。"

甲己日乙亥时

己符入《离》，得《革》之体，乃太阴之宫，官鬼之地，然而加乙，为日入地户格，防阴中之谋害。

惊门入《乾》，得《夬》之体，有迁就依附之情。

卧云主人曰："符入太阴而受克，使入比肩而抗欺，未免两处奔驰，皆改弦易辙之谋，莫若安守跌穴可也。"

乙庚日丙子时

己符入《坎》，得《困》之体，乃九地之宫，子孙之地，然而加丙，为地户埋光格，又为青龙返首，大约有相生相疑之局。

惊门入中，乃步五之体，未免迷蒙之情。

卧云主人曰："符飞九地，而得丙奇之光辉，已为暗中得明之象，然丙奇飞于《震》《巽》之宫，又为子动生财之义，须慎迤逦脱去之情。虽云值使受生，亦为偃蹇迟滞，惟喜本宫得使，尚利财官之图。"

乙庚日丁丑时

己符入《坤》，得《萃》之体，乃螣蛇之宫，印绶之地，然而加丁，为明堂贪生格，盖有求助于宵小之意。

惊门入《巽》，得《大过》之体，有材木之利，与东南招抚之财。

卧云主人曰："符飞《坤》位而乘丁，使入《巽》宫而加壬，内遁作合之奇，盖有遥为期会之局，与财印兼济之情。但嫌本宫庚癸相呼，未免有损有益之象。"

丁庚日戊寅时

己符入《艮》，得《咸》之体，乃朱玄之宫，印绶之地，然而加戊，为明堂从禄格，盖有依附生助之情。

惊门入《震》，得《随》之体，有争斗疑豫而反复须索之局。

卧云主人曰："符入朱玄而受生，似有恩遇和亲之美；使入勾白而理财，却为战斗分张之局。况乎本宫被刑伏之疑，与六合之财神作隔，盖为宅舍惶惶而所谋惊惧，多有牵引之是非，始终皆受飞伏之虑。"

丁庚日己卯时

己符入《兑》，乃归伏之体，为明堂重逢格，盖有勾曲呻吟之情，而前途趑趄之局。

惊门入《坤》，得《萃》之体，有欲进不进之象。

卧云主人曰："符飞而伏，盖为迟滞之情；值使乘丁，又为迅速之兆。大约有暗昧授受之占。"

丁庚日庚辰时

己符入《乾》，得《夬》之体，乃九天之宫，比肩之地，然而加庚，为明堂伏杀格，盖有登高而匍匐之象。

惊门入《坎》，得《困》之体，有暗中脱耗之嫌。

卧云主人曰："符登九天，而值飞宫之隔，使入九地，而遇荧白之疵，则隐显之间，未免彼此惊惶，而前后脱劫，所喜本宫丁甲并临，似有神助之美。"

丁庚日辛巳时

己符入中，乃步五之体，然而加辛，为天庭得势格，大约俯首求生之象。

惊门入《离》，得《革》之体，有奋志图南之情。

卧云主人曰："符步五而使登九，有或隐或现之意，然此入印而彼入官，乃官印相需之情，但嫌本宫被刑隔之欺，尚赖太阴之救，大约以凶制凶之象。"

丁庚日壬午时

己符入《巽》，得《大过》之体，乃六合之宫，财帛之地，然而加壬，为明堂被刑格，盖有同人取利之象。

惊门入《艮》，得《咸》之体，有入山修隐之情，而文章经国之象。

卧云主人曰："符入财而使入印，盖有财官兼济之美，但嫌勾白之宫，庚癸作隔，丁癸相疑，而图谋之间，每多艰阻，纵有飞丙跌穴，反增暗脱之嫌。"

丁庚日癸未时

己符入《震》，得《随》之体，乃勾白之宫，财帛之地，然而加癸，为明堂合华盖格，盖有反复战斗之情。

惊门伏《兑》，乃归宁之象，有养晦待时之思。

卧云主人曰："符东使西，彼此已是疑隔，虽为反复得财，究竟机缘悭涩，况乎符投网而使伏吟，一如逆旅之情，而穷途分袂之象。"

丁庚日甲申时

符分天心，庚仪秉令，辖戌、《乾》、亥之气，通六、三、九之宫，用开门为使，有矫举之志，而另为创设之情。惟嫌财帛之宫，罗网交加，偏多隔碍，尚有华堂执拂，可作投谒之举，未免刚愎自用，而同室操戈之疵。太阴庚开，拗执石谐。貌柔心险，水性难猜。

卧云主人曰："此占当利秋冬之期，所为遂意，以其时之得气也。"

丁庚日乙酉时

庚符入《离》，得《同人》之体，乃六合之宫，官鬼之地，然而加乙，为太白贪合格，似有官中作合之情。

开门入中，乃步五之体，利于阴私之谋，迟中得速之机。

卧云主人曰："符使分居九五，似有异常之荣遇，况乎二癸来宫，当得诈伪之货财，但阴私作合之谋，须慎阴私之战斗可也。"

丁庚日丙戌时

庚符入《坎》，得《讼》之体，乃九天之宫，子孙之地，然而加丙，为太白入荧格，又为青龙返首，须慎脱耗之嫌。

开门入《巽》，得《姤》之体，有转移得利之象。

卧云主人曰："符登天而遇丙，大象似为显扬，然而受脱与受克，转境偏多乖戾，况乎值使反吟，罗网并见，反主门户动移，而财物更有分张之说。"

丁庚日丁亥时

庚符入《坤》，得《否》之体，乃太阴之宫，印绶之地，然而加丁，为太白受制格，盖为先损后益之征。

开门入《震》，得《无妄》之体，有官中说合之财。

卧云主人曰："符入印而乘丁，使入财而遇癸，未免叮咛揣度之情，而动静不一之象，皆因本宫生脱交成，又被迫制，故此分谋财印，而作迁乔之事。"

丙辛日戊子时

庚符入《艮》，得《遁》之体，乃九地之宫，印绶之地，然而加戊，为太白逢恩格，盖有阴中扶助之美。

开门入《坤》，得《否》之体，有阴私作合之局。

卧云主人曰："符投戊而使乘丁，连衡于《坤》《艮》之间，交互于甲丁之际，皆为受生之益。但惜值符犯元，有受迫之警，时干逢鬼，腾蛇理财，诚乃时下仆仆之举。况符居刑墓之乡，反不若退守本位，静听值使之调停，而得财官作合之美。大约彼此摇疑，利客不利主，惟图阴谋之事可也，究竟西南得朋，东北丧朋之义耳。"

丙辛日己丑时

庚符入《兑》，得《履》之体，乃腾蛇之宫，比肩之地，然而加己，为太白大刑格，未免阴小隔碍之疑。

开门入《坎》，得《讼》之体，有诈脱之嫌。

卧云主人曰："符使分投《兑》《坎》，乃前后参差之情，又为改弦易辙之象，惜其刑己，则无容人之量，以致时干飞伏于《坤》《艮》，而作避难逃生之事，虽欲遣使登天，旁求遇合，不无远劳之费，究竟所谋趑趄不前之占。"

丙辛日庚寅时

庚符伏《乾》，乃归伏之体，为太白重刑格，有自生疑虑之情。

开门入《离》，得《同人》之体，有官中合解之事。

卧云主人曰："符伏于《乾》，有遇而不遇静而不静之局，当得奸伪隔斗之财；使入于《离》，有申盟旧好，以图作合之义。究竟彼此联情，而佐使尚怀趋避之想。"

丙辛日辛卯时

庚符入中，乃步五之体，然而加辛，为太白重锋格，虽云威镇八荒，而尚有垓下之疑。

开门入《艮》，得《遁》之体，有潜形遁迹，而养精蓄锐之情。

卧云主人曰："符步五而使趋《艮》，皆为投生之意，但庚辛相并，为二虎争雄，既有欺抗之意，又为居逼之意，反不若佐使受荣，无伤于名节，究竟主劳客逸，此拙彼巧之情。"

丙辛日壬辰时

庚符入《巽》，得《姤》之体，乃勾白之宫，财帛之地，然而加壬，为太白退位格，有威压东南，而势利隔斗之象。

开门入《兑》，得《履》之体，有俯就依附之思。

卧云主人曰："符飞《巽》而刑壬，适入自刑之地，未免进退张惶，而财物尚有更张之疑，况乎值使又寄邻封，不无失势摇移之象。"

丙辛日癸巳时

庚符入《震》，得《无妄》之体，乃朱玄之宫，财帛之地，然而加癸，为虎投罗网格，未免事多障隔之情。

开门伏《乾》，乃归宁之体，有恬退之思。

卧云主人曰："符隔癸而理财，未免悖戾乖张之举，而缠绵阻隔之情，以致财入官乡，而官入本宫，有反复回还之机，始终财官之事，但未免于口舌之哓哓也。又如贪财被害，徒劳二女之倚门，穷途不归，冷落绣帏之花烛，总为贪财无益之占。"

丙辛日甲午时

符分天禽，辛仪秉令，辖中黄之气，通五、二、八之宫，有除苛施仁之义，号令八方之权，用死门为使，有出令于西南之意，而假威于北道之情，所惜际遇多艰，亦不免于呻吟之象。

中宫寄辛，虎难伤人。虽有外势，到底不亲。

卧云主人曰："凡吉时亦要乘旺，如此占在春夏，得意非常；若值秋冬，即所谓际遇多艰耳。"

丙辛日乙未时

辛符入《离》，得《明夷》之体，乃腾蛇朱玄之宫，印绶之地，然而加乙，为白虎猖狂格，未免求生而有狂斗之疑。

死门入《巽》，得《升》之体，有喑问被制之象。

卧云主人曰："符入自刑之地，而奇仪上下相衡，纵有资身之策，亦非清吉之谋，况乎值使退入墓乡，作为大约不利，反不若退处深宫，坐享丙奇之合可也，总之事出勉强，而吉凶相半之情。"

丙辛日丙申时

辛符入《坎》，得《师》之体，乃朱玄勾白之宫，财帛之地，然而加丙，为得明返首格，盖有依势得利之情。

死门入《震》，得《复》之体，有克制不宁之象。

卧云主人曰："符趋北道，而得势利之财，乙入中宫，又为得使之吉，诚哉进退皆宜，所惜值使飞入鬼乡，又值相隔相刑，则外遇每多乖戾，大约益中有损之局。"

丙辛日丁酉时

辛符入《坤》，乃寄伏之体，乃六合之宫，比肩之地，然而加丁，为白虎受伤格，似有出谷迁乔之象。

死门伏《坤》，乃中道而止，吉假归宁之情。

卧云主人曰："符使俱入《坤》维，幸逢玉女庆乐之会，又得阴私之助，然虽主客和同，而所谋尚多迟滞也。"

丙辛日戊戌时

辛符入《艮》，得《谦》之体，乃勾白九地之宫，比肩之地，然而加戊，为龙虎争强格，大象有改局图生之局。

死门入《坎》，得《师》之体，有反复得利之情。

卧云主人曰："符返而投元，奇仪相生；使飞而加丙，财印并聚。大象可以图维，然使前符后，彼此有追随之义，然而俱转阳宫，又为别调之情。"

丙辛日己亥时

辛符入《兑》，得《临》之体，乃九天之宫，子孙之地，然而加己，为虎坐明堂格，似有刑碍失脱之嫌。

死门入《离》，得《明夷》之体，有仰望栽培之义。

卧云主人曰："辛符入《兑》，有先损后益之情，至于时干加庚，而飞投乙奇，以消暴戾，凡谋有婉转作合之机。值使入《离》，有进求恩遇之美。然符值脱而使受生，一趋前而一退后，又为一事两端，而貌同志异，彼此参差之局。"

丁壬日庚子时

辛符入《乾》，得《泰》之体，乃九地之宫，子孙之地，然而加庚，为虎逢太白格，虽有相持之意，不无自惧之疑。

死门入《艮》，得《谦》之体，有反复依附之情。

卧云主人曰："天乙入墓而飞宫，不惟所谋惊阻，而且多刑脱之嫌；使入勾白而反吟，不但彼此摇移，而且有掀翻之虑。大约凡事难成之象。"

丁壬日辛丑时

辛符伏五，乃归止之机，未免有受人之欺，转而复陷官中之网。

死门入《兑》，得《临》之体，有俯就泄脱之情。

卧云主人曰："符飞而伏，为天庭自刑，未免心劳事拙，而进退狐疑，虽云值使登天，又为困中受脱，凡谋难以就遂。"

丁壬日壬寅时

辛符入《巽》，得《升》之体，乃螣蛇太阴之宫，官鬼之地，然而加壬，为天庭逢狱格，大象得中有失之局。

死门入《乾》，得《泰》之体，有脱中隔碍之情。

卧云主人曰："符使分投《乾》《巽》，已是彼此携二之情，况又互受克脱，未免人宅摇移，然而飞庚伏宫，还慎事起萧墙之内，究竟遇鬼堕网，此行未为畅快之谋。"

丁壬日癸卯时

辛符入《震》，得《复》之体，乃六合之宫，官鬼之地，然而加癸，为虎投罗网格，未免屈仰闭塞之遭。

死门入中，乃步五之体，未可展作之时。

卧云主人曰："符趋三而值网，似有迁乔之象，所惜机缘穷寂，而徒增皓首之悲。死门归《坤》，为万象告成之际，而当作知其所止之想。究竟符入癸而乘丁，动静已不同途，彼此更生疑虑之象。"

丁壬日甲辰时

符分天辅，壬仪秉令，辖辰、《巽》、巳之气，通四、七、一之宫，备邃谋之量，治巽顺之化，分元符九地之神，司伏莽之象，用杜门为使，有敛彩之思，但惜符值自刑，恒虑勾、白之侵犯，尚喜辐重深蓄，偏得玉女之扶持。大约前途际遇，只宜及早谋为。九地壬杜，张罗在路，门垣欹斜，苍老抱柱。

卧云主人曰："守时而养高自重，则乘时而得展才猷，此占是无不吉也。"

丁壬日乙巳时

壬符入《离》，得《家人》之体，乃九天之宫，子孙之地，然而加乙，为日入地户格，未免奢望而遭脱之嫌。

杜门入《震》，得《益》之体，有择木而栖之局。

卧云主人曰："符登天而有乘龙之美，利于问子问财之占；使入比而得首尾之会，似乎依人傍势之情。但使趋前而符退后，未免彼此逡巡，而分合未定之象。大约时下泄脱，转局便有财利之兆。"

丁壬日丙午时

壬符入《坎》，得《涣》之体，乃六合之宫，印绶之地，然而加丙，为天牢伏奇格，又为返首，盖有建言求荣之象。

杜门入《坤》，得《观》之体，有暧昧作合之财。

卧云主人曰："符飞六合，而得生助之荣；使入九地，而得玉女之助。似为财印兼济，而名利从心。但惜朱、玄之宫，悖迫并现，而官中事有参差耳。"

丁壬日丁未时

壬符入《坤》，得《观》之体，乃九地之宫，财帛之位，然而加丁，为太阴破狱格，虽为入墓之合，仍得阴私之财。

杜门入《坎》，得《涣》之体，有舟楫济川之义。

卧云主人曰："符入财而使入印，彼此俱有利益，然符合丁而使加丙，行藏皆得光辉，但惜飞庚伏宫，官中似有战克，而此番之作为，大非从前之局面也。"

丁壬日戊申时

壬符入《艮》，得《渐》之体，乃太阴之宫，财帛之地，然而加戊，为青龙入狱格，盖有探元理财之象。

杜门入《离》，得《家人》之体，有远为侵蚀之嫌。

卧云主人曰："符入财而使受脱，盖为子动生财之义，一就明一就暗，又为假公济私之局。好在本仪得使，更有作合之情，诚为如欲取之，必先与之之义也。"

丁壬日己酉时

壬符入《兑》，得《中孚》之体，乃朱玄之宫，官鬼之地，然而加己，为天地刑冲格，不无冲复疑惧之思。

杜门入《艮》，得《渐》之体，有深入理财之象。

卧云主人曰："符入官而使理财，盖有财官兼济之局，况乎飞丙跌穴，又为闻誉荣身之美，但惜时干受悖，须慎贪财致讼之嫌。"

丁壬日庚戌时

壬符入《乾》，得《小畜》之体，乃勾白之宫，官鬼之地，然而加庚，为天牢倚势格，未免受克惊惧之象。

杜门入《兑》，得《中孚》之体，又有趑趄不进之情。

卧云主人曰："符使俱入官乡，而内值朱、玄、勾、白，盖为反复受制，而彼此不利之占。"

丁壬日辛亥时

壬符入中，乃步五之体，然而加辛，为白虎犯狱格，未免贪财受困之嫌。

杜门入《乾》，得《小畜》之体，又为反复不安之象。

卧云主人曰："符步五而理财，盖为心劳事拙；使趋《乾》而遇鬼，又为进退狐疑。纵本宫有首尾相见之奇，奈来使有反吟迫制之嫌。大约前后违遭，而财官未得兼济之美。"

戊癸日壬子时

壬符伏《巽》，为天牢自刑格，有受困归息之象。

杜门步五寄《坤》，得《观》之体，有贪财入墓之嫌。

卧云主人曰："符起于自刑，而归伏于刑窟，已为启处不惶，况又值使步五，又为得利受困。大约有晋守殿后之意，与遣使守库之征，亦未免彼此迟掘之局"。

戊癸日癸丑时

壬符入《震》，得《益》之体，乃螣蛇之宫，比肩之地，然而加癸，为阴阳重网格，未免比拟障碍之嫌。

杜门入《巽》，乃归宁之象，与闭阻之情。

卧云主人曰："符入螣蛇，而罗网交加，未免迷人者反遭人之迷，用术者反堕人之术，以致仆仆于穷途，而徒劳妻子之盼望也。究竟自投罗网，而本宅且有狂逃之虑。"

戊癸日甲寅时

符分天冲，癸仪秉令，辖甲、卯、乙之气，通三、九、六之宫，承六仪之终，励成平之治，系元符九天之神，司天藏地网之位，用伤门为使，有芟刈栽培之机，所惜号令难行于西北，又疑财物夭矫于西南，惟有仰投元戊以敦凤好，而财官有兼济之荣，诚为困不失处，亲亦可宗也。九天癸伤，低网高张，捕投有用，鬼贼难防。

卧云主人曰："此占春冬得之，大有振作发越之机，非徒寂守伤门者比。"

戊癸日乙卯时

癸符入《离》，得《丰》之体，乃九地之宫，子孙之位，然而加乙，为日沉九地格，有"曝网于庭"之象，"日中失影"之情。

伤门入《坤》，得《豫》之体，有财利分合之局。

卧云主人曰："符困飞庚隔癸而投乙，以求救援，然乙奇飞伏《乾》《兑》，又有化鬼之嫌，至于值使理财，又为入墓，虽称玉女守门，却为利归于同人也。大象有脱货生财之意，与恩中变怨之情，究竟本宫，未免官中文书有悖隔之扰。"

戊癸日丙辰时

癸符入《坎》，得《解》之体，乃太阴之宫，印绶之地，然而加丙，为明堂犯悖格，又为返首，尽有暗中受益之象。

卧云主人曰："符使并入太阴，有'潜龙在渊'之象，然而加丙，为'现龙在天'之情，尽有隐显得利之局，彼此受益之征。惟嫌本宫辛乙狂逃，而妻子未有和同之乐，而旁宫有阴私败露之情。"

戊癸日丁巳时

癸符入《坤》，得《豫》之体，乃朱玄之宫，财帛之地，然而加丁，为螣蛇夭矫格，而图谋多疑豫萦滞之嫌。

伤门入《离》，得《丰》之体，有文书会合之事。

卧云主人曰："符入朱、玄，而癸丁又是夭矫，则财物之谋，未免口舌之累，癸主闭而丁主动，岂无动静不宁之机？况乎符入墓而逢冲，则为事将成而复破，徒劳佐使之伤神，亦无补于财利。究竟本宫罗网交加，飞庚作鬼，回首故园，又未知作何状貌也。"

戊癸日戊午时

符使入《艮》，得《小过》之体，乃螣蛇之宫，财帛之地，然而加戊，为青龙入地格，盖有宗国之思，而得遇合之美。即如阃外使臣，持节拜阙之象，大约有首尾兼济，而财利得成之局，惟慎旁歧涉猎，反有侵玷之嫌。

卧云主人曰："门以伤名，不宜轻动，若小财利或无碍。"

戊癸日己未时

符使入《兑》，得《归妹》之体，乃勾白之宫，官鬼之地，然而加己，为华盖入明堂格，盖为彼此失算，而轻投虎穴，以致反复不宁，而摇移惶惑，况又庚辛飞临乙丙，则为东西异处，而南北惊张，事绪分更，难以归一之象，幸得戊元来携，当宜择一而从，亦非善始善终之谋也。

卧云主人曰："以木而入金乡，安能怡然得计也，惟宜亲姬之事而已。"

戊癸日庚申时

符使入《乾》，得《大壮》之体，乃六合之宫，官鬼之地，然而加庚，为天网冲犯格，盖有所谋不遇之情。

卧云主人曰："天乙已飞，而佐使受克，彼此俱遇乖张，凡占有损无益，幸得本宫得使，而飞乙来临，尚可解禳于万一，从前险处不为险，于今险过始无忧。谚云：'怎似不来还不往，亦无欢喜也无忧。'"

戊癸日辛酉时

符使入中，乃步五之体，然而加辛，为华盖受恩格，盖有受克归来，俯就投生之意，况乎本宫庚癸遥呼，而飞丙作悖，诚乃进退羁縻，不得已而作落荒之第，究竟贪利苟安，而将来徒作奋飞之想。

卧云主人曰："占有归根返本之象，总是时之干支，俱不利于人事耳。"

戊癸日壬戌时

癸符入《巽》，得《恒》之体，乃九天之宫，比肩之地，然而加壬，为天网覆

169

狱格，未免所谋多拙，而内生刑碍之嫌，幸得本仪得使，元戊来临，而财喜尚可从心之兆。

卧云主人曰："《恒》有久而亨之意，况得使之吉，可以无忧也。'"

戊癸日癸亥时

符使入《震》，乃归伏之体，为万物闭塞之机，而人事尽头之象，一元之爕理至此而终，九宫之作用于此而极，则宜了结前案，静养以待可也。

卧云主人曰："本卦动之机，而所占则为伏之累，以人事之时候而论，若过此以卜将来，亦不可尽谓凶兆，何也？得东方生气故也。"

阴遁七局

大暑上元　　处暑下元
秋分上元　　大雪中元

甲己日甲子时

符分天柱，戊仪秉令，辖庚、酉、辛之气，通七、四、一之宫，司刚毅果断之宰，著威金严肃之情。但合神遁隔，又见坠水之蛇，似于作合处偏生疑二；印绶逢庚，合隔二八之宫，反于受生处转见乖张。九地乘丁，阿娇贮金屋；太阴隶丙；宠婢似登堂。财赋寄于东南，克脱嫌乎水火，督一元之符，布九宫之气，有伏而未发之象。值符戊惊，声价千金，气运扶助，鹏飞万程；朱玄乙生，虎遁威声，名利皆稳，信息在程。

太阴丙景，事如举鼎。红拂当炉，日中无影。

九地丁休，似有隐忧，幸合诈遁，可以优游。

卧云主人曰："《兑》当秋令，乘吉时而宣威，自无不可，必由三奇方，以合子时之吉也。"

甲己日乙丑时

戊符入《艮》，得《咸》之体，乃朱玄之宫，印绶之地，然而加乙，为青龙入云格，虽有生助之美，却遁相抗之嫌。

惊使入《乾》，得《夬》之体，固有辅翼之情，于中不无惊疑，勿谓一枝可栖，须慎祸延林木。

卧云主人曰："符入朱、玄而受生，似有诈伪文信之谋，但乙飞丙上，又为印入印乡，而有官中文牒之举。使登九天而入比，尽有依附仰托之情，又刑悖交驰，而为金入金乡，乃比肩乖戾之局。究竟符使异处，而丁癸相呼，庚丙杂乱。若非小人之猖獗，须慎事体之暌违，太阴六合及太常，地私门，出行百事昌。"

甲己日丙寅时

戊符入《离》，得《革》之体，乃太阴之宫，官鬼之地，然而加丙，为得明返首格，有利见大人之象，诸事显灼之情。

惊门入中，乃步五之体，盖有俯首受益之局。

卧云主人曰："符得返首于太阴，而时下有财印相从之义，所惜值使步五，未免迟拙之情。况乎庚丁并入本宫，又为生脱交加，而叮咛更改之象，究竟符九使五，凡谋有欲就未就之思也。"

甲己日丁卯时

戊符入《坎》，得《困》之体，乃九地之宫，子孙之地，然而加丁，为青龙耀明格，有俯就阴谋之事。

惊门入《巽》，得《大过》之体，有同人谋利之义。

卧云主人曰："符飞九地而乘丁，有暗中助美，迟中得速之象；使飞六合而乘辛，有龙虎相持，猖狂逃走之疑。但用七而分投，一四未免始终回还之局，究竟跌穴而阴六联情，又为财名双美之征。大约时下脱中生财之占。"

甲己日戊辰时

戊符入《兑》，乃飞伏之体，为青龙入地格，有退而自守之局。

惊门入《震》，得《随》之体，有隔斗争取之财。

卧云主人曰："符飞而伏，为中道归宁之象。从前作为未得实济，于今又思借势前图，只疑事中有阻，必须否中生泰，方可竿头进步。至于佐使理财，惜为反复，究竟符西使东，彼此暌违，而动静遥期之局。"

甲己日己巳时

戊符入《乾》，得《夬》之体，乃比肩之宫，九天之位，然而加己，为青龙相合格，有借光倚势之情。

惊门入《坤》，得《萃》之体，有进而求益之象。

卧云主人曰："符使前后分飞，未免一事而两谋，于中有杂合去就之机。但此受劫而彼受生，又为劳逸不同。况乎时干飞于中宫，似有文信之疑，纵本宫戊癸作合，亦不过物来顺受而已。"

甲己日庚午时

戊符入中，乃步五之体，然而加庚，为青龙持势格，盖有得意处而乍起惊疑之情。

惊门入《坎》，得《困》之体，有私合泄脱之局。

卧云主人曰："符步五而天乙飞，未免心系两头，而去就尚未画一，究竟自生疑二，俯仰大抵迍邅。况时干隔悖财官，反有文信偾事之局也，纵虽玉女守门，亦不过阴谋私合之图耳。且本宫丙己作悖，凡投托之事，尤宜远之，须防波及之险可也。"

甲己日辛未时

戊符入《巽》，得《大过》之体，乃六合之宫，财帛之地，然而加辛，为青龙相侵格，盖有同人断金之义。

惊门入《离》，得《革》之体，有鼎新造就之熔，威势难展之局。

卧云主人曰："符入六合而理财，以致时干并入九地，盖有图财转谋生聚之机；使入太阴而受克，尚有进退趑趄之象。所取本宫得飞来之重诈，宜于子女玉帛之事，纳粟求名之占。"

甲己日壬申时

戊符入《震》，得《随》之体，乃勾白之宫，财帛之地，然而加壬，为青龙破狱格，盖有疑虑追索之情。

惊门入《艮》，得《咸》之体，有文信羁縻之局。

卧云主人曰："符入勾、白，而值被刑之宫，虽为得利之征，须防伏兵之险；使入印绶之地，奈值罗网交张，未免好事迍邅。所喜本宫相扶，静守更为得吉。"

甲己日癸酉时

戊符入《坤》，得《萃》之体，乃螣蛇之宫，印绶之地，然而加癸，为青龙相和格，盖有首尾相见之义。

惊门入《兑》，乃归伏之体，有改弦易辙之谋。

卧云主人曰："符入螣蛇而作合，虽有相生之吉，却怀疑信之思，所惜时势当吉成之际，亦不过俯就暂栖而已。至于值使归伏，虽为复庐之局，却非王谢之家，大约动静不相照应耳。"

甲己日甲戌时

符分天心，己仪秉令，辖戌、《乾》、亥之气，通六、三、九之宫，用开门为使，分元符九天之神，而总理《乾》纲之柄。寄印绶于太阴九地之宫，似乎阴谋得利，须防中道有隔碍之嫌；寄财帛于勾、白、朱、玄之位，诚哉东南富丽，究竟经理有权衡之别。纵有阐隐宣化之机，尚在昧爽未定之局。九天已开，事可和谐，功名显达，福自天来。

卧云主人曰："静伏天门，有养晦待时之妙，不但声施洋溢，而《乾》惕厉之心，亦足以服人也。"

甲己日乙亥时

己符入《艮》，得《遁》之体，乃九地之宫，印绶之地，然而加乙，为日入地户格，有暗中受益之象，趋时诡御之情。

开门入中，乃步五之体，有迷蒙闭塞之象。

卧云主人曰："符入九地，而遇秉云之龙，盖为隐中得显之妙，至于时干飞伏财官，又有狂逃揆度之思。况乎值使步五，虽为受益而多拙，大约有相趋相随之义，而个中迁就之情。"

乙庚日丙子时

己符入《离》，得《同人》之体，乃六合之宫，官鬼之地，然而加丙，为地户埋光格，又为返首，盖有生克互现之情。

开门入《巽》，得《姤》之体，有反复移易之象。

卧云主人曰："符入官而使入财，似有财官兼济之美，但时下有生脱之殊，至于朱、玄并来本宫而作财，又为诈伪之利，究竟使前符后，彼此追随，又有别图相资之妙。"

乙庚日丁丑时

己符入《坎》，得《讼》之体，乃九天之宫，子孙之地，然而加丁，为明堂贪生格，未免有生有脱之情。

开门入《震》，得《无妄》之体，有暗中造谋之利。

卧云主人曰："符登天而乘丁，盖为高举之志，所惜此宫被迫，而时下有官父之图，妙在使入财乡，则为脱中生财，尚有可援之局。惟嫌本宫迫制，未免进退维谷之局，损己利人之象。"

乙庚日戊寅时

己符入《兑》，得《履》之体，乃腾蛇之宫，比肩之地，然而加戊，为明堂从禄格，有仰攀依附之情。

开门入《坤》，得《否》之体，有阴中生助之象。

卧云主人曰："符入腾蛇之宫，盖有化拟疑二之局；使入太阴，尚得生助作合之机。然时干分投《坤》《艮》，又为西南得朋，东北丧朋之情。究竟符后使前，乃迤逦前进，而飞庚伏宫，有耿耿之忧也。"

乙庚日己卯时

己符伏《乾》，乃归伏之体，为明堂重逢格，有中道止息之机。

开门入《坎》，得《讼》之体，有远方腾绕之情。

卧云主人曰："符入吟而使乘丁，乃我静彼动之象，欲速未能之情。然而前途拙滞趑趄，必须见过刑碍，方许英雄得用武之地，纵目前有俯就之机，利于阴谋，岂无脱耗之局乎？"

乙庚日庚辰时

己符入中，乃步五之体，然而加庚，为明堂伏杀格，有迟拙刑碍之疑。

开门入《离》，得《同人》之体，有明堂定鼎之象。

卧云主人曰："天乙飞于中宫，盖防伏刃之险，而时干飞入勾白，又有财官之图。至于值使受脱于六合，未免望光而来就，大约所谋拙滞，而难以举动之占。幸得乙奇到宫，可以合庚而解庚，则宜作救援之计可也。"

乙庚日辛巳时

己符入《巽》，得《姤》之体，乃勾白之宫，财帛之地，然而加辛，为天庭得势格，有财物反复之情。

开门入《艮》，得《遁》之体，有隐迹受益之象。

卧云主人曰："符入勾白而理财，反虑财有更张之局；使入九地而受生，独嫌内遁夭矫之疑。况本宫乙使飞来，却受勾白之制，而转生狂逃之疵，大约财印之谋，未免美中之不足耳。"

乙庚日壬午时

己符入《震》，得《无妄》之体，乃朱玄之宫，财帛之地，然而加壬，为明堂被刑格，未免贪财而有冲斗之局。

开门入《兑》，得《履》之体，有依傍俯就之情。

卧云主人曰："符入财而使寄比，有权摄不正之象，然一东而一西，又为彼此遥疑，况时干飞伏于《坤》《离》，又为官中文书之事，而二丙来宫，亦未免我后我仇之情，大约有财官之举耳。"

乙庚日癸未时

己符入《坤》，得《否》之体，乃太阴之宫，印绶之地，然而加癸，为明堂合华盖格，有隐匿闭藏之情。

开门伏《乾》，乃归宁之体，得地遁之奇，利于修造茔墓之事。

卧云主人曰："符入网而求生，使得生机亦拙，使归本宫而伏，纵然得使无为，

175

未免彼此遥疑，而难以展作之象。"

乙庚日甲申时

符分天禽，庚仪秉令，辖戊、己之气，通二、八之宫，借死门为使，有虎镇中宫，威振八方之义，但嫌符无专治之权，而空怀撅劣之志，则疑前途合处少，而隔处多也。庚仪入中，东西不通，三方有碍，惟宜入宫。

卧云主人曰："禽星虽吉，而门则凶，然田猎之事，得非常之物，以其时之吉也。"

乙庚日乙酉时

庚符入《艮》，得《谦》之体，乃勾白之宫，比肩之地，然而加乙，为太白贪合格，有同人作合之情。

死门入《巽》，得《升》之体，有疑虑克占之象。

卧云主人曰："符入北而使入官，图谋未为顺利，此合乙而彼加辛，于中又遁狂逃。大约事多反复，虽欲苟合偷安，而无奈作为之多拙也。"

乙庚日丙戌时

庚符入《离》，得《明夷》之体，乃腾蛇之宫，印绶之地，然而加丙，为太白入荧格，又为返首，乃出谷迁乔之象。

死门入《震》，得《复》之体，有进退趑趄之情。

卧云主人曰："符入印而使入官，似有官印之举，但符入印绶而有荧白之疑，使入官鬼而有狂逃之弊，未免美中之不足，纵时下有作合之美，亦先迷而后利也。"

乙庚日丁亥时

庚符入《坎》，得《师》之体，乃朱玄勾白之宫，财帛之地，然而加丁，为太白受制格，有夭矫财物之图。

死门伏《坤》，乃中道归宁之象。

卧云主人曰："符入财窟，堪谋北道生涯，怎奈自怀鬼胎，以致时干分投《乾》《巽》，而有生脱互现之情，况乎佐使偷安，又为半途而废之象。大约我劳彼逸，欲速未能也。"

丙辛日戊子时

庚符入《兑》，得《临》之体，乃九天之宫，子孙之地，然而加戊，为太白逢恩格，有俯就泄脱之情。

死门入《坎》，得《师》之体，有阴谋得利之象。

卧云主人曰："符飞《兑》位，似有登天之想；值使加丁，尽有幽会之奇。但符值脱而使理财，虽为脱气化财，不无先损后益，而时下为子求名之象。"

丙辛日己丑时

庚符入《乾》，得《泰》之体，乃九地之宫，子孙之地，然而加己，为太白大刑格，盖有勾连刑脱之情。

死门入《离》，得《明夷》之体，有进求生助之象。

卧云主人曰："符入九地而刑己，未免阴中违碍之情；使入《离》明而受生，盖有向阳受兄皿之意。但两宫内遁相悖，外值飞合，不无外象和好，而内怀猜忌，尚幸时干飞得天遁神假之祥，凡谋宜于改图，似有神助，如欲搜隐凌下，反有为渊驱鱼之局也。"

丙辛日庚寅时

庚符入中，乃步五之体，为太白重锋格，不过自作威福之局。

死门入《艮》，得《谦》之体，有去凶从吉之象。

卧云主人曰："符步五而威令不张，使入《艮》而遥为求合，亦不过个中揣摩之思，而就里未得动移之机，凡占皆属遥疑之象。"

丙辛日壬辰时

庚符入《震》，得《复》之体，乃六合、太阴之宫，官鬼之地，然而加壬，为太白退位格，未免所往克陷之嫌。

死门入《乾》，得《泰》之体，有甘为受脱之情。

卧云主人曰："符趋三而本为吉象，奈刑隔而内多猜疑；使趋《乾》而似有遇合，奈入地而暗增耗侵。况乎克脱交加，所谋未为顺利，而时下有传鬼化财之象，盖有隔中得合之情。"

丙辛日癸巳时

庚符入《坤》，乃寄二之体，为虎投罗网格，凡谋拙滞之情。

死门入中，乃步五之体，为伏而不伏之象。

卧云主人曰："符入《坤》维，又值大隔；使入中宫，却是借栖。未免彼此交差，而失其所止之象，究竟离合迁就，皆进退逡遭，凡谋未有出色之处。"

丙辛日甲午时

符分天辅，辛仪秉令，辖辰、《巽》、巳之气，通四、七、一之宫，用杜门为使，有"齐乎《巽》"之义，分元符六合之神，司财赋与荆楚，所惜为人守财有余，自己理财多捍隔，虽云上下之交，似有奇遇，怎奈鬼克之乡，并遁勾、玄，则前途际遇，不无瑕瑜互现之情，凡谋当度务而行可也。六合辛杜，风生地户，上下同心，内生嫉妒。

卧云主人曰："《巽》风畅花木之生机，有欣欣向荣之象，在人事自有奇缘而得吉也。"

丙辛日乙未时

辛符入《艮》，得《渐》之体，乃太阴之宫，财帛之地，然而加乙，为白虎猖狂格，有阴谋隔斗之财。

杜门入《震》，得《益》之体，有依倚帮辅之情。

卧云主人曰："符飞太阴而理财，虽为阴谋得利，不无狂迫分争，至于值使仍寄螣蛇，未免前襟后裾，纵云时下得财，又为传财化鬼之嫌，大约所得不足以偿所失也。"

丙辛日丙申时

辛符入《离》，得《家人》之体，乃九天之宫，子孙之地，然而加丙，为得明返首之格，有仰求遇合之象。

杜门入《坤》，得《观》之体，有迟濡得财之局。

卧云主人曰："符入九天，而得丙奇之作合，似有攀附之荣，但遁泄脱之局，幸得时干飞伏财乡，虽为脱中之脱，却乃化财之情。惟嫌符入自刑而值使入墓，又为美中之不足，迟中而得利也。"

丙辛日丁酉时

符使入《坎》，得《涣》之体，乃六合之宫，印绶之地，然而加丁，为白虎受伤格，有同舟共济之情。

卧云主人曰："符使并入六合，又值玉女，似有阴私和合之举，而暗中受益之占，但时干飞伏于财官，又为贿赂当道之意，究竟元符入本垣，宜慎朱、玄之作祟也。"

丙辛日戊戌时

辛符入《兑》，得《中孚》之体，乃朱、玄之宫，官鬼之地，然而加戊，为龙虎争强格，而有诈伪口舌之欺。

杜门入《离》，得《家人》之体，有外开内和之意，而遥为泄脱之情也。

卧云主人曰："符受克而使受脱，彼此均为不利，所喜时干飞伏于财印，又为名利兼图之象，况乎二丁来宫，又主金兰气味之投，而大得同人之力。"

丙辛日己亥时

辛符入《乾》，得《小畜》之体，乃勾、白之宫，官鬼之地，然而加己，为虎坐明堂格，未免反复受制之象。

杜门入《艮》，得《渐》之体，有秘密得利之征。

卧云主人曰："符入官而使理财，似有因财致鬼，与鬼动费财之局。况乎值使反复受克，进退未免张惶，纵虽佐使潜遁太阴之宫，又恐勾白之飞入，乃为互相推诿之情。"

丁壬日庚子时

辛符入中，乃步五之体，为虎逢太白之格，未免相持争利之象。

杜门入《兑》，得《中孚》之体，有受克惊阻之情。

卧云主人曰："符步五已为迟濡，又值飞宫，不无疑惧相持之情，且时下有传财化鬼之虑，况乎使入朱、玄而受制，则彼此皆遭困折之局，而谋为岂得如心，尤幸本宫遇使诈之吉，退守似得便宜也。"

丁壬日辛丑时

辛符伏《巽》，乃飞伏之体，为天庭自刑格，有避嚣恬退之情。

杜门入《乾》，乃《小畜》之体，有开合反常之局。

卧云主人曰："符飞而伏，未免前后瞻顾之情，而进退迟疑之局，独嫌值使反入鬼乡，以致本宫有受迫之险，凡占项慎佐使之乖戾也。"

丁壬日壬寅时

辛符入《震》，得《益》之体，乃螣蛇之宫，比肩之地，然而加壬，为天庭逢狱格，有比拟依附之情。

杜门入中，乃步五之体，有虎穴取子之象。

卧云主人曰："符入比肩，有依乔借光之义，幸乘吉门，可为安居寄住之情，但嫌值使理财，而坠入中宫，未免作事多拙，而进退不能自如。至于时干分投《坤》《艮》，又为兄动化财，况本宫丙奇跌穴而作合，纵有飞庚，又为入荧，而反主妻子有去否生泰之情。"

丁壬日癸卯时

辛符入《坤》，得《观》之体，乃九地之宫，财帛之地，然而加癸未，为虎投罗网格，有贪利被陷之情。

杜门入《巽》，乃归伏之体，有静守恬退之局。

卧云主人曰："符入九地而陷网，未免求利而遁迟濡之象；使入本宫而伏吟，虽为得使而有逃走之弊。事属进退逆遭，而彼此暌违，且时下有传财化鬼之嫌。"

丁壬日甲辰时

符分天冲，壬仪秉令，辖甲、卯、乙之气，通九、三、六之宫，用伤门为使，有"帝出乎《震》"之义，分元符勾白之神，司财赋之宰，寄合神育太阴，则阴谋有济，分用神于九地，则暗助多能，纵虽强暴踞于中宫，而上下自有销熔，慎勿贪财，轻入险地，勿谓勾白可畏，即六合亦宜远之可也。勾白壬伤，财禄分张，张网门户，事难显扬。

卧云主人曰："三宫当生气方盛之时，虽有凶而无虑也，然亦必春冬之占方可。"

丁壬日乙巳时

壬符入《艮》，得《小过》之体，乃螣蛇之宫，财帛之地，然而加乙，为日入地户格，有进而求财之情。

伤门入《坤》，得《豫》之体，有田猎得财之象。

卧云主人曰："符使分飞《坤》《艮》，皆有理财之征，所惜各居一方，未免彼此暌违，况皆螣蛇、朱、玄之地，不无口舌惊疑，然而本宫受迫，似有内顾之忧，且时下有离合互现之情。"

丁壬日丙午时

壬符入《离》，得《丰》之体，乃九地之宫，子孙之地，然而加丙，为天牢伏奇格，又为返首，未免损益互现之情。

伤门入《坎》，得《解》之体，有阴私助美之吉。

卧云主人曰："符飞九地而加丙，使入太阴而乘丁，则为主客南北奔驰，未得聚首之象，于中一生一脱，未免旁为遥合之情，妙在玉女来宫作合，而阴私和好偏宜，但时下有子动制鬼之美。"

丁壬日丁未时

壬符入《坎》，得《解》之体，乃太阴之宫，印绶之地，然而加丁，为太阴被狱格，有暗中生合之美。

伤门入《离》，得《丰》之体，有暗中侵蚀之象。

卧云主人曰："符飞北海，使入南维，虽云生脱交加，究竟各自联合，而仅有水火相待之局，况乎庚丙作悖，又为家室不和，而时下有财官分逐之情。"

丁壬日戊申时

壬符入《兑》，得《归妹》之体，乃勾白之宫，官鬼之地，然而加戊，为青龙入狱格，盖有反复战斗之情。

伤门入《艮》，得《小过》之体，有疑豫得财之象。

卧云主人曰："符返于勾、白，所谋又见乖张；使入螣蛇，得利又生惊惧。大象反复冲移之局，先损后益之征。"

丁壬日己酉时

壬符入《乾》，得《大壮》之体，乃六合之宫，官鬼之地，然而加己，为天罗刑冲格，有勾连隔碍之情。

伤门入《兑》，得《归妹》之体，有狂逃克战之象。

卧云主人曰："符使俱入官鬼之乡，彼此皆为受制，虽有传鬼化子之美，怎奈本宫受迫，而佐使更为起隙之端，多有旁人债事之象。"

丁壬日庚戌时

壬符入中，乃步五之体，为天牢倚势格，未免惊惧受克之情。

伤门入《乾》，得《大壮》之体，有同人悖碍之情。

卧云主人曰："值符步五，又值飞宫，使趋天门，却又受克。诚为彼此不利，虽有财官兼图，反虑因财致讼，尚幸本宫有鬼假之祥，可以凶中得吉。"

丁壬日辛亥时

壬符入《巽》，得《恒》之体，乃九天之宫，比肩之地，然而加辛，为白虎犯狱格，有比拟欺劫之情。

伤门入中，乃步五之体，有贪利受困之象。

卧云主人曰："符登天而尚在比肩，使理财而值步五，所望之念奢，所作之事拙，纵有得利之局，不无分更之情。"

戊癸日壬子时

壬符伏《震》，乃归伏之体，为天牢自刑格，有竿头进步之情。

伤门入《巽》，得《恒》之体，有依倚帮辅之局。

卧云主人曰："符伏于《震》，使进于《巽》，有动静相依，彼此粘连之象。但惜困守之时，纵虽值使登天，亦为个中周折而已，究竟乃迤逦移易之情。"

戊癸日癸丑时

壬符入《坤》，得《豫》之体，乃朱玄之宫，财帛之地，然而加癸，为阴阳重复格，未免迷蒙迟滞之情。

伤门伏《震》，乃归伏之体，有随遇而安之象。

卧云主人曰："符入朱玄而理财，已有击玷之意，况又入天藏之宫，罗网之地，不无缠绵遭滞，而有穷途逆旅之征。究竟时干加丁，而生夭矫之疑，且有财动克父之象，而佐使归伏徒劳故人之思。"

戊癸日甲寅时

符分天芮，癸仪秉令，辖未、《坤》、申之气，通二、五、八之宫，用死门为使，有消阻闭藏之意，万物告成之机，分元符腾蛇之神，印绶之宰，而出治于《坤》维，佈气运于土府。所惜自居冲战之乡，而同室有操戈之忌，则为自怀疑惧，而进取之间，尚为迟疑之象，皆虑偕行者之偾事耳。腾蛇癸死，事宜中止，信息忧疑，如履虎尾。

卧云主人曰："门不吉而星亦凶，难得优游自适也。然而守已成之基业，将之以谨慎，又无不可。"

戊癸日乙卯时

癸符入《艮》，得《谦》之体，乃勾白之宫，比肩之地，然而加乙，为日沉九地格，不无往返冲复之情。

死门入《坎》，得《师》之体，有阴人财物之谋。

卧云主人曰："符反吟而使乘丁，皆为动移之象，但使前符后，虽有唱随之机，而丙辛庚乙各自偷情之局。究竟两宫互遁夭矫狂逃之嫌，凡谋不无同类乖张之隙，与私情疑忌之象。"

戊癸日丙辰时

符使入《离》，得《明夷》之体，乃腾蛇之宫，印绶之地，然而加丙，为明堂犯悖格，又为返首。大约有协力图南之象。

卧云主人曰："符使前驱并入印绶，堪图生助之美，而前后有作合之奇。"

戊癸日丁巳时

癸符入《坎》，得《师》之体，乃朱玄之宫，财帛之地，然而加丁，为螣蛇夭矫格，有疑虑得财之情。

死门入《艮》，得《谦》之体，有田宅反复交易之象。

卧云主人曰："符入财乡而丁癸相呼，未免奸究用事；使反勾白而《坤》《艮》转轴，不无宅舍冲移。虽时下有财化官之局，兼印绶化合之美，究竟二壬来宫，同人为难，且事之初则夭矫生疑，而事之末又罗网缠害，进退未为得吉也。"

戊癸日戊午时

符使入《兑》，得《临》之体，乃九天之宫，子孙之地，然而加戊，为青龙入地格，有首尾作合之奇。

卧云主人曰："符使登天，而得仪神之作合，虽有荣遇之美，不无克耗之嫌，且时下有脱中见脱之虞。况本宫丙己作悖，诚乃美中之不足，凡谋俯就而行可也。"

戊癸日己未时

符使入《乾》，得《泰》之体，乃九地之宫，子孙之地，然而加己，为华盖入明堂格，未免勾连揆度之情。

卧云主人曰："符使并入九地，盖有遁迹深藏之思，而时下传财入比，又为赶瞻不及之情。"

戊癸日庚申时

符使入中，乃步五之体，为天网冲犯格，所谋拙滞之情。

（本书原缺一页，故"戊癸辛酉时、壬戌时、癸亥时"缺失。）

（卷之五终）

阴遁六局

夏至下元　　白露下元
寒露上元　　立冬上元

甲己日甲子时

符分天心，戊仪秉令，辖戌、《乾》、亥之气，通六、三、九之宫，用开门为使，有健乎《乾》之义，而飞龙在天之象。

值符戊开，旺气堪谐，如值囚废，呼召不来。

卧云主人曰："符使俱伏于《乾》，作一元之领袖，体《乾》健之纲维，布三辅于火金土宫，宾强梁于荆楚豫，妙在丙使可以隔鬼，方喜其合神，分居于旺地，大约有万物作睹之象。"

甲己日乙丑时

戊符入《兑》，得《履》之体，乃螣蛇之位，比肩之宫，然而加乙，为青龙入云格，虽有二龙相抗，仍属奇仪相辅之吉。

开门入中，乃步五之体，未免受生不安之局。

卧云主人曰："符入螣蛇，而有比拟之嫌；使入中宫，而有埋匿之意。凡事迟疑，未得显扬之妙，况乎中宫飞庚刑己，则值使难居危地也。"

甲己日丙寅时

戊符入《艮》，得《遁》之体，乃九地之宫，印绶之地，然而加丙，为青龙得明返首格，盖有暗中生助之美。

开门入《巽》，得《姤》之体，有克战冲斗之财。

卧云主人曰："符入九地，而得丙奇生助之美；使入勾、白，而得重诈反复之财。盖有财印兼济之局，但属隔角分谋，而九天子孙为脱气之象，仪神本位尚有刑隔之嫌，虽有荣遇之奇，其奈佐使之反复更张何。"

甲己日丁卯时

戊符入《离》，得《同人》之体，乃六合之宫，官鬼之地，然而加丁，为青龙耀明格，虽有借资淘铸之意，却有冲制畏惧之情。

开门入《震》，得《无妄》之体，有说合牵引之财。

卧云主人曰："符入《离》而乘丁，有明堂享祀之象，与图南入官之情；使入《震》而加辛，有财物和好之意，又喜本宫二辛加临。然而三方轮转，财官兼济，始终有成之象。"

甲己日戊辰时

戊符飞伏，有受克归来，暂为栖止，再思进迁之局。

开门入《坤》，得《否》之体，有暗求生助之机。

卧云主人曰："符伏于《乾》，盖有行止观望之象；使寄于《坤》，又为择里而处之情。然在地天之宫，尚有交泰之美，而迟中还得自在也。"

甲己日己巳时

戊符入中，乃步五之体，然而加己，为青龙相合格，虽有生助之机，却为趑趄之局。

开门入《坎》，得《讼》之体，有脱耗之嫌。

卧云主人曰："值符步五，盖为心劳事拙，虽为受生，不无遥企旁通；使入九天，纵为远绕，未免罗网缠害，就里生脱互现，凡谋事属迟疑。"

甲己日庚午时

戊符入《巽》，得《姤》之体，乃勾白之宫，财帛之地，然而加庚，为青龙持势格，有险财而莫取之象。

开门入《离》，得《同人》之体，有用宾于王之象。

卧云主人曰："用符值飞宫伏宫之嫌，盖为财物勾连，而反复生不测之隙；值使得玉女守门之吉，独嫌罗网姤合，而谋为受克阻之欺。大约吉处隐凶，而图南未为得吉也。"

甲己日辛未时

戊符入《震》，得《无妄》之体，乃朱玄之宫，财帛之地，然而加辛，为青龙相侵格，盖有所谋多拙之象。

开门入《艮》，得《遁》之体，有暗求生扶之局。

卧云主人曰："符入财乡，惜值符之刑击，又兼水火冲射之嫌，则不利攸往之象；

185

使入印地，本日月之照临，又喜本宫鬼假之吉，则当图秘密之谋。然符前使后，主劳佐逸耳。"

甲己日壬申时

戊符入《坤》，得《否》之体，乃太阴之宫，印绶之地，然而加壬，为青龙破狱格，尽有暗助之美，但属迷蒙之局。

开门入《兑》，得《履》之体，有阴人缠线之嫌。

卧云主人曰："符入《坤》维，有阴人之福庇；使入《兑》位，慎罗网之交加。然符使前后追随，有先迷后利之局，究竟符使出于西维，而东壁有如许之骚动，盖为尾大不掉之象也。"

甲己日癸酉时

戊符入《坎》，得《讼》之体，乃九天之宫，子孙之地，然而加癸，为青龙相合格，未免合中受脱之情。

开门入《乾》，乃归伏之体，有闭塞之象。

卧云主人曰："天乙贪合而忘归，值使归伏而易立，盖为彼此携二之情，而事机迟濡之象。"

甲己日甲戌时

符分天禽，己仪秉令，辖中宫之宰，通五、八、二之宫，用死门为使，乃元符印绶之神，虽有统摄八方之威，但嫌权摄未正之局，凡谋迟滞假道之情。

己符入中，困而得亨，只宜守己，不可纷争。

卧云主人曰："禽星亦吉，况与时相比，乃静镇而得利，自有遂怀悦心之兆也。"

甲己日乙亥时

己符入《兑》，得《临》之体，乃九天之宫，子孙之地，然而加乙，为日入地户格，未免劫脱之嫌。

死门入《巽》，得《升》之体，有所谋偃蹇之局。

卧云主人曰："符入脱气之宫，使入官鬼之位，于中生克互现，虽地盘有作合之机，而彼此未得相宜之遇。"

乙庚日丙子时

己符入《艮》，得《谦》之体，乃勾白九地之宫，比肩之地，然而加丙，为地户埋光格，有反复动移之情，依光附会之意。

死门入《震》，得《复》之体，有田土阴人之扰。

卧云主人曰："符返首于比肩之宫，似有荣遇之美，然属反吟，未免更变之机，况乎使入官乡，须慎狂逃之口舌耳。"

乙庚日丁丑时

己符入《离》，得《明夷》之体，乃朱玄螣蛇之宫，印绶之地，然而加丁，为明堂贪生格，盖有出谷迁乔之象。

死门伏《坤》，乃便道归宁之局，而奔驰暂息之情。

卧云主人曰："符飞于九，乃弃暗向明，仰图荣遇之象，以致值使归伏，盖有主荣客逸暂为接纳之情，但嫌时干惊飞，须慎迅速之不利。"

乙庚日戊寅时

己符入《乾》，得《泰》之体，乃九天之宫，子孙之地，然而加戊，为明堂从禄格，虽称荣朝天阙，未免劫脱多疑。

死门入《坎》，得《师》之体，有口舌争斗之财。

卧云主人曰："符投元位，而依附处暗有脱耗；使飞财窟，而碍年时便起闲争。况乎本宫受庚之刑，隔则鬼克入宫，须防祸起萧墙也。"

乙庚日己卯时

己符步五，乃归伏之体，为明堂重逢格，有巧不若拙之象。

死门入《离》，得《明夷》之体，有文信迅速之兆。

卧云主人曰："符伏于中，乃中止之局；使登于九，有邀誉之荣。但惜步五而进退彷徨，守门而声信频聒，盖为蛮窗独处，而发书遣使，求荐剡之象也。"

乙庚日庚辰时

己符入《巽》，得《升》之体，乃太阴之宫，隐螣蛇而作鬼，至于加庚，为太白退位格，盖有趑趄不进之象。

死门返《艮》，得《谦》之体，有依栖反复之情。

卧云主人曰："天乙飞而所谋不顺，值使返而所处未安。大象惊疑不定，而人事多歧之局。"

乙庚日辛巳时

己符入《震》，得《复》之体，乃太阴六合之宫，官鬼之地，然而加辛，为天庭得势格，盖有趋三受克之情。

死门入《兑》，得《临》之体，有俯就生泄之意。

卧云主人曰："符趋东三之生气，却有冲合克制之嫌；使步四、七之死气，幸值三奇聚合之美。大约为吉处微凶，而凶中变吉之象。"

乙庚日壬午时

己符入《坤》，乃飞伏之体，然而加壬，为明堂被刑格，盖为两姓同居，彼此依附之象。

死门入《乾》，得《泰》之体，有小往大来之情。

卧云主人曰："符《坤》使《乾》，未免地天之遥涉，而彼此聚散之情，依栖借乘之象。"

乙庚日癸未时

己符入《坎》，得《师》之体，乃朱雀、玄武、勾陈、白虎之宫，财帛之地，然而加癸，为明堂华盖格，似得涉险之财。

死门伏《坤》，乃穷途归伏之象。

卧云主人曰："值符投网而取财，盖为探骊得珠之义；值使归伏而伏吟，又为功成事竣之时。大约有分合之情耳。"

乙庚日甲申时

符分天辅，庚仪秉令，辖辰、《巽》、巳之气，通四、七、一之宫，用杜门为使，有伏戎于莽之象，而阅梁强暴之征，所惜合神寄于险地，用符坐于刑宫，虽为虎豹在山之势，尚有呻吟疑虑之思。

勾白庚杜，虎守地户，刑伤斗情，合生有助。

卧云主人曰："《巽》为财利之方，亦是风云际会之地，相机而行，无不如意。"

乙庚日乙酉时

庚符入《兑》，得《中孚》之体，乃朱玄之宫，官鬼之地，然而加乙，为太白贪合格，盖有张弧脱弧之情。

杜门入《震》，得《益》之体，有依倚之象。

卧云主人曰："符飞合地而遇克，盖为合中犯煞之征；使入螣蛇而遇比，又为依势退藏之局。况乎符西使东，未免暌违之局。"

乙庚日丙戌时

庚符入《艮》，得《渐》之体，乃太阴之宫，财帛之地，然而加丙，为太白入荧格，盖有悖战取财之象。

杜门入《坤》，得《观》之体，有田地山林之财，入山修道之局。

卧云主人曰："符使分投《坤》《艮》，皆为理财之象。但符加丙固为返首，而未免刑悖之嫌；使入《坤》固是得财，而尚有墓网之嫌。大约大顺小逆之局。"

乙庚日丁亥时

庚仪入《离》，得《家人》之体，乃九天之宫，子孙之地，然而加丁，为太白受制格，未免有摇移举动之情。

杜门入《坎》，得《涣》之体，有舟楫水利之谋。

卧云主人曰："符南使北，有参商两地之情，一脱一生，有叮咛揆度之意。"

丙辛日戊子时

庚符入《乾》，得《小畜》之体，乃勾白之宫，官鬼之地，然而加戊，为太白逢恩格，未免生克反复，而人情悖戾之局。

杜门入《离》，得《家人》之体，又值玉女守门，须慎阴私远脱之事。

卧云主人曰："符犯元而受制，以致彼此不宁；使登天而逢丁，有远行举动之意。但惜符入官乡，使入脱地，而所谋必有夭矫之疑。"

丙辛日己丑时

庚符入中，乃步五之体，然而加己，为太白大刑格，虽为日中取财之情，却遁刑害威逼之局。

杜门入《艮》，得《渐》之体，有山林田野之财。

卧云主人曰："符使俱入财乡，堪问田宅菽粟之利，所惜入中宫而刑己，空作威福，而未免轮转入墓之迷，反不若佐使理财，尚得倚角之势，本宫虽有跌穴之美，尤虑同人侵合之嫌。"

丙辛日庚寅时

庚符伏《巽》，得《归妹》之体，为太白重刑格，未免因贪受陷狡脱自悔之情。

杜门入《兑》，得《中孚》之体，有口舌争碍之嫌。

卧云主人曰：“符飞而伏，有辗转进取之机，但系自刑，未免自惧不惶之情，以致值使又入鬼乡，虽有合亲之义，却自处不便，而所事亦系乖张也。”

丙辛日辛卯时

庚符入《震》，得《益》之体，乃腾蛇之宫，比肩之地，然而加辛，为太白重锋格，未免威压同人，以致小口之灾异。

杜门入《乾》，得《小畜》之体，有反复冲易之情。

卧云主人曰：“符入腾蛇，而以强欺弱，未免斗粟尺布之谣；使入勾、白，而上下交征，又为进退不惶之象。大约空自张威，以致佐使之受困耳。”

丙辛日壬辰时

庚符入《坤》，得《观》之体，乃九地之宫，财帛之地，然而加壬，为太白退位格，盖有贪财受困之象。

杜门入中，乃步五之体，又为谋利迟拙之情。

卧云主人曰：“符隔壬而理财，却为贪财而入墓；使步五而寄《坤》，又为合纵而连衡。大约美中不足，凡谋迟滞之意耳。”

丙辛日癸巳时

庚符入《坎》，得《涣》之体，乃六合之宫，印绶之地，然而加癸，为虎投罗网格，未免投生受扎，彼此不安之情。

杜门入《巽》，有闭户造车之意，而傲妇倚门之局。

卧云主人曰：“符飞北道，原同共舟之济，岂意彼此隔碍，反有穷途之悲，徒劳佐使之空归，而值二妹之悬望，皆因刚愎自用，以致垓下之败绩也。”

丙辛日甲午时

符分天冲，辛仪秉令，辖甲、卯、乙之气，通三、九、六之宫，有除苛崇仁之义，而“帝出乎《震》”之情。然分元符朱玄之神，司财赋之宰，用伤门为使，有继往开来之象，而山林作合之美，所惜同人尚有远犯之意，但值伏阴乃昧爽呈象之初，而条理始分之际，其淑慝未可凭也。

朱玄辛伤，虎步龙翔，飞来财喜，口舌无妨。

卧云主人曰：“《易》曰：‘震来虩虩，笑言哑哑’，言能因恐惧而致福也。小心翼翼之行，自然人心悦服，况遇此吉时者引。”

丙辛日乙未时

辛符入《兑》，得《归妹》之体，乃勾白之宫，官鬼之地，然而加乙，为白虎猖狂格，未免反复克制之情。

伤门入《坤》，得《豫》之体，有山林田野之财。

卧云主人曰："符返于西，虽有龙虎争雄之象，实为彼此不宁之端，至于值使入墓而理财，还虑贪财致鬼。大约反复受克，而所谋未善也。"

丙辛日丙申时

辛符入《艮》，得《小过》之体，乃腾蛇之宫，财帛之地，然而加丙，为天庭得明返首之格，似有财名作合之美。

伤门入《坎》，得《解》之体，有紫深逢源，而举网得鱼之象。

卧云主人曰："符返首而理财，使投网而得印，盖有财名两图之占，所惜庚来伏宫，而萧墙事有灾变，幸得乙奇化合，反为以凶制凶，而先损后益之征。"

丙辛日丁酉时

符使入《离》，得《丰》之体，乃九地之宫，子孙之位，然而加丁，为白虎受伤格，虽称玉女守门，岂无暗中之侵蚀？

卧云主人曰："符使并入九地，又逢玉女，诚利阴私会合之谋，但惜符入刑宫，自顾又为不暇，而丁神暗动，策骥意欲图南，一如塞翁得马之象，究竟官印俱来本宫，于中生克互现，反有首尾作合之妙。"

丙辛日戊戌时

辛符入《乾》，得《大壮》之体，乃六合之宫，官鬼之地，然而加戊，为龙虎争强格，盖为利见大人之征。

伤门入《艮》，得《小过》之体，有退而得财之象。

卧云主人曰："符飞天阙而遇官，使入鬼户而得财，似有财官兼济之美，所惜庚癸遥隔，于文书之宫，凡谋多应失约，反不若本宫丁壬作合，而有乐尔妻孥之象。"

丙辛日己亥时

辛符入中，乃步五之体，然而加己，为虎坐明堂格，虽为得陇望蜀，却也进退羁滞。

伤门入《兑》，得《归妹》之体，有反复战克之情。

卧云主人曰："符入中宫，所谋以觉多拙，值使反吟乱动，实为迍邅，虽本宫有官印相从之美，其如惊门迫制，何皆由佐使之偾事也。大约随遇而安，情甘守拙，尚不失利之象。一听旁人弄鬼，以致反复受欺，而未免播迁流离之患。"

丁壬日庚子时

辛符入《巽》，得《恒》之体，乃九天之宫，比肩之地，然而加庚，为虎逢太白格，未免两强相持，而自生疑惧之情。

伤门入《乾》，得《大壮》之体，有攸往受制之象。

卧云主人曰："符使分居《乾》《巽》，以为门户遥涉之情，况又天乙飞于九天，远图固为不利，值使受克于六合，干谒未为称心，虽云丙奇跌穴，而财神并来，怎奈自己参差，而举动皆为失利耳。"

丁壬日辛丑时

辛符伏《震》，乃归伏之体，然为天庭自刑格，未免受比劫之欺，而转思鹪鹩借栖之象。

伤门入中，乃步五之体，有贪利甘屈之情。

卧云主人曰："符飞而伏，有转谋进步之意，所惜值使步五，又为心劳事拙之象。"

丁壬日壬寅时

辛符入《坤》，得《豫》之体，乃朱、玄之宫，财帛之地，然而加壬，为天庭逢狱格，虽为得财之象，却有入墓之嫌。

伤门入《巽》，得《恒》之体，有依栖傍势之情。

卧云主人曰："符入财而值墓网，所事已为沾濡；使登天而值比劫，彼此岂无猜忌。况又飞庚伏宫，而元戊为鬼佐使，又入刑隔之乡，凡谋须防不测。"

丁壬日癸卯时

辛符入《坎》，得《解》之体，乃太阴之宫，印绶之地，然而加癸，为虎投罗网格，未免图谋多阻之情。

伤门归《震》，乃归息之局，而动中思静之机。

卧云主人曰："符投印绶，而值癸闭之龃龉；使伏本宫，惟见玉女之相随。盖为穷途失伴之情，而所谋泮涣之象。"

丁壬日甲辰时

符分天芮，壬仪秉令，辖未、《坤》、申之气，通二、五、八之宫，具阴险之体，尊《坤》成之利，用死门为使，有转易之情。所惜符吟于西南，而怀东南草木之警，尚赖华堂执绋，以为救援之神，大约沉滞淹塞之象。

太阴壬死，产病不止，阴谋用事，反得为喜。

卧云主人曰："西南虽肃杀之气，而用以征伐，则占得此时者，可以有为也。"

丁壬日乙巳时

壬符入《兑》，得《临》之体，乃九天之宫，子孙之地，然而加乙，为日入地户格，须慎远方脱诈之嫌。

死门入《坎》，得《师》之体，有水泽鱼盐之利。

卧云主人曰："符入九天而值脱，盖有美中之不足；使入朱玄而理财，内遁戊癸之作合，似有主劳客逸之情。所喜本宫玉女来临，又得束帛笺笺之吉。"

丁壬日丙午时

壬符入《艮》，得《谦》之体，乃勾白之宫，比肩之地，然而加丙，为天牢伏奇格，又为返首。盖有反复求荣之象，而进退俯就之情。

死门入《离》，得《明夷》之体，有生助之美，动移之局。

卧云主人曰："值符得返首之吉，值使会玉女守门之奇，大象皆为吉兆，所惜符值反吟，门遇丁癸，不无好事蹉跎，而文信有夭矫之变。况乎蛇玄互战，龙虎争衡，而刑格并见，未免图荣未得，以致有如许之是非。"

丁壬日丁未时

壬符入《离》，得《明夷》之体，乃螣蛇之宫，印绶之地，然而加丁，为太阴被狱格，盖有之信阅会之局，与阴人私语之情。

死门入《艮》，得《谦》之体，虽有依附之情，却有反复之疵。

卧云主人曰："符入螣蛇，而得丁壬之合，未免事属宵小之嫌，以致佐使反复，而无定趋之见。然而飞庚伏宫，幸得乙奇化解，尚为否去泰来。大约符受生而得合，使入比而反冲，乃主劳客逸，须忌贪合溺爱，以致宅舍之不宁也。"

丁壬日戊申时

壬符入《乾》，得《泰》之体，乃九地之宫，子孙之位，然而加戊，为青龙入狱格，虽作显扬之谋，却有暗脱之忌。

死门入《兑》，得《临》之体，有俯就生育之情。

卧云主人曰："符受脱于九地，使受脱于九天，所行皆为费力引从之局，却前后参差，未免彼此失利，所喜本宫子孙制鬼，可以无咎。"

丁壬日己酉时

壬符入中，乃步五之体，然而加己，为天地刑冲格，未免魁罡冲射于中宫，而图谋难以显达。

死门入《乾》，得《泰》之体，有生合之情，然而受脱于九地，未免暗中消磨。

卧云主人曰："符虽步五，却有故人恋恋之思，似为进退迟疑之情；使趋天阙，又为地天交泰之义，而未免费力劳神之图。况乎本宫受迫而入宅，未为安泰，谋为亦多拙滞耳。"

丁壬日庚戌时

壬符入《巽》，得《升》之体，乃太阴之宫，官鬼之地，然而加庚，为天牢倚势格，未免受克惊疑之局。

死门入中，乃步五之体，有借栖宇下而往返不定之情。

卧云主人曰："天乙飞于太阴，须慎阴小之灾祟；值使困于中五，不无进退之迟疑。莫谓家人嗃嗃，父子嘻嘻，而符前使后，于中进退趑趄之象。"

丁壬日辛亥时

壬符入《震》，得《复》之体，乃六合之宫，官鬼之地，然而加辛，为白虎犯狱格，未免所往受克之象。

死门入《巽》，得《升》之体，有出谷乔迁之举。

卧云主人曰："符使受克于太阴六合，未免阴私败绩之嫌，皆由佐使投鬼，以致庚鬼之刑我，比肩隔我财物，而玉女投江，又为罗网交加，不无缠滞障碍之情。虽三奇聚于邻封，亦于我无补之象。"

戊癸日壬子时

壬符入《坤》，乃归伏之体，又为天牢自刑格，未免诸事迟疑，而另图转投之局。

死门入《震》，得《复》之体，有同人侵克之情。

卧云主人曰："符飞而伏，盖为历尽荣枯而始得归宁，又有竿头进步之想，所嫌佐使受制，而谋望未许从心。大约动则有悔之局。"

戊癸日癸丑时

壬符入《坎》，得《师》之体，乃朱玄之宫，财帛之地，然而加癸，为阴阳重网格，盖有蒙蔽之意，与藏闭之财。

死门入《坤》，乃伏吟之体，有机穷时过而呻吟岑寂之情。

卧云主人曰："符飞《坎》而罗网交加，未免贪利受陷之局；使伏《坤》而机缘皆寂，将思革故鼎新之谋。但二辛来宫，似乎前求财而受制，后遁鬼而惊惶，乃进退艰辛之象。"

戊癸日甲寅时

符分天蓬，癸仪秉令，辖壬、子、癸之气，通一、四、七之宫，用休门为使，承六甲之终运，布九宫之斡旋，以水德王，而居庙旺之乡，配合元符，而分阴阳之界，但有伏险未发之情，而上亲下悖之象。

九天癸体，旺冬优游，诸事显达，乘旺无忧。

卧云主人曰："占得此时，春冬大吉，若方位亦在东北，所向得利。"

戊癸日乙卯时

癸符入《兑》，得《节》之体，乃太阴之宫，印绶之位，然而加乙，为日沉九地格，有暧昧生助之情。

休门入《离》，得《既济》之体，有图南得利之局。

卧云主人曰："符值太阴之生，使值玉女之守，盖有分图财名之意，但嫌庚辛俱来本位，未免暗中隔脱之嫌，与反复奔驰之象。"

戊癸日丙辰时

癸符入《艮》，得《蹇》之体，乃九天之宫，官鬼之地，然而加丙，为明堂犯悖格，又为青龙返首。盖为吉处藏凶之说，至于值使偕行，亦有宾主一般之意，而甘苦相共之情。

卧云主人曰："符使并登九天，而值丙奇光灼于鬼户，尽有文明既济之祥，但星门受制，未免吉则从吉，凶则从凶。"

戊癸日丁巳时

癸符入《离》，得《既济》之体，乃勾白之宫，财帛之地，然而加丁，为螣蛇夭矫格，虽有得财之局，却有反复之疑。

休门入《兑》，得《节》之体，有暗助之奇。

卧云主人曰："符入财乡，内遁得使反复之疑；使入生方，适值龙虎争强之际。虽云财印相从，大约冲复疑惧耳。"

戊癸日戊午时

符使入《乾》，得《需》之体，乃腾蛇之宫，印绶之地，然而加戊，为青龙入地格。盖有首尾作合之奇，而从龙变化之象，但嫌本宫受吉门之迫，而丙己悖战，未免好事蹉跎。

卧云主人曰："星门共登天阙，宜有金水相生之妙，但卦合于《需》，未能一飞冲天耳。"

戊癸日己未时

符使入中，乃步五之体，然而加己，为华盖入明堂格，未免所谋多拙，况乎本宫合隔互现，生脱交加，则去从未能自便也。

卧云主人曰："步五亦不可一例而论，但此占不能动作，当乘生气以图之可也。"

戊癸日庚申时

符使入《巽》，得《井》之体，乃朱玄之宫，子孙之地，然而加庚，为天网冲犯格，未免恩中生怨，小人横恣，本意相亲而反遇强暴之侮。况乎本宫罗网交加，则行藏皆未协吉，然天乙已飞，仪又受刑，凡病讼逢之有忌。

卧云主人曰："《井》，有井养之意，故宜静养而有益，况课中冲网，有动则担忧之虑耳。"

戊癸日辛酉时

符使入《震》，得《屯》之体，乃九地之宫，子孙之地，然而加辛，为华盖受恩格，须慎脱耗之嫌，虽本宫丙乙相从，有官印辉煌之象，但符使俱出，谁作宾中之主？

卧云主人曰："动方而得《屯》卦，须竭力为之经纶也，然一动不如一静，守己待时为上策。"

戊癸日壬戌时

符使入《坤》，得《比》之体，乃六合之宫，官鬼之地，然而加壬，为天网覆狱格，未免上下迷蒙，而所谋多阻之象。况乎本宫又有投江大隔之嫌，进退皆为不利。

卧云主人曰："阴渐盛而多暗昧之象，此亦时数之使然，人亦当勉励静修，庶无大悔。"

戊癸日癸亥时

符使伏《坎》，乃气运之归结处，人事之尽头时，诚哉物极思变，穷则必通之象。凡占宜于了结事故可也，如新欲创制规模，此计又未为确也。

卧云主人曰："癸亥时固未妙，然亦要相夺趋吉避凶之机，亦不可一例而论也。"

阴遁五局

小暑下元　　立秋中元
霜降上元　　小雪上元

甲己日甲子时

符分天禽，戊仪秉令，司中央土符之宰，通二八《坤》《艮》之气，假死门为使，有信义敦笃之象，与至诚格物之情。八宫神将，有飞伏之殊途；六仪功化，有恩用之别调。大象利于图南运式，忌临东土，但系伏吟，盖有怀未吐之象，而将思展作之机。

值符戊申，阴俭因丛，虽有名位，权摄不同。

卧云主人曰："伏卦凡谋不利，况星门皆无可取，惟宜安分以自全也。若伏于生门，则犹可以望将来之际遇。"

甲己日乙丑时

戊符入《乾》，得《泰》之体，乃九地之宫，子孙之地，然而加乙，为青龙入云格，未免抗脱之嫌。

死门入《巽》，得《升》之体，有刑克之虞。

卧云主人曰："符趋《乾》而使飞《巽》，彼此未免遥涉，一受克而一受脱，宾主不无猜疑，虽时下有聚奇之美，但属太阴九地之宫，虎狂刑隔，须慎阴私乖戾之嫌，究竟志有余，而力不逮也。"

甲己日丙寅时

戊符入《兑》，得《临》之体，乃九天之宫，子孙之地，然而加丙，为得明返首格。盖有暗中作合，而明得助美之象。

死门入《震》，得《复》之体，有所往趑趄之情。

卧云主人曰："符受脱而使受克，又见飞庚伏宫，诚乃进退张惶，而东西摇移之局，彼此掣肘，而事未归一之占。"

甲己日丁卯时

戊符入《艮》，得《谦》之体，乃勾白九地之宫，比肩之地，然而加丁，为青龙耀明格，未免反复动移之情。

死门伏吟，有便道归宁之象。

卧云主人曰："符加丁而丁又随使，皆为彼此动摇之情。究竟符返使伏，终在局内争衡，而未能跳出腔子之象。凡占不能释手之局。"

甲己日戊辰时

戊符入中，乃归伏之体，又为青龙入地格，凡谋拙滞之情。

死门入《坎》，得《师》之体，有争兢鱼盐之利。

卧云主人曰："符飞而伏五，乃拙中受拙之象，虽有劳逸之机，又惧迫制之险，徒思托人理财，反生口舌隔碍之隙，究竟图谋艰阻之象。"

甲己日己巳时

戊符入《巽》，得《升》之体，乃太阴螣蛇之宫，官鬼之地，然而加己，为青龙相合格，未免比劫欺抗之嫌。

死门入《离》，得《明夷》之体，有生机粘滞之象。

卧云主人曰："符入官而使入印，尽有彼此相资而出谷迁乔之义。但符前使后，又为进退趔趄之情，虽时下合神假之吉，惟不利病讼之占。"

甲己日庚午时

戊符入《震》，得《复》之体，乃六合太阴之宫，官鬼之地，然而加庚，为青龙持势格，有趋三受克之情。

死门入《艮》，得《谦》之体，有合中隔碍之疑。

卧云主人曰："符入官乡，又值飞宫之隔，所谋已不如心；玉女守门，又兼罗网交加，则为迷蒙反复。皆因符怀自刑之胎，而使值妬合之嫌，未免事情悖戾，而时下隔合之歧也。"

甲己日辛未时

戊符入《坤》，乃寄伏之体，乃六合之宫，然而加辛，为青龙相侵格，未免离合之情。

死门入《兑》，得《临》之体，有俯龙泄脱之局。

卧云主人曰："符加辛而使加丙，有望中作合之义，然符寄伏而使登天，乃动静参差之象，凡占未可展作之时也。"

甲己日壬申时

戊符入《坎》，得《师》之体，乃朱玄勾白之宫，财帛之地，然而加壬，为青龙破狱格，有网罗财物之谋。

死门入《乾》，得《泰》之体，有隐明就暗之情。

卧云主人曰："符入财而使入脱，盖有脱中生财之象，又为前引后从之情，所取文书之宫，得神假之祥，利作图南之计可也。"

甲己日癸酉时

戊符入《离》，得《明夷》之体，乃螣蛇朱玄之宫，印绶之地，然而加癸，为青龙相合格，盖有首尾相见之奇。

死门步五，有弃明就暗之局。

卧云主人曰："符使联登九五，有鸿渐于陆，用宾于五之象，但符既受荣，使留受困，未免际遇虽隆，而作事迍邅之局。"

甲己日甲戌时

符分天辅，己仪秉令，辖辰、《巽》、巳之气，通四、七、一之宫，用杜门为使，分元符螣蛇太阴之宰，而理气于东南，有"齐乎《巽》"之义，惟嫌同室有操戈之险耳，前途际遇，未免轩轾互现之情。螣蛇巳杜，双蛇在穴，忧不成忧，喜不为喜。

卧云主人曰："凡占遇天辅吉时，虽有凶象，可以转祸为福，但不宜越分以有为耳。"

甲己日乙亥时

己符入《乾》，得《小畜》之体，乃勾白之宫，官鬼之地，然而加乙，为日入地户格，有反复克战之情。

杜门入《震》，得《益》之体，有比拟依附之象。

卧云主人曰："符返于勾、白，而本宫有得使之奇，盖有冲复中而有得意之象，至于使入螣蛇，尚有同人绊碍之局，大约事情反伏，而未能适然之情。"

乙庚日丙子时

己符入《兑》，得《中孚》之体，乃朱玄之宫，官鬼之地，然而加丙，为地户埋光格，又为返首之格，须慎官中悖戾之嫌。

杜门入《坤》，得《观》之体，有山林田野之财。

卧云主人曰："符入官乡，使入财库，似有财官相资之局，而名利有成之象，但符遇朱玄，使入财库，不无因财致讼之疵，究竟二壬来宫，未免成败萧何之说，而时干飞伏于阴六，时下又有旁合之私情矣。"

乙庚日丁丑时

己符入《艮》，得《渐》之体，乃太阴之宫，财帛之地，然而加丁，为明堂贪生格，盖有阴谋快利之财。

杜门入《坎》，得《涣》之体，有同舟共济之情。

卧云主人曰："符入太阴而乘丁，使入六合而乘壬，似有财印牵合之局，但时干飞伏于乙庚之宫，又为传财化鬼，而另为联络之象，究竟本宫受迫，且有隐显不测之虞。"

乙庚日戊寅时

己符入中，乃步五之体，然而加戊，为明堂从禄格，盖有得陇望蜀之情。

杜门入《离》，得《家人》之体，有诈伪泄脱之嫌。

卧云主人曰："符入中宫而理财，未免贪财而受困；使登九天而加癸，未免图远而伤神。况乎时干飞入勾白，还防因财起隙，然而飞庚伏宫，值使又入大格投江之域，须慎比肩隔碍之非，凡谋未获尽美之局。"

乙庚日己卯时

己符伏《巽》，乃飞伏之体，为明堂重逢格，有勾隐曲屈之情。

杜门入《艮》，得《渐》之体，有潜隐修藏之思。

卧云主人曰："符飞伏而使加丁，有此静彼动之意，虽云玉女守门，当分私谋快利之财，然而值符伏吟，未免歧阻疑碍之局，究竟欲速未能之象。"

乙庚日庚辰时

己符入《震》，得《益》之体，乃螣蛇之宫，比肩之地，然而加庚，为明堂伏杀格，未免比拟惊举之情。

杜门入《兑》，得《中孚》之体，有所往受制之局。

卧云主人曰："天乙飞于螣蛇，值使迫于朱玄，不惟彼此遥疑，尤且主副受制，况乎时干飞伏于《坤》《艮》之宫，反为财利分张之局，究竟主事者蹉跎，徒劳佐使之乞巧也。"

乙庚日辛巳时

己符入《坤》，得《观》之体，乃九地之宫，财帛之地，然而加辛，为天庭得势格，盖有宅墓隐暗之利。

杜门入《乾》，得《小畜》之体，有反复受制之局。

卧云主人曰："符飞《坤》而使趋《乾》，有天地悬绝之意，然此入财而彼入宫，因防财致讼之嫌，盖有时下有传财化鬼之故耳，究竟符墓使返，而本宫受迫，未免遭滞反复之情，而所谋蹉跎之象。"

乙庚日壬午时

己符入《坎》，得《涣》之体，乃六合之宫，印绶之地，然而加壬，为明堂被刑格，有依人谋望之情。

杜门入中，乃步五之体，有贪利受困之局。

卧云主人曰："符飞印绶之宫，尽有壮道遇合之美，而时干飞入财官之宫，又为递求生助之象。况乎二丙来宫，年命得吉，则为财官双美，气运相克，则为朱玄悖争。盖因值使步五，未免滞拙之谋，而旁宫隔逃夭矫，须慎不测之事。"

乙庚日癸未时

己符入《离》，得《家人》之体，乃九天之宫，子孙之地，然而加癸，为明堂合华盖格，须慎诈脱之嫌。

卧云主人曰："符登天而入网，使归《巽》而伏吟，彼此既不同心，行藏皆无实际，况时下又有脱中见脱之情。至于庚来伏宫，本宅须防欺劫，大约彼此不宁之象。"

乙庚日甲申时

符分天冲，庚仪秉令，辖甲、卯、乙之气，通三、九、六之宫，用伤门为使，分得元符六合太阴之神，而有威镇朔方之势，趋《乾》而合在天之龙，图南而遇九地之网，则为利公不利私之象。况乎九地太阴皆张罗网，而勾白又有伺衅之隙，则前途际遇，乃用奇不用正之占，凡事宜审时度务可也。

太阴庚伤，虎势猖狂，更得旺气，门户有丧。

卧云主人曰："得东方生气之占，可以乘时趋吉，而为其所当为也。"

乙庚日乙酉时

庚符入《乾》，得《大壮》之体，乃六合之宫，官鬼之地，然而加乙，为太白贪合格，盖有先疑后信之情。

伤门入《坤》，得《豫》之体，有山林渔猎之财。

卧云主人曰："符飞《乾》而使趋《坤》，盖有经天纬地之象，但此加乙而彼加辛，反遁猖狂逃走之嫌，纵欲财官并图，未免有得而有失，况乎本宫被迫，而时干飞入地网，又为鬼入鬼乡，凡谋必主遥涉迟滞之局。"

乙庚日丙戌时

庚符入《兑》，得《归妹》之体，乃勾白之宫，官鬼之地，然而加丙，为太白入荧，又为返首之格，未免摇移战斗之情。

伤门入《坎》，得《解》之体，有济川之义，与举网得鱼之局。

卧云主人曰："符返于勾白，而得返首跌穴之祥，似乎凶中得吉，究竟往返受克，又为吉处藏凶，至于值使寄于太阴印绶之宫，盖为暗中受益，利于问举求名，惟嫌事多反复，所宜秘密而图，方无缠绵之咎。"

乙庚日丁亥时

庚符入《艮》，得《小过》之体，乃腾蛇之宫，财帛之地，然而加丁，为太白受制格，盖为贪财累己之局。

伤门入《离》，得《丰》之体，有暗中遭脱之嫌。

卧云主人曰："符飞腾蛇而理财，时下又得财入财乡之局，未免同类之侵欺，况乎值使受脱于九地，而暗中耗费宜防。然本宫有悖隔之虞，而飞宫又值丁癸之变，盖为彼此摇移，而内生猜忌之象，究竟为脱货求财之占。"

丙辛日戊子时

庚符入中，乃步五之体，然而加戊，为太白逢恩格，盖为见利持财之象。

伤门入《艮》，得《小过》之体，当有官中得利之局。

卧云主人曰："符加戊而使乘丁，皆为理财之象，然此步五，而彼入《艮》，未免遥涉之情，况乎时干传财化鬼，则为耽耽逐逐之象，而玉女守门，三奇辏聚，利作阴私谋为之事，所惜丁神飞伏参差，又为美中不足之占。"

丙辛日己丑时

庚符入《巽》，得《恒》之体，乃九天之宫，比肩之位，然而加己，为太白大刑格，未免比劫刑碍之嫌。

伤门入《兑》，得《归妹》之体，有反复冲移之局。

卧云主人曰："符登天而值刑隔之疑，使入《兑》而有冲复之患，不无人事之蹉跎也，而时干分投九五，虽时下有财印之谋，亦未免先迷而后利，至于朱、螣入本宫而作财，还防意外之口舌耳。"

丙辛日庚寅时

庚符入《震》，乃飞伏之体，为太白重刑格，未免自生疑虑之情。

伤门入《乾》，得《大壮》之体，有悖迫不宁之象。

卧云主人曰："符飞而伏，有谋为进取之思；值使趋《乾》，有从龙变化之象。然符伏吟，而使受克，呈彼此有绊合之机，而动静有摇歧之局，究竟自己无为，而徒思仰托于人，以求遇合，亦未有际耳。"

丙辛日辛卯时

庚符入《坤》，得《豫》之体，乃朱、玄之宫，财帛之地，然而加辛，为太白重锋格，未免持碍欺抗之嫌。

伤门入五，乃步五之格，乃谋为拙滞之情。

卧云主人曰："庚入《坤》维，盖为自居旺地，所惜星符有入墓之嫌；使到中宫，虽为镇理财窟，亦未免有受困之局。究竟符使虽则殊途，而本宫合神来照，奈其携使相迫，未免遇而不遇之象，惟喜时下有传财入财之征。"

丙辛日壬辰时

庚符入《坎》，得《解》之体，乃太阴之宫，印绶之地，然而加壬，为太白退位格，未免恩中生怨之情。

伤门入《巽》，得《恒》之体，有依附之义，与入山捕捉之象。

卧云主人曰："符入太阴，而有刑脱之疑；使登九天，而有狂逃之遇。未免凡事蹉跎，而时下有财官分涉之图，所喜本宫首尾相见，而得家庆之美，大约出不若守之象。"

丙辛日癸巳时

庚符入《离》，得《丰》之体，乃九地之宫，子孙之地，然而加癸，为虎投罗网格，未免隔脱之嫌。

伤门伏《震》，乃归息之体，有退守之情。

卧云主人曰："符飞九地而值网，使返本宫而伏吟，诚为进退迍邅，彼此离异，究竟隔癸而癸入鬼乡，以致有反投之局，则宜就事论事，速作归结之计可也。"

丙辛日甲午时

符分天芮，辛仪秉令，辖未、《坤》、申之气，通二、五、八之宫，用死门为使，分元符六合之神，有《坤》以成之之象。然而偏居一隅，而财印纷持，南北克合见于东西，大象所谋多拙之局。

六合辛死，墓克劳蛊，纵然无伤，良善忧苦。

卧云主人曰："凡占要乘四时旺气，如此吉时，大利春夏，则当有所作为。"

丙辛日乙未时

辛符入《乾》，得《泰》之体，乃九地之宫，子孙之地，然而加乙，为白虎猖狂格，盖为克脱支加之情。

死门入《坎》，得《师》之体，有水泽贸易之利。

卧云主人曰："符入九地而猖狂，未免暗中矛盾；使入朱玄而理财，岂无口舌喧争？况本宫被迫，而符使前后参差，时下虽有子动生财之机，亦未免先迷而后利耳。"

丙辛日丙申时

辛符入《兑》，得《临》之体，乃九天之宫，子孙之地，然而加丙，为得明返首之格，有合中受脱之情。

死门入《离》，得《明夷》之体，有俯就求受之局。

卧云主人曰："符受脱而使受生，未免此劳彼逸，然一趋前而一趋后，大约进退蹉跎，虽云本宫得使，亦为事绪纷更之象。"

丙辛日丁酉时

符使入《艮》，得《谦》之体，乃勾白之宫，比肩之地，然而加丁，为白虎受伤格，盖有反复冲易之情。

卧云主人曰："符使并入朱玄，有移死投生之义，而往返交易之情，虽云玉女守门，亦为逐逐之象，究竟八宫骚动，凡事不能安静，惟见过冲复后，反有吉成凶散之美。"

丙辛日戊戌时

辛符入中，乃步五之体，然而加戊，为龙虎争强格，盖有冲制执滞之局。

死门入《兑》，得《临》之体，有俯就泄脱之情。

卧云主人曰："值符步五，盖为自家反复，而始终未能脱离，值使虽入九天，亦为遥图遇合，而反为损神耗力，究竟动静皆无益之占。"

丙辛日己亥时

辛符入《巽》，得《升》之体，乃太阴之宫，官鬼之地，然而加己，为虎坐明堂格，未免暗中受脱之嫌。

死门入《乾》，得《泰》之体，有逃脱之虞。

卧云主人曰："值符受脱于九地，盖于隐微之中，而有克脱互现之象。究竟符《巽》使《乾》，不无摇疑纷更而趋向不一，况本宫又受迫制之嫌，图谋那得顺利？"

丁壬日庚子时

辛符入《震》，得《复》之体，乃六合之宫，官鬼之地，然而加庚，为虎逢太白格，不惟有象持之疑，而且有惊举之虑。

死门入中，乃步五之体，有退避三舍之局。

卧云主人曰："符入六合而受克，又值天乙飞宫，未免所谋惊阻，而有舟中商国之情。值使步五，更主谋为拙滞，至于时干飞伏于《乾》《巽》，则时下有刑合之殊，究竟二壬来宫，将来有诈伪得财之局。"

丁壬日辛丑时

辛符入《坤》，乃飞伏之体，为天庭自刑格，盖有受克归来，转恩进取谋利之机。

死门入《巽》，得《升》之体，有趑趄不前之象。

卧云主人曰："符飞而伏，有前后瞻顾之情，而呻吟穷寂之局，况乎值使入太阴而受制，则行藏未许如心，凡事违遭之象。"

丁壬日壬寅时

辛符入《坎》，得《师》之体，乃朱玄之宫，财帛之地，然而加壬，为天庭逢狱格，盖有诈伪得利之征。

死门入《震》，得《复》之体，有阻隔克制之嫌。

卧云主人曰："符入朱玄而理财，使入六合而遇鬼，盖有因财致鬼之疵，那堪庚来伏宫，不无侵逼诧异之举，而时下且有伏则受克，飞则得利之象，大约少贪可以无咎。"

丁壬日癸卯时

辛符入《离》，得《明夷》之体，乃螣蛇之宫，印绶之地，然而加癸，为虎投罗网格，未免俯首求益之情。

死门伏《坤》，乃归止之体之象，而凡事告成之机。

卧云主人曰："符入螣蛇而遇网，又值自刑，虽为生助之宫，却多刑碍之虑，虽时下有财印之谋，奈时事已极之局，况乎值使归伏，彼此已不和同，纵欲苟安，亦为针毡难坐之象。"

丁壬日甲辰时

符分天蓬，壬仪秉令，辖壬、子、癸之气，通一、四、七之宫，用休门为使，分元符朱、勾之神，而理气运于《坎》宫，有伏险恬静之机，而从容任事之象，所幸主副皆乘旺气，则登天而作合之奇，然而前途如遇伏险，则当以太阴制之，诚所谓暗中乖戾暗中消，凡占利明不利暗。

勾白壬休，水势悠悠，若问财喜，险中去求。

卧云主人曰："伏得休门大吉昌，凡占何必虑行藏，福随时至，何必心忙！"

丁壬日乙巳时

壬符入《乾》，得《需》之体，乃螣蛇之宫，印绶之地，然而加乙，为日入地户格，盖为暗中受益之象。

杜门入《离》，得《既济》之体，而有反复得财之局。

卧云主人曰："符入螣蛇而求生，当内遁冲脱，已怀疑豫之情，况时干飞伏于太阴六合，皆有狂逃之弊，则为美中不足之嫌，虽云佐使图南，财物有往返之机，究竟旁宫，盖有骚动之意，财印之事，可谋而不可必也。"

丁壬日丙午时

壬符入《兑》，得《节》之体，乃太阴之宫，印绶之地，然而加丙，为天牢伏奇格，盖有生助得利之情。

休门入《艮》，得《蹇》之体，有图谋遇合之局。

卧云主人曰："符返首，而使守门，大象皆为吉兆，一趋印而一趋官，功名事可希求。况乎两宫交车作合，尽有旁通兼济之美，但惜时干悖己投网，官印后有参差，又见飞庚伏宫隔癸，而暗中恐生乖戾。大约急流勇退，得意处防生悔吝也。"

丁壬日丁未时

壬符入《艮》，得《蹇》之体，乃九天之宫，官鬼之地，然而加丁，为太阴被狱格，未免贪合受克之情。

休门入《兑》，得《节》之体，有阴中际遇之奇。

卧云主人曰："符登九天，而得丁马，盖有官中之作合；使入太阴，而会丙奇，又有生合之暗助。大象利于官印之占，惟嫌事非从前之局，但时干则先巧而后拙，其本宫又遇隔而得合，凡占有大顺小逆之情，究竟防微，自获贞吉。"

丁壬日戊申时

壬符入中，乃步五之体，然而加戊，为青龙入狱格，盖为拙滞之谋。

休门入《乾》，得《需》之体，有密云不雨之象。

卧云主人曰："符步五而受克，使投生而多疑，乃进退淹蹇之局，况乎日元受制，则事之初已有如许之迍邅，纵虽传鬼化财，亦未免人事蹉跎，而难作图南之计耳。"

丁壬日己酉时

壬符入《巽》，得《井》之体，乃朱玄之宫，子孙之地，然而加己，为天罗刑冲格，未免克脱之嫌。

休门入中，乃步五之体，有克中受克之情。

卧云主人曰："符入朱玄，而刑冲互现，岂无克脱之虞？况乎佐使受陷，已为弃辅之兆，纵本宫有作合之美，亦未免进退迍邅，而图谋未为适从之占。"

丁壬日庚戌时

壬符入《震》，得《屯》之体，乃九天之宫，子孙之位，然而加庚，为天牢倚势格，未免惊惧泄脱之虞。

休门入《巽》，得《井》之体，有墓绝耗脱之嫌。

卧云主人曰："符使皆入泄脱之乡，所谋未为有益，然本宫受凶门之迫，不无好事遭磨，况时干飞伏九五，内遁隔伏，不惟自己作事忧疑，而且虑事之乖戾于财官也。"

丁壬日辛亥时

壬符入《坤》，得《比》之体，乃六合之宫，官鬼之地，然而加辛，为白虎犯狱格，未免沾濡之情。

休门入《震》，得《屯》之体，有暗中隔脱之嫌。

卧云主人曰："符受克而使受脱，未免侵欺之疑，况乎勾、朱交加于本位，岂无妻子之乖张？而时下又值飞宫，凡占须防不测。大约事绪多歧，宜向太阴而求际可也。"

戊癸日壬子时

壬符伏《坎》，乃飞伏之体，为天牢自刑格，盖有疑虑筹度之情。

休门入《坤》，得《比》之体，有沉滞淹蹇之局。

卧云主人曰："用符飞而复伏，乃历尽长途，转而归宁之象，精力虽衰，尚有奋力图南之情，所惜佐使受困，而谋为未免迍邅，究竟动静皆非得利之局也。"

戊癸日癸丑时

壬符入《离》，得《既济》之体，乃勾白之宫，财帛之地，然而加癸，为阴阳重网格，未免反复交易之情。

休门入《坎》，得归宁之象，坐观成败之局。

卧云主人曰："符返勾白，而值罗网交加，虽为理财，究竟以诈投诈，而未免反复之疑，虽云佐使镇理本宫，亦为摇歧之局。大约事至机穷，多应顾此而失彼，且兼传财化鬼，而有夭矫之嫌也。"

戊癸日甲寅时

符分天英，癸仪秉令，辖丙、午、丁之气，通九、三、六之宫，用景门为使，分元符螣蛇、朱、玄之宫，司印绶之事，著赫奕之文明，守天藏之键闭，盼元戊而作合，顾阴方而趦趄，分财赋于丙乙，寄印绶于东南，所惜财赋印绶皆不我就，而勾白且有耽耽之势，至于前途际遇，只宜借径而行可也。

朱玄癸景，鸥鹭江滨，空传消息，也不惊人。

卧云主人曰："《离》火文明之象，则东南俱利，若时值秋令，又宜静守为佳。"

戊癸日乙卯时

癸符入《乾》，得《大有》之体，乃朱玄之宫，财帛之地，然而加乙，为日沉九地格，盖有贪财入墓之嫌。

景门入《艮》，得《旅》之体，有阴人作合之情。

卧云主人曰："符趋《乾》而得财，使入《艮》而脱气，且彼此交差，有夭矫狂逃之弊，而本宫又为投江大隔之险，诚哉进退迍邅，而人宅未得安逸，虽时下有财入财乡，未免姤合之疑耳。"

戊癸日丙辰时

符使入《兑》，得《睽》之体，乃九地之宫，财帛之地，然而加丙，为明堂犯悖格，盖为疑悖得利之情。

卧云主人曰："符使并入九地而理财，宜谋屯积之事，所惜时下伏于勾白，则为用财化鬼之嫌，而太阴来宫，虽携生助之机，实有相欺之局，凡事见机而作可也。"

戊癸日丁巳时

癸符入《艮》，得《履》之体，乃六合之宫，子孙之地，然而加丁，为螣蛇夭矫格，盖有疑豫泄脱之嫌。

景门入《乾》，得《大有》之体，未免贪财而有疑虑之疵。

卧云主人曰："符入六合而加丁，须防同人之口舌；使入朱玄而理财，未免图谋之迟疑。所喜时干飞入九地，尚有脱中生财之美，但嫌彼此趋向之不同耳。"

戊癸日戊午时

符使入中，乃步五之体，然而加戊，为青龙入地格，未免迟拙受脱之情。

卧云主人曰："符使退九而入五，不无弃明而就暗，虽有化从之吉，偏多滞脱之情，纵有二己来宫，反生宵小之克战，大约凡谋无益之象也。"

戊癸日己未时

符使入《巽》，得《鼎》之体，乃螣蛇之宫，印绶之地，然而加己，为华盖入明堂格，未免勾连揆度之情。

卧云主人曰："符使受生于螣蛇，已为瞻依失所之象，况本宫重重脱气，又为迷于贪合之情。究竟时干飞伏，皆被太阴之欺，仪墓符刑，更为疑惧之疵，凡谋未为顺利之占。"

戊癸日庚申时

符使入《震》，得《噬嗑》之体，乃太阴之宫，印绶之地，然而加庚，为天网冲犯格，未免拂益之遭。

卧云主人曰："符使并入太阴，而受伏庚之隔，未免求全之毁，且时干乱战财官，凡事更宜斟酌，反不若退而自守，觐日月之光华，安享九地之利可也，不然则有财物惊惶之事。"

戊癸日辛酉时

符使入《坤》，得《晋》之体，乃九天之宫，子孙之地，然而加辛，为华盖受恩格，未免生脱互现之局。

卧云主人曰："符使并入九天，尽有趋跄上达之义，但值冲墓泄脱，而小利无补之情，虽云财印并集本宫，奈其内遁悖战，则进退未为顺适，而谋望岂得如心。"

戊癸日壬戌时

符使入《坎》，得《未济》之体，乃勾白之宫，官鬼之地，然而加壬，为天网覆狱格，盖有反复争逐之情。

卧云主人曰："符使俱返于勾、白，以致罗网交加，不惟翻覆迟疑，而且彼此受累，更有家人合鬼之嫌。"

戊癸日癸亥时

符使伏《离》，乃归伏之体，为一元之治化已尽，而气运之流行已周，于此只宜义命自安，守其固穷之志，以待造化之循还可也。

卧云主人曰："伏当隐晦之时，不宜有所作为，况癸亥又是网中，岂能展舒万一？"

阴遁四局

大暑下元　　处暑中元

秋分下元　　大雪上元

甲己日甲子时

符分天辅，戊仪秉令，辖辰、《巽》、巳之气，通一、四、七之宫，用杜门为使，有霞光敛彩之象，嘉遁励精之情。但财赋寄于《坤》《艮》，未免得失关心；丙丁分于《兑》《乾》，似乎恩中有怨。但惜气运有值孤虚，而八将之号令未能备施耳。

卧云主人曰："星吉而门未舒，所以宜静而不宜动，然得东南生气，自有得意之时也。"

甲己日乙丑时

戊符入中，乃步五之体，然而加乙，为青龙入云格，未免贪利而受制。

杜门入《坎》，得《涣》之体，有利涉大川之象。

卧云主人曰："用符步五，似为得财之局，所惜九地伏庚，尚有危险之机，而时下须慎脱克之事，至于佐使飞入腾蛇，未免事情粘滞，而彼此迟钝之局。"

甲己日丙寅时

戊符入《乾》，得《小畜》之体，乃勾白之宫，官鬼之地，然而加丙，为得明返首格，盖有利见大人之征。

杜门入《坤》，得《观》之体，有贪财入墓之局。

卧云主人曰："符飞《乾》而使飞《坤》，似有财官作合之美，但惜值使伏墓，又兼庚癸相呼，须慎贪财而受累。至于符值反吟而遇返首跌穴，皆为进退轩昂，独惜飞庚伏宫，反为摇移惶惑，究竟彼此遥期，吉中带否之象。"

甲己日丁卯时

戊符入《兑》，得《中孚》之体，乃朱玄之宫，官鬼之地，然而加丁，为青龙耀明格，未免朱玄作祟之嫌。

杜门入《坎》，得《涣》之体，有舟楫济川之益，北道生息之情。

卧云主人曰："符入官而使入印，尽有官印兼济之美，惟时下有文信遣使之嫌，至于六合入宫，似得同人生助之象，与水火姤合之情，凡占有三合回还之局。"

甲己日戊辰时

戊符入《巽》，乃归伏之体，又为青龙入地格，未免淹塞之象。

杜门入《离》，得《家人》之体，有惊远受脱之情。

卧云主人曰："符飞而复伏，有暂为憩息之机，似乎前此之际遇，未尽从心，而将来之进取，顺逆不一，未免呻吟踌躇之象，徒劳佐使飞入九天，亦为虚费之图也。"

甲己日己巳时

戊符入《震》，得《益》之体，乃螣蛇之宫，比肩之地，然而加己，为青龙相合格，有依栖借箸之情。

杜门入《艮》，得《渐》之体，有阴谋得利之象。

卧云主人曰："使前符后，有彼此追随之义，而因人谋利之举，但疑佐使前驱，惜罗网之相缠，凡谋见利思义，急流勇退可也。"

甲己日庚午时

戊符入《坤》，得《观》之体，乃九地之宫，财帛之地，然而加庚，为青龙持势格，盖为迍邅处而生荆棘之非。

杜门入《兑》，得《中孚》之体，有阴私克制之嫌。

卧云主人曰："符入九地而入墓，未免昏迷濡滞，况乎天乙飞兮，所事未免惊惧，至于佐使入《兑》，虽为玉女守门，却有趑趄莫前之象，不若退而静守，尽有作合之荣。"

甲己日辛未时

戊符入《坎》，得《涣》之体，乃六合之宫，印绶之地，然而加辛，为青龙相侵格，未免求益得损之象。

杜门入《乾》，得《小畜》之体，有所往受克之局。

卧云主人曰："符飞六合而受生，尽有胎孕相姤之美，使返勾白而受克，未免彼此摇移之情，虽云官印相资，大约利于公庭之若举，而本宫受制，病讼皆为有忌。"

甲己日壬申时

戊符入《离》，得《家人》之体，乃九天之宫，子孙之地，然而加壬，为青龙破狱格，

212

有甘受脱耗之情。

杜门入中，为步五之体，乃所谋拙滞之象。

卧云主人曰："得符登天而使入地，有可隐可现之情，然一受脱而一入墓，乃耗神费力之举，虽时下有脱货生财之谋，亦未免先迷后利之象。"

甲己日癸酉时

戊符入《艮》，得《渐》之体，乃太阴之宫，财帛之地，然而加癸，为青龙相合格，有首尾作合之奇。

杜门伏《巽》，乃静寂之局，机穷事竣之象。

卧云主人曰："符飞太阴，而与癸仪作合，盖为阴谋得利之征，但忌庚来伏宫，又为因财债事之局，至于佐使归伏，则为寡鹄孤鸾，而将有革故之象也。"

甲己日甲戌时

符分天冲，己仪秉令，辖甲、卯、乙之气，通三、九、六之宫，用伤门为使，分元符腾蛇之神，有"帝出乎《震》"之意，布气运于东宫，寄使奇于中五，但财赋有疑忌之嫌，官鬼有生克之别。

凡占宜审时度务而行，亦未免呻吟之气。

卧云主人曰："天辅时，诸事可为，亦宜乘气候之旺耳。"

甲己日乙亥时

己符入中，乃步五之体，然而加乙，为日入地户，有拙滞之象。

伤门入《坤》，得《豫》之体，有山墓田泽之利。

卧云主人曰："符步五而使入《坤》，皆为彼此理财，然本宫被迫，而阴六联情，虽有官印相从之美，未免美中不足之嫌，究竟符使虽则殊途，而始终还同一辙，稍为淹塞之局耳。"

乙庚日丙子时

己符入《乾》，得《大壮》之体，乃六合之宫，官鬼之地，然而加丙，为地户埋光格，又为返首，盖为先损后益之象。

伤门入《坎》，得《解》之体，有暗中受益之情。

卧云主人曰："符入官而使入印，有官印相资之义，利于官印相资之图，而时下得官，又入官乡，惟嫌庚来伏宫，而病讼有所不免耳。"

乙庚日丁丑时

己符入《兑》，得《归妹》之体，乃勾白之宫，官鬼之地，然而加丁，为明堂贪生格，未免生克互现之情。

伤门入《离》，得《丰》之体，有暗中泄脱之嫌。

卧云主人曰："符返于勾白，未免官中反复之情；使入于九地，盖为暗里耗费之局。况乎财官庚癸相呼，须慎人情乖戾，辛乙相战，文信亦必如心也。"

乙庚日戊寅时

己符入《巽》，得《恒》之体，乃九天之宫，比肩之地，然而加戊，为明堂从禄格，有仰攀依附之情。

伤门入《艮》，得《小过》之体，有山林土木之财。

卧云主人曰："符飞九天，尚有比拟之忌；使入腾蛇，盖为疑虑之财。况时下又有从众受脱之嫌，而本宫有财来害己之象，究竟一前一后，两地奔驰之局。"

乙庚日己卯时

己符伏《震》，乃归伏之体，为明堂重逢格，有辗转进取之思。

伤门入《兑》，得《归妹》之体，有门户摇移之变。

卧云主人曰："值符伏吟于本位，值使逢丁于鬼方，乃一静一动之机，此逸彼劳之象。凡占事情反复，而自己迟疑者。"

乙庚日庚辰时

己符入《坤》，得《豫》之体，乃朱玄之宫，财帛之地，然而加庚，为明堂伏杀格，有迷蒙刑碍之疑。

伤门入《乾》，得《大壮》之体，有所往受制之象。

卧云主人曰："符入财乡，却又堕墓，大象已是迍邅，况又天乙飞宫，偏有如许惶惑，而朱、玄隔我之太阴，若非文信之差讹，即疑阴小之灾咎，况乎佐使受制，反有因财致鬼之嫌。"

乙庚日辛巳时

己符入《坎》，得《解》之体，乃太阴之宫，印绶之地，然而加辛，为天庭得势格，有文印生身之利。

伤门入中，乃步五之体，有得此望彼之意。

卧云主人曰："符入太阴而受生，使入财官而步五，虽有生意从心，未免漂泊迟拙，然时下有以文会友之举，而官印转移之象。"

乙庚日壬午时

己符入《离》，得《丰》之体，乃九地之宫，子孙之位，然而加壬，为明堂被刑格，盖有暗中受脱之象。

伤门入《巽》，得《恒》之体，有依傍仰攀之意。

卧云主人曰："符入九地而受脱，使入九天而比拟，盖有退茹追随之义，而迤逦劫脱之情，惟本宫阴六联情，又似官印相从之美。"

乙庚日癸未时

己符入《艮》，得《小过》之体，乃螣蛇之宫，财帛之地，然而加癸，为明堂合华盖格，有避嚣遁世之情。

伤门入《震》，乃归宁穷寂之象。

卧云主人曰："符入网而理财，虽为得利亦拙；使入本宫而伏，纵有巧计无施。大约彼此各自为计，而将有革故之征。"

乙庚日甲申时

符分天芮，庚仪秉令，辖未、《坤》、申之气，通二、五、八之宫，用死门为使，有《坤》成之义，乃威震西南，虎视八方之宫，司元符财赋之宰，但惜前途际遇，合处少而隔处多也。"

卧云主人曰："西南得朋之象，但亦宜顺时而行，不可矫矫以取戾耳。"

乙庚日乙酉时

庚符入中，乃步五之体，然而加乙，为太白贪合格，未免粘连迟滞之征。

死门入《坎》，得《师》之体，有水泽渔盐之利。

卧云主人曰："符步五而得合，亦为贪合苟安之情，使入《坎》而理财，亦为涉渊履险之象，但此加乙，而彼加辛，不无合中狂逃之嫌耳。"

乙庚日丙戌时

庚符入《乾》，得《泰》之体，乃九地之宫，子孙之地，然而加丙，为青龙返首，又为太白入荧格，未免克脱互现之情。

死门入《离》，得《明夷》之体，乃弃暗投明，仰求生助之意。

卧云主人曰："符受脱而使受生，有劳逸不同之局，一前趋而一后遁，乃进退不一之占，虽时下有化财之意，终遭比劫之侵也。"

乙庚日丁亥时

庚符入《兑》，得《临》之体，乃子孙之宫，九天之位，然而加丁，为太白受制格，有图远受脱之嫌。

死门返《艮》，得《谦》之体，有反复更张之局。

卧云主人曰："符受脱而使反吟，动静皆为失利，而时下且有脱中化鬼之机，与摇动不宁之兆，究竟凡事蹉跎，而财物且有争衡之议矣。"

丙辛日戊子时

庚符入《巽》，得《升》之体，乃太阴之宫，官鬼之地，然而加戊，为太白逢恩格，有干犯受制之象。

死门入《兑》，得《临》之体，有阴人耗泄之嫌。

卧云主人曰："符入太阴而受克，使登九天而受脱，未免前后克脱交加，虽云玉女守门，奈其间遁狂逃之嫌，而时下不无克脱比劫之虞也。"

丙辛日己丑时

庚符入《震》，得《复》之体，乃六合之宫，官鬼之地，然而加己，为太白大刑格，盖有刚暴被犯之情。

死门入《乾》，得《泰》之体，有就隐作合之意。

卧云主人曰："符入六合而刑己，盖为求托刑碍之情；使入九地而值脱，未免阴中消耗之象。且时下有克脱之嫌，纵本宫二辛来临，皆系奸伪财利，况乎阴使克宫，反有因财致鬼之嫌也。"

丙辛日庚寅时

庚符伏《坤》，乃归伏之体，为太白重刑格，有自生刑疑之象。

死门入中，乃步五之体，有迟滞拙困之征。

卧云主人曰："符伏《坤》而使步五，皆为勉强蹭蹬之情，动静迍邅之局，虽将来有水泽之利，奈佐使步入中宫，困守所合之财，反增比劫迟滞之疑，究竟分合纷驰，终归一辙，且难以作为之象。"

丙辛日辛卯时

庚符入《坎》，得《师》之体，乃朱玄之宫，财帛之地，然而加辛，为太白重锋格，有威逼取财之象。

死门入《巽》，得《升》之体，有所往受克之情。

卧云主人曰："符入财乡，使入官位，似有财官兼济之美，但嫌二己来宫，须慎六合之侵欺，而时下二虎相持，反为财化为鬼之疑，究竟符克朱玄，而太阴克使，诚为屈人者人亦屈之之意也。"

丙辛日壬辰时

庚符入《离》，得《明夷》之体，系螣蛇之宫，印绶之地，然而加壬，为太白退位格，盖有恩中生怨之情。

死门入《震》，得《复》之体，有所谋见阻之局。

卧云主人曰："符之受生于螣蛇，使之受克于六合，佐使固为失利，而值符又值隔刑，未免时下有生处变仇之局，大约彼此失利而已。"

丙辛日癸巳时

庚符入《艮》，得《谦》之体，乃勾白之宫，比肩之地，然而加癸，为虎投罗网格，有反复隔碍之嫌。

死门伏《坤》，乃归伏之体，有穷途呻吟之象。

卧云主人曰："符隔癸于勾白，诚为同室操戈之意，究竟佐使归伏，亦计穷力尽之时，徒自奔忙，未有展作之计耳。"

丙辛日甲午时

符分天蓬，辛仪秉令，辖壬、子、癸之气，通一、四、七之宫，用伤门为使，有伏吟静养之情，分元符六合之神，司印绶之宰，寄财赋于勾白，托生助于丙丁，惟嫌官中事故，每多隔碍耳。"

卧云主人曰："丙丁生助，不虑壬癸之寒，况与时相比而得吉门，则优游自得，何适不宜？"

丙辛日乙未时

辛符入中，乃步五之体，然而加乙，为白虎猖狂，有中庭击闹之嫌。

休门入《离》，得既济之体，有反复得财之象。

卧云主人曰："符步五而心劳事拙，况乎龙虎争衡，又遁飞宫之疑，诚为不遑宁处之象，虽云值使理财，又为进退冲射，凡谋迟滞摇疑之局。"

丙辛日丙申时

辛符入《乾》，得《需》之体，乃螣蛇之宫，印绶之地，然而加丙，为得明返首之格，有仰求生合之情。

休门入《艮》，得《蹇》之体，有趑趄不进之局。

卧云主人曰："符受生而使受克，似乎此逸而彼劳，究竟两途分谋，未免前后参差，况禽、任并来本宫，又为克逼之情，而时下不无分张之意耳。"

丙辛日丁酉时

符使入《兑》，得《节》之体，乃太阴之宫，印绶之地，然而加丁，为白虎受伤格，有吉处藏凶之象。

卧云主人曰："符使并入太阴，又会玉女，似得阴中助美之吉，奈戊己来宫，未免克脱交加，而有得失之情，虽时下有文书化财之谋，亦为先迷而后得也。"

丙辛日戊戌时

辛符入《巽》，得《井》之体，乃朱玄之宫，子孙之地，然而加戊，为龙虎争强格，未免冲制泄耗之虞。

休门入《乾》，得《需》之体，有从龙变化之象。

卧云主人曰："符飞地户，使入天门，有彼此遥期之局，而生脱互现之情，但嫌庚来伏宫，阴六有不和之象，凡谋纷更，而此甲彼乙之殊也。"

丙辛日己亥时

辛符入《震》，得《屯》之体，乃九地之宫，子孙之位，然而加己，为虎坐明堂格，未免暗耗之嫌。

休门入中，乃步五之体，有困扼迟拙之疵。

卧云主人曰："值符受脱于九地，值使受克于中宫，彼此皆为失利，而迟疑克脱之局，况乎丁癸相呼于本宫，未免进退迍邅，而所谋无益耳。"

丁壬日庚子时

辛符入《坤》，得《比》之体，乃六合之宫，官鬼之地，然而加庚，为虎逢太白格，未免惊阻克碍之疑。

休门入《巽》，得《井》之体，有去险效顺之意，惟遁脱耗之嫌。

卧云主人曰："符飞《坤》而受克，使入《巽》而受脱，盖为克脱相侵，况乎天乙飞而本宫受迫，不无田土病讼之欺逼，然彼此各设一谋，而事必纷更罔济。"

丁壬日辛丑时

辛符伏《坎》，乃归伏之体，有受制脱网之象，又为天庭自刑，未免坎坷呻吟之局。

休门入《震》，得《屯》之体，须慎暗中脱耗之侵。

卧云主人曰："符值归伏，有失利于从前，而计图于将来之意，然使受脱于九地，又为所谋失陷之疵，究竟志有余而力不逮之象。"

丁壬日壬寅时

辛符入《离》，得《既济》之体，乃勾白之宫，财帛之地，然而加壬，为天庭逢狱格，诚乃元符之六合，入九天有图南得意之征。

休门入《坤》，得《比》之体，有坎坷受制之局。

卧云主人曰："符入勾白而理财，惜反复交征；使入六合而受克，又为所谋多拙。况乎飞庚伏宫，须慎同人刑碍财物，而时下有网罗之缠害耳。"

丁壬日癸卯时

辛符入《艮》，得《蹇》之体，乃九天之宫，官鬼之地，然而加癸，为虎投罗网格，未免克陷之遭。

休门入《坎》，乃归伏之体，有机穷转变之情。

卧云主人曰："符飞九天，却为堕网而受克；使伏本位，又为穷寂而呻吟。未免彼此惆怅，而人事蹉跎，且时下有克脱之侵，不若退守而与螣蛇作合可也。"

丁壬日甲辰时

符分天英，壬仪秉令，辖丙、午、丁之气，通九、三、六之宫，分元符九天之神，而备"相现乎《离》"之义，用景门为使，有彰明较著之象，而甫为创设之情。然寄合神于九地，阴谋自克有功；奈分庚于九天，图远未必如意。大约官印有相资之缘，而妻子有淑慝之别，凡谋淹滞之象。

卧云主人曰："景门宜献策安邦，自有一鸣惊人之妙，非分之宜，但不可冒昧耳。"

丁壬日乙巳时

壬符入中，乃步五之体，然而加乙，为日入地户格，有弃明投暗之象。

景门入《艮》，得《旅》之体，有失脱之嫌。

卧云主人曰："符步五而使飞《艮》，皆入泄脱之宫，且时下有逃亡克脱之事，究竟所谋多拙，空自费力图维，而难以展作也。"

丁壬日丙午时

壬符入《乾》，得《大有》之体，乃朱玄之宫，财帛之地，然而加丙，为天牢伏奇格，有迟中得利之征。

景门入《兑》，得《睽》之体，有阴私谋干之财。

卧云主人曰："符加丙而使加丁，既为返首，又会守门，尽有彼此得利之象，况又俱入财乡，诚为得利之征。况乎本宫阴六交临，合物假之吉，则时下有财入财乡，惟嫌入墓耳。"

丁壬日丁未时

壬符入《兑》，得《睽》之体，乃九地之宫，财帛之地，然而加丁，为太阴被狱格，有作合得利之征。

景门入《乾》，得《大有》之体，有迟中获利之象。

卧云主人曰："符使并飞财窟，尽有重重得财之局，然而时下尚有迟克之嫌。况乎飞庚伏宫，与推来之太阴相刑，未免生脱相持之意，而内外障碍之疵，究竟先益后损之象。"

丁壬日戊申时

壬符入《巽》，得《鼎》之体，乃螣蛇之宫，印绶之地，然而加戊，为青龙入狱格，有仰求生助之情。

景门入中，乃步五之体，有脱陷之嫌。

卧云主人曰："符进而自刑，使退而受脱，彼此有前后参差之情，但推庚伏宫，而值使又入狂逃之变，且时下有明生暗脱之事，凡谋未为有益。"

丁壬日己酉时

壬符入《震》，得《噬嗑》之体，乃太阴之宫，印绶之地，然而加己，为天网刑冲格，有暗中勾连生助之情。

景门入《巽》，得《鼎》之体，有饮食衍衍之象。

卧云主人曰："符之受生于太阴，使之受生于螣蛇，皆为阴小助美之占，而符使前后，又为追随相从之义，虽嫌死脱入宫，尤幸丙丁财神并入，反为脱中生财，惟时下有化鬼化财之异，所当相机而动可也。"

丁壬日庚戌时

壬符入《坤》，得《晋》之体，乃九天之宫，子孙之地，然而加庚，为天牢伏奇格，未免惊疑脱害之情。

景门入《震》，得《噬嗑》之体，有暗中生助之象。

卧云主人曰："天乙飞而受脱，已为所处不宁，虽时下有化印化财之局，未免不可得兼之情，所幸本宫丁戊来入，似有文信财利，而坐守偏宜，然一受脱而一受生，又为所得仅偿所失也。"

丁壬日辛亥时

壬符入《坎》，得《未济》之体，乃勾白之宫，官鬼之地，然而加辛，为白虎犯狱格，有往返受克之情。

景门入《坤》，得《晋》之体，有退陷受脱之局。

卧云主人曰："符返于勾白，则诸事有骚动之殊；使登于九天，则凡谋有远耗之局。究竟克脱交加，只宜杜门谢客可也。"

戊癸日壬子时

壬符入《离》，乃飞伏之体，乃天牢自刑格，尚有老当益壮之思。

景门入《坎》，得《未济》之体，有反复冲射之象。

卧云主人曰："符伏于《离》，乃历尽长途，转而暂退之意，究竟前途光景，大抵费耗精神。至于值使返吟，亦所谋多拙，而泮涣移易之情。然而符南使北，不无动静失宜，而彼此暌违耳。"

戊癸日癸丑时

壬符入《艮》，得《履》之体，乃六合之宫，子孙之地，然而加癸，为阴阳重复格，有缠绵脱耗之嫌。

景门入《离》，乃归伏之体，有机穷将变之局。

卧云主人曰："符入六合而罗网相交，须慎子孙之脱耗，使伏本宫，而朱、白并临，未免财鬼之侵凌，究竟符遭脱陷，已非展作之时，使亦伏吟，徒劳观望之梦，凡谋淹蹇之局而已。"

戊癸日甲寅时

符分天任，癸仪秉令，辖丑、《艮》、寅之气，通八、五、二之宫，用生门为使，分元符太阴之神，司财赋之宰，而出治于《艮》维，布气运于土府，然与元戊作合，可以决计从龙，但惜宫次之间，有相刑之意，而比肩之宫，遁隔碍之嫌，纵有财印之机，亦待涉历之后，方可于遭滞中，而再得苏畅也。"

卧云主人曰："任星吉而生门利，可以展其抱负，大有遇合之占，虽其中不无刑碍，未足为虑也。"

戊癸日乙卯时

癸符入中，乃步五之体，然而加乙，为日沉九地格，未免沉滞偃蹇之局。

生门入《兑》，得《损》之体，有阴人作耗之嫌。

卧云主人曰："符步五，盖为自贻拙滞，而内遁反复隔碍之情，虽有玉女守门，反滋泄脱之弊，究竟迷蒙不前之象。"

戊癸日丙辰时

癸使入《乾》，得《大畜》之体，乃太阴之宫，子孙之地，然而加丙，为明堂犯悖格，又为返首，未免美中之不足。

卧云主人曰："符使并入太阴，而有阴中之脱耗，况乎本宫受元使之迫，又为因财致鬼之嫌，虽有作合之机，不无隔悖之扰。"

戊癸日丁巳时

癸符入《兑》，得《损》之体，乃六合之宫，子孙之地，然而加丁，为腾蛇夭矫格，有疑虑泄脱之情。

生门入中，乃步五之体，有迟滞多拙之局。

卧云主人曰："符入六合而受脱，又有夭矫之疑，使入中宫而若反，又为摇移之象，况时下有脱中化鬼，而动静之间，未为便宜者。"

戊癸日戊午时

符使入《巽》，得《蛊》之体，乃九地之宫，官鬼之地，然而加戊，为青龙入地格，似有攀仰足合之荣。

卧云主人曰："符使并入九地，而与元戊作合，盖为利见大人之征。然时下飞入朱、白，又为官中文信，迟疑障碍，幸以本宫丙奇跌穴，又会开门真诈之吉，凡谋利于转移生新，静以待动可也。"

戊癸日己未时

符使入《震》，得《益》之体，乃九天之宫，官鬼之地，然而加己，为华盖入明堂格，未免勾连揆度之情。

卧云主人曰："符使并入鬼乡，虽为登天之举，却多阻克之欺，而时下且有鬼入鬼乡，纵本宫财神暗入，反为助鬼之仇，况乎中宫龙虎争雄，而《乾》宫庚丙作悖，凡谋未为顺适。"

戊癸日庚申时

符使入《坤》，得《剥》之体，乃勾白之宫，子孙之地，然而加庚，为天网冲犯格，凡事有反复转移之机。

卧云主人曰："符使并入《坤》维，有往返冲突之情，与更改反常之象。然而飞宫伏宫，须慎异常之灾异，八方骚动，且有交易之参差。大约有旋《乾》转《坤》，声东击西之象，惟革故则宜，而常谋未便。"

戊癸日辛酉时

符使入《坎》，得《蒙》之体，乃螣蛇之宫，财帛之地，然而加辛，为华盖受恩格，有疑豫得利之征。

卧云主人曰："符使并入财帛，堪图水泽渔盐之利，然而本宫被迫，又有克脱之嫌，惟时下有作合脱货生财之象耳。"

戊癸日壬戌时

符使入《离》，得《贲》之体，乃朱玄之宫，印绶之地，然而加壬，为天网覆狱格，未免生处多咎之嫌。

卧云主人曰："符使并入南宫，尽有仰求生助之美，但嫌六合飞来，而为叮咛揆度之思，须慎同人脱耗之侵，究竟罗网相缠，所谋益中有损。"

戊癸日癸亥时

符使伏《艮》，乃归伏之体，为天网重张格，有敦化收笼之意，一元结构之机，惟旧事可以了局，而新谋未许如心，只宜遵养时晦，以图振命而已，纵有奋飞之思，须待转新之局，凡从前之际遇，亦当付之罔闻可也。

卧云主人曰："《艮》者，止也，况癸亥之时乎？凡事宜静而不宜动，幸而得东方生气，主将来机缘不浅，自可以展其抱负耳。"

（卷之六终）

阴遁三局

夏至中元　　白露中元
寒露下元　　立冬下元

甲己日甲子时

符分天冲，戊仪秉令，辖甲、卯、乙之气，通三、九、六之宫，用伤门值使，有"帝出乎《震》"之义，而昧爽呈象之机。

值符戊伤，刑克伏藏，纵如显耀，到后乖张。

九天乙杜，快登云路，事业有成，可以进步。

中宫丙奇，事得光霁，虽然伏制，到南得利。

六合丁开，士女相谐，亦皆受制，免费心怀。

卧云主人曰："符使并伏于东宫，为一元之领袖，著创建之基业，有标榜之美，虽未有昭著之条例，却已定淑慝之规模，但惜符起于东，又为未适意耳。"

甲己日乙丑时

戊符入《巽》，得《恒》之体，乃九天之宫，比肩之地，然而加乙，为青龙入云格，似有倚角之势，而远为依附之情。

伤门入《坤》，得《豫》之体，有田墓争碍之财。

卧云主人曰："飞符九天，盖为依栖之局；使入朱玄，又值迟暮之意。大约求谋拙滞，而所遇未得顺境耳。"

甲己日丙寅时

戊符入中，得步五之体，然而加丙，为得明返首之格，盖有得陇望蜀之情。

伤门入《坎》，得《解》之体，有阴人生助之吉。

卧云主人曰："值符得青龙返首之吉，所惜步五，反为贪财受困之占；值使受生，尽有北道主人之美，又惜仪神刑制之嫌。大约财印奔驰，美中不足之象。"

甲己日丁卯时

戊符入《乾》，得《大壮》之体，乃六合之宫，官鬼之地，然而加丁，为青龙耀明格，盖有登天步月之想，趋拜天阙之情。

伤门入《离》，得《丰》之体，有大利日中之象，一堂嬉笑之征。

卧云主人曰："符飞天阙而逢玉女，盖有官中得意之事；使入九地而值辛仪，又为伏险暗脱之疵。然而三合回还，始终更有同人之美，而婚媾阴私之谋也。"

甲己日戊辰时

戊符飞而复伏，有喜惧交集之情，辗转迟疑之象，然回还自刑，未免起处不遑之局。

伤门入《艮》，得《小过》之体，有疑豫奸伪之财。

卧云主人曰："值符归伏，已有惊速之状，虽云值使理财，亦为疑虑之图，大约动静而歧之象。"

甲己日己巳时

戊符入《坤》，得《豫》之体，乃朱玄之宫，财帛之地，然而加己，为青龙相合格，盖有迟中得利，同人断金之义。

伤门入《兑》，得《归妹》之体，有反复不宁之象。

卧云主人曰："符入《坤》墓而理财，若非同人之财，即有比劫之嫌；使入《兑》宫而值网，须慎官中之事，更有反射之愆。虽云财官互现，亦虑前后参差。"

甲己日庚午时

戊符入《坎》，得《解》之体，乃太阴之宫，文印之地，然而加庚，为青龙持势格，未免文信悖戾之嫌。

伤门入《乾》，得《大壮》之体，有喜惧之情。

卧云主人曰："值符入太阴而惊飞，盖为生处变仇；值使入六合而受制，却乃险中有济。大约有乐处生悲，苦去甘来之象，凡占先损后益之情。"

甲己日辛未时

戊符入《离》，得《同人》之体，乃九地之宫，子孙之位，然而加辛，为青龙相侵格，虽有通明之美，未免中脱之象。

伤门入中，乃步五之体，凡谋拙滞之情。

卧云主人曰："符受脱于九地，使受困于中宫，虽有子动生财之机，却乃隐显迟

225

耗之局。况乎飞庚伏宫，须慎阴中文书之扰，大约有合而不合之象。"

甲己日壬申时

戊符入《艮》，得《小过》之体，乃螣蛇之宫，财帛之地，然而加壬，为青龙破狱格，盖有先迷后利之象。

伤门入《巽》，得《恒》之体，有依附之局。

卧云主人曰："符入鬼户而遇蛇，若非鬼诈阴险之财，即系阴寒脾胃之病；使登九天而乘龙，似有依栖俯就之情。所惜龙虎猖狂，凡占吉凶各半。"

甲己日癸酉时

戊符入《兑》，得《归妹》之体，乃勾白之宫，官鬼之地，然而加癸，为青龙相合格，虽有首尾相见之情，却有反复克制之嫌。

伤门伏《震》，得归伏之体，有钩罗归来之象。

卧云主人曰："符返西宫，有官中作合之局；使来本宫，有一将成功之情。但一西一东，已是参商于卯酉，况又中宫庚丙，未免牝鸡晨鸣之疵。"

甲己日甲戌时

符分天芮，己仪秉令，辖未、《坤》、申之气，通二、五、八之宫，用死门为使，系元符朱玄之宰，有《坤》以成之义，顺以受之情。但以中正恺悌之质，而值星门凶恶之遇，未免有涕泣下车之象，况星、仪、符、使俱值伏吟，虽有柔以济刚之才，亦系勾连迟滞之情。

卧云主人曰："《坤》有顺承之道，虽星门凶而不妄动，亦受天辅之吉也。"

甲己日乙亥时

己符入《巽》，得《升》之体，乃太阴之宫，官鬼之地，然而加乙，为日入地户格，须慎阴人是非，而暗中矛盾之象。

死门入《坎》，得《师》之体，有朱玄之争闹，而财物成破之机。

卧云主人曰："符入官乡，而地奇克天仪，似虑鬼贼之欺；使入财窟，而朱玄战勾白，当防水泽之祸。虽云财官兼济，未免无益有损。"

乙庚日丙子时

己符入中，乃步五之体，然而加丙，为地户埋光格，又值青龙返首，盖有俯就求生，而往返比拟之象。

226

死门入《离》，得《明夷》之体，有游魂惊疑之局，弃暗向明之情。

卧云主人曰："符步五而事拙，虽荣而不荣；使退九而受生，迁乔而出谷。大约飞伏一般，动亦不离之象。"

乙庚日丁丑时

己符入《乾》，得《泰》之体，乃九地之宫，子孙之地，然而加丁，为明堂贪生格，未免生脱互现，而暗中动达之机。

死门入《艮》，得《谦》之体，有反复动移，而释凶从吉之义。

卧云主人曰："符入九地而逢丁，盖有幽会之局，况丁神又入值使之丁，而与壬仪作合，诚乃动中遇合之机，而彼此兼济之象，但反复未定耳。"

乙庚日戊寅时

己符入《震》，得复之体，乃六合之宫，官鬼之地，然后加戊，为明堂从禄格，有从龙变化之象，须防官中比劫之嫌。

死门入《兑》，得《临》之体，有母女相依之情。

卧云主人曰："符趋三而入官，内备戊己作比劫，使趋七而登天，又见壬癸作网罗，况又二庚伏宫，财货恐生不测，至于东西易处，凡占未免摇疑。"

乙庚日己卯时

己符入《坤》，乃归伏之体，又为明堂重逢之格，大约有受克归来，又遭迫制，而惶惑怕进之象。

卧云主人曰："得《泰》之象，君子道长，小人道消之时也，惟嫌迫制，犹未大亨。"

乙庚日庚辰时

己符入《坎》，得《师》之体，乃朱玄之宫，财帛之地，然而加庚，为太白退位格，未免因财起侮之象，而涉渊惧险之情。

死门入中，乃步五之体，盖为失其所处而促之局。

卧云主人曰："天乙入朱玄而飞，须慎破耗之口舌；值使入中宫而伏，又为劳逸之蹉跎。况乎本宫二戊来临，有土重埋金之嫌耳。"

乙庚日辛巳时

己符入《离》，得《明夷》之体，乃腾蛇之宫，印绶之地，然而加辛，为天庭得势格，未免受生处尚有脱诈之疑。

死门入《巽》，得《升》之体，有匍匐公庭之象。

卧云主人曰："符之寄生于螣蛇，使之受迫于太阴，未免阴小当道，颠倒是非，而官中文书之事，参差费神耳，究竟劳逸不同也。"

乙庚日壬午时

己符入《艮》，得《谦》之体，乃勾白之宫，比肩之地，然而加壬，为明堂被刑格，盖为反复动移之象。

死门入《震》，得《复》之体，有克制未宁之情。

卧云主人曰："符返于勾白，使迫于六合，盖为进退不定，而所谋见阻之象。"

乙庚日癸未时

己符入《兑》，得《临》之体，乃九天之宫，子孙之地，然而加癸，为明堂合华盖格，似有遥为脱陷之情。

死门伏《坤》，乃历尽崎岖，力乏归宁之局。

卧云主人曰："符登天而入网，盖为贪中失利之占；使退《坤》而伏吟，又为失势闲处之象。只疑转局时，而彼此皆无用武之地矣。"

乙庚日甲申时

符分天蓬，庚仪秉令，辖壬、子、癸之气，通一、四、七之宫，用休门为使，有卧虎之象，而遥思建言投书，以谋名利之举。大约从前尽是虚劳，于今方图实济，一如脱枥长嘶，徒怀附鹏之想，而文案蹉跎，难作确然之论，未免欲速未能之象。

卧云主人曰："《坎》体有出险之象，遇此吉时，可以优游有为，但不宜急急耳。"

乙庚日乙酉时

庚符入《巽》，得《升》之体，乃朱玄之宫，子孙之地，然而加乙，为太白贪合格，盖有贪合甘脱之情。

休门入《离》，得《既济》之体，有南北奔驰之象。

卧云主人曰："符入朱、玄，而得乙妹之妻，合中不无受脱；使入勾、白，而值丁壬之亲，反吟又得逢迎。虽有脱中生财之意，却为离合图南之情。"

乙庚日丙戌时

庚符入中，乃步五之体，然而加丙，为太白入荧，又值返首，盖有裹足畏前之意，只因狂迷逃脱耗之遭耳。

休门入《艮》，得《蹇》之体，虽有登天之局，亦嫌辛乙之交。

卧云主人曰："符步五而加丙，似乎心劳事拙，然又为食之无味，弃之不忍，于中另有去取之机。大约符使俱入官乡，所谋未免多阻耳。"

乙庚日丁亥时

庚符入《乾》，得《需》之体，乃腾蛇之宫，印绶之地，然而加丁，为太白受刑格，盖有文信动发之机。

休门入《兑》，得《节》之体，有暗中生助之情。

卧云主人曰："符使俱入印乡，堪图文书之事，但嫌内遁丁癸，不无叮咛揆度之情，究竟未有准的。"

丙辛日戊子时

庚符入《震》，得《屯》之体，乃九地之宫，子孙之地，然而加戊，为太白逢恩格，宜于贮积之谋，当有脱泄之意。

休门入《乾》，得《需》之体，有从龙变化之象。

卧云主人曰："符伏时干，而阶前似有灾异；玉女守门，而魏姬尚能窃符。莫谓腾蛇匪类，或可暗中生扶，但罗网俱来本宫，而官中文书留意可也。"

丙辛日己丑时

庚符入《坤》，得《比》之体，乃六合之宫，官鬼之地，然而加己，为太白大刑格，未免欺人者，人亦欺之。

休门入中，乃步五之体，而所谋蹉跎之情。

卧云主人曰："符之刑己，盖有威压同人之象，然而星之受克，又为刚暴自毙之情，况乎值使又入中宫，诚乃彼此失利之象。"

丙辛日庚寅时

庚符入《坎》，得归伏之体，然而加庚，为太白重刑格，盖为刚暴自用，而威令不振之象。

休门入《巽》，得《井》之体，有文书作合之机，未免小人作耗之情。

卧云主人曰："符飞而伏，从前总是徒劳，因有同室操戈，而将作图南之计，所惜遣使间谍以求亲，反有劳力伤神之弊也。"

丙辛日辛卯时

庚符入《离》，得《既济》之体，乃勾白之宫，财帛之地，然而加辛，为太白重锋格，未免时下有飞干伏干之嫌。

休门入《震》，得《屯》之体，有暗中生育之情。

卧云主人曰："符返于《离》，盖有威下江南之意，但有斗粟尺布之谣，于中反复乖戾，以致值使受脱于九地，而阴人口舌，反有合而无益之益之占。"

丙辛日壬辰时

庚符入《艮》，得《蹇》之体，乃九天之宫，官鬼之地，然而加壬，为太白退位格，未免刚遭柔制之象。

休门入《坤》，得《比》之体，有龙虎争格之嫌。

卧云主人曰："符登九天而小格，难拟稳步蟾宫；使入六合而狂逃，岂无同人乖戾。况乎分投《坤》《艮》，又为趋向不一之占，而彼此摇疑，大约皆为受制之象。"

丙辛日癸巳时

庚符入《兑》，得《师》之体，乃太阴之宫，印绶之地，然而加癸，为虎投罗网格，又值大隔，文信必有差讹。

休门伏《坎》，未免困守，待机运之转可也。

卧云主人曰："符隔癸而阴小灾非，使伏《坎》而人事非旧。大约有离异之象，困处之局，不惟阴谋无益，须慎脱耗荐臻。"

丙辛日甲午时

符分天英，辛仪秉令，有持旺自刑之意，辖丙、午、丁之气，通九、三、六之宫，有除水濡之险，而易以火烈之治，用景门为使，分元局九地之神，司天嗣之宰，而文明焕发之始，所惜伏吟，尚为有志未吐之情，虽云八宫有另换之规模，而符使初临，未识前途之否泰。

九地景辛，自恃刚勇，伏险无谋，空作卧虎。

卧云主人曰："火主光明显赫之权，此虽伏时，却是振作可为，用以正邦大吉。"

丙辛日乙未时

辛符入《巽》，得《鼎》之体，乃螣蛇之宫，印绶之地，然而加乙，为白虎猖狂格，未免文案之间有争衡之局。

景门入《艮》，得《旅》之体，有诈脱之嫌。

卧云主人曰："符入螣蛇，而龙虎相抗，盖为得生之处，而自作狂悖之行，以致疑虑不安之局。使入鬼户而受脱，又为弃明投暗之情也。"

丙辛日丙申时

辛符入中，乃步五之体，然而加丙，为天庭得明返首之格，盖有弃明投暗，辞尊就卑之象，而未免沉滞脱耗之情。

景门入《兑》，得《睽》之体，有暗中得财之局。

卧云主人曰："符步五而加丙，未免美中不足之嫌；使入《兑》而理财，更防贪财入墓之险。然而二乙来本宫，似有岭南驿使之兆，而阴小逃失之疑。"

丙辛日丁酉时

辛符入《乾》，得《大有》之体，乃朱玄之宫，财帛之地，然而加丁，为白虎受伤格，虽为理财，却忌入墓，阴小是非，恐生不测。

景门入《乾》，玉女守门，旺可得财，衰防病讼。

卧云主人曰："符使并趋天阙，有白简从事之象，与笑问嫦娥之情。然惜为入幕之宾，难以理阃外之事，大约终困于词辩之中耳。"

丙辛日戊戌时

辛符入《震》，得《噬嗑》之体，乃太阴之宫，印绶之地，然而加戊，为龙虎争强格，未免子午相冲，而先损后益之象。

景门入中，乃步五之体，盖为脱陷之局。

卧云主人曰："符投九地而受生，使入中宫而受脱，盖为暗中生脱之象，况乎丁癸相呼于本宫，又疑财物自来之情，惟有夭矫疑豫之疵耳。"

丙辛日己亥时

辛符入《坤》，得《晋》之体，乃九天之宫，子孙之地，然而加己，为虎坐明堂格，未免远行受脱之象。

景门入《巽》，得《鼎》之体，有自求口实之意。

卧云主人曰："符趋《坤》而使趋《巽》，有或前或后之情，一受生而一受脱，有主劳客逸之局。妙在本宫得使，财印尚可从心，须忌造次前驱，恐有强梁作悖耳。"

丁壬日庚子时

辛符入《坎》，得《未济》之体，乃勾白之宫，官鬼之地，然而加庚，为虎逢太白格，盖有经入虎穴，而自招强暴之侮，以致冲复不宁之疵。

景门入《震》，得《噬嗑》之体，有暗中生助之象。

卧云主人曰："符值飞宫，伏宫之嫌，住返皆有灾异，而人宅未必安泰，谋为事有乖张，虽云值使受生，又奈彼宫有合中之比克，而图维之事难以显扬也。"

丁壬日辛丑时

辛符伏《离》，乃归伏之体，然为天庭自刑格，盖为受惊被逼之后，而自生刑惧之恩，转思谋生之策。

景门入《坤》，得《晋》之体，有遥远奢拨之举。

卧云主人曰："值符归伏，乃究途自转之象，避嚣止静之情。至于使入九天，又值泄脱，未免动静非宜，而行藏蹉跎之象。"

丁壬日壬寅时

辛符入《艮》，得《旅》之体，乃六合之宫，子孙之地，然而加壬，为天庭逢狱格，未免耗力费神之局。

景门入《坎》，得《未济》之体，有反复受克，而冲易不宁之象。

卧云主人曰："符受脱于六合，使受克于勾白，盖有克脱不安之意，那堪飞庚伏宫，而时干又去投网，不无所为多拙，而人事蹉跎耳。"

丁壬日癸卯时

辛符入《兑》，得《睽》之体，乃九地之宫，财帛之地，然而加癸，为虎投罗网格，盖有贪财受累，而事多迷蒙之象。

景门伏《离》，有归宁之局，未免行其庭不见其人之意。

卧云主人曰："符入九地而逢网，虽为得财，却有穷途之局；使伏本位，虽为安静，亦系困守之征。大约有貌同志异之情耳。"

丁壬日甲辰时

符分天任，壬仪秉令，辖丑、《艮》、寅之气，通八、五、二之宫，分元局螣蛇之神，而司财赋之宰，用生门为使，有代前承乎《坤》之义，而新谋止乎《艮》之情。所惜合神遥寄天门，又为伏庚所隔，纵虽太阴合我，其如螣蛇障碍何，大约有谋未就之象。

腾蛇壬生，宅墓怀惊，忧疑得济，可以经营。

卧云主人曰："《坤》《艮》合而为《谦》，是谦谦之君子也，所以虽处忧疑，却能静镇，以取荣名耳。"

丁壬日乙巳时

壬符入《巽》，得《蛊》之体，乃九地之宫，官鬼之位，然而加乙，为日入地户格，未免暗中遭磨之象。

生门入《兑》，得《损》之体，盖为耗费之嫌。

卧云主人曰："值符受制于九地，又值自刑之疑；值使受脱于六合，又逢地网之宫。未免克脱交加，而所谋未为顺利。"

丁壬日丙午时

壬符入中，乃步五之体，然而加丙，为天牢伏奇格，又为青龙返首，大约冲易反复之局。

生门入《乾》，得《大畜》之体，未免狂逃耗费之嫌。

卧云主人曰："符加丙而入五，盖为美中不足；使加丁而入《乾》，又虑吉处成凶。况乎二己俱来本宫，未免反复勾连之象，与受脱猖狂之情。"

丁壬日丁未时

壬符入《乾》，得《大畜》之体，及太阴之宫，子孙之地，然而加丁，为太阴被狱格，虽有作合之奇，未免脱耗之局。

生门入五，乃步五之体，实有反复之疑。

卧云主人曰："符入太阴，而得玉女之合，盖有婚媾作合之美，值使步五，而却寄用于《坤》，又为反复移易之情。然飞庚伏宫，喜得乙奇作合，反为财官兼济之征。"

丁壬日戊申时

壬符入《震》，得《颐》之体，乃九天之宫，官鬼之地，然而加戊，为青龙入狱格，盖有仰面受制之象。

生门入《巽》，得《蛊》之体，有遭逢迫制之嫌。

卧云主人曰："符受克于九天，使受制于九地，从此皆为失利，病讼逢之最凶，况又推庚伏宫，未免因财致讼，只可以凶化凶，始得便宜。"

丁壬日己酉时

壬符入《坤》，得《剥》之体，乃勾白之宫，比肩之地，然而加己，为天地刑冲格，未免彼此摇移，而往返不安之象。

生门入《震》，得《颐》之体，有进退趑趄之局。

卧云主人曰："符返而进退狐疑，使飞而行止未便，皆为主客不利，况乎本宫丙己作悖，未免同室争斗之惊。"

丁壬日庚戌时

壬符入《坎》，得《蒙》之体，乃螣蛇之宫，财帛之地，然而加庚，为天牢倚势格，未免求利弗得，而反有拂意之疵。

生门入《坤》，得《剥》之体，有"小人剥庐，君子得舆"之象。

卧云主人曰："值符飞而值使返，所谋未为有济，虽有太阴飞来作合，未免为淫讹之情，而反滋脱克之累。"

丁壬日辛亥时

壬符入《离》，得《贲》之体，乃朱玄之宫，印绶之地，然而加辛，为白虎犯狱格，有张罗于庭之象，而用宾于王之情。

生门入《坎》，得《蒙》之体，有水泽渔盐之利。

卧云主人曰："符飞印宫，尽有重重受益之象，使入财窟，奈值飞神俱悖之嫌。干中财印固欲兼图，未免南北接应不的，且二癸来宫，宜防同人之缠害也。"

戊癸日壬子时

壬符伏《艮》，乃归伏之体，又为天牢自刑格，未免事绪迟疑，而前程有限之象。

生门入《离》，得《贲》之体，有闻誉生助之美。

卧云主人曰："符分而伏，盖为甘苦备尝，而转于静中思动之意，遣使求益之情，究竟彼宫自有不安之局，奚能济我仰望之思耶？"

戊癸日癸丑时

壬符入《兑》，得《临》之体，乃六合之宫，子孙之地，然而加癸，为阴阳重张格，未免蒙蔽诈脱之情。

生门伏《艮》，及归伏之体，有势孤独守之局。

卧云主人曰："符飞《兑》而网罗差跌，使伏《艮》而人事蹉跎，虽有辛仪作生援，未免议论多不一，而彼此作为，都待将来时候。"

戊癸日甲寅时

符分天柱，癸仪秉令，辖庚、酉、辛之气，通七、四、一之宫，用惊门为使，有肃杀之威，而遂收罗之志，将以成东作西成之义，而木生金杀之权耳。

勾白癸惊，门户忧声，凡事诡诈，妇女瘠征。

卧云主人曰："西肃而东生，当乘生气之方，以静待之，反得静中之吉。"

戊癸日乙卯时

癸符入《巽》，得《大过》之体，乃六合之宫，财帛之地，然而加乙，为日沉九地格，虽分同人之财，却有刑碍之疵。

惊门入《乾》，得《夬》之体，有依傍之情。

卧云主人曰："符飞六合而理财，惜值相刑之位；使飞九天而入比，又得玉女之逢，似有阴私阴人之事。但符使分居《乾》《巽》，未免两处暌违，而本宫宜防隔害之缠陷也。"

戊癸日丙辰时

符使入中，乃步五之体，然而加丙，为明堂犯悖格，又为青龙返首，未免贪生受困之象。

卧云主人曰："符使并入中宫，盖为俯首求生之意，而居此望彼之情。所惜机括遭滞，而好事蹉跎，纵云本宫得使，未免叮咛揣度之疑，又兼太阴飞来遁鬼，须慎阴人是非之扰。"

戊癸日丁巳时

癸符入《乾》，得《夬》之体，乃九天之宫，比肩之地，然而加丁，为螣蛇夭矫，未免有同类是非之嫌。

惊门入《巽》，得《大过》之体，有擒捉之利。

卧云主人曰："符飞天阙而值丁神，盖为吁祈而生诧异；使入地户，而值乙奇，又为入幽而得货财。然符使分居《乾》《巽》，若非意外之奇遇，须慎彼此之分张。"

戊癸日戊午时

符使入《震》，得《随》之体，乃勾白之宫，财帛之地，然而加戊，为青龙入地格，虽有首尾作合之机，未免东西摇动之局，而财物反复，人情离合之征。

卧云主人曰："《震》有动作之象，须东方得利益耳，然乘吉时，诸事亦可随机而行。"

戊癸日己未时

符使入《坤》，得《萃》之体，乃腾蛇之宫，印绶之地，然而加己，为华盖入明堂格，未免贪生受困之象，与生意疑豫之情。然本宫戊仪作合，乃财神返临；丁使相加，为九天之仙子，当有神鬼助福之象。

卧云主人曰："《萃》者，聚之象也，动作皆合人心，况有丁使相加之妙乎！"

戊癸日庚申时

符使入《坎》，得《困》之体，乃九地之宫，子孙之地，然而加庚，为天网冲犯格，须慎暴脱之嫌，且天乙飞兮，而所谋多应不便，然而本宫辛乙，虽为财官之宰，未免争抗之嫌，而狂逃之弊更宜留意。

卧云主人曰："《坎》亦险之义，所遇匪人，自不免于困顿耳。"

戊癸日辛酉时

符使入《离》，得《革》之体，乃太阴之宫，官鬼之地，然而加辛，为华盖受恩格，未免恩中生怨之意，天庭借势之情，然遁飞干伏干之嫌，须慎事生不测。

卧云主人曰："华盖受恩，利于隐遁。诸凡动作，小心谨慎。"

戊癸日壬戌时

符使入《艮》，得《咸》之体，乃朱玄之宫，印绶之位，然而加壬，为天网覆狱格，未免口舌是非，而迷蒙牵连之象，谋生太拙之情。虽云本宫之飞丁，得使与推乙为财，亦不免同人之分利耳。

卧云主人曰："天网最忌，诸事不利。讼狱之来，未能脱去。"

戊癸日癸亥时

符使伏《兑》，乃条理之终，盖有惊疑揣度之象。且本局起元于木，而终元于金，将以著东作西成之义，有生有灭之情，凡事有随机知止之局，只恐异日之布置，未必作恁般观也。

卧云主人曰："癸亥亦为网也，况值《兑》金之肃杀乎？宜静守以安命，勿妄动以速祸。"

阴遁二局

小暑中元　　立秋上元
霜降下元　　小雪下元

甲己日甲子时

符分天芮，戊仪秉令，辖未、《坤》、申之气，通二、五、八之宫，用死门为使，有《坤》顺成物之义，包荒敦厚之情。阴六会乙丙而作官星，有公私两便之局；地天值壬癸而逢脱气，有俯仰未舒之情。寄财令于比肩，惜朱玄之载道；防伏庚于印绶，奈螣蛇之横恣。尚取《乾》《巽》可相依，囤积阴谋大利。

卧云主人曰："《坤》亦顺承之象，若乘吉时而有为，惟《震》《巽》二方，乘阴合得吉也。"

甲己日乙丑时

戊符入《震》，得《复》之体，乃六合之宫，官鬼之地，然而加乙，为青龙入地格，有相好相尤之情。

死门入《坎》，得《师》之体，有阴谋刑悖之财。

卧云主人曰："符入官而使入财，似有财官之谋，但符入刑宫，又是刑迫之所，使迫《坎》位，又值刑悖之交，未免美中不足之象。"

甲己日丙寅时

戊符入《巽》，得《升》之体，乃太阴之宫，官鬼之地，然而加丙，为得明返首格，盖有利见大人之征。

死门入《离》，得《明夷》之体，有昧爽之情，生生之意。

卧云主人曰："符入官而使入印，尽堪奋志图南，而官印轩昂之局，但惜事多转折，而本宫庚癸相呼，未免好事破阻之象，凡事变迁，且有爻动化鬼之嫌。"

甲己日丁卯时

戊符入中，乃步五之体，然而加丁，为青龙耀明格，盖有欲速不能之象。

死门入《艮》，得《谦》之体，有反复冲移之情。

卧云主人曰："值符步五，已为拙滞之谋；值使返吟，又为摇移之象，虽云始终未出腔子里，究竟个中事绪更纷然。大约自己无主宰，弄得旁人总动摇，而进退不宁之象也。"

甲己日戊辰时

戊符伏《坤》，乃飞伏之体，又为青龙入地格，未免呻吟迟滞之情。

死门入《兑》，得《临》之体，有俯就受脱之象。

卧云主人曰："符飞而伏，盖从前之虚名，成已往之话柄，而将来之用舍行藏，更有如许之崎岖也，宜趁此而作进步之机，还宜急流勇退，三千佐使受脱，不惟委任不得力，更且望远总徒劳。"

甲己日己巳时

戊符入《坎》，得《师》之体，乃朱玄之宫，财帛之地，然而加己，为青龙相合格，未免比拟分合之财。

死门入《乾》，得《泰》之体，有合中受脱之情。

卧云主人曰："符入朱玄而理财，却值戊己相逢，若非词坛之利，即系奸伪之情，究竟时干飞伏于官父之乡，须防因财生祸，兼乎二乙来宫，未免雀角之疑。至于值使受脱于九地，又值罗网大隔之疵，即如自己作事多乖，而遣佐使之受陷也。"

甲己日庚午时

戊符入《离》，得《明夷》之体，乃螣蛇之宫，印绶之地，然而加庚，为青龙持势格，未免冲隔不安之嫌，又为观光上国之筹。

死门入中，乃步五之体，有进退蹉跎之局。

卧云主人曰："符使联登九五，有圣人出而万物睹之象，与元首康而股肱良之情。所惜符入明堂而悖飞，已为自顾而不遑；使入中宫乘丁，又为贪和苟处，以致时干之触，丙刑壬而龙虎狂逃，皆由主事者之趋向未善耳。"

甲己日辛未时

戊符入《艮》，得《谦》之体，乃勾白之宫，比肩之地，然而加辛，为青龙相侵格，未免反复冲易之情。

死门入《巽》，得《升》之体，有慰喧之举，与结绝之谋。

卧云主人曰："符返于勾白之宫，而本宫又被门迫，已为适从未定之象，以致时干飞五伏《坤》，又为同类张惶之情。至于使入鬼乡，罗网交加，未免在我者更张，而在彼者受害矣。凡财物之谋，委任更要留心，切慎悖戾之嫌也。"

甲己日壬申时

戊符入《兑》，得《临》之体，乃九天之宫，子孙之地，然而加壬，为青龙破狱格，盖为图远而受脱之情。

死门入《震》，得《复》之体，有克战惊阻之嫌。

卧云主人曰："符受脱而使受克，彼此以为不利，然此在西，而彼在东，宾主各怀猜忌。虽时下化鬼为财，奈本宫飞庚隔癸，未免好事蹉跎，而图谋难以就遂。况乎使入鬼乡，而值辛乙相衡，不惟所谋受制，而且有波及之是非耳。"

甲己日癸酉时

戊符入《乾》，得《泰》之体，乃九天之宫，子孙之地，然而加癸，为青龙相合格，盖有首尾相见之义。

死门伏《坤》，乃安静沉滞之象。

卧云主人曰："符投九地之网，已为暗中受脱，纵虽得鬼化合，又为枉寻直尺，况乎值使归伏，更为穷途失似之情。大约彼此不相照应，而动静纵是穷机，只宜结绝事故可也。"

甲己日甲戌时

符分天蓬，己仪秉令，辖壬、子、癸之气，通一、四、七之宫，用休门为使，分元符朱玄之神，司财赋之宰，而宣令于北道，有博施济众之能。所惜阴胜作印绶，而有俯首受生之象，尚赖乙丙作子孙，而有跨灶崛起之贤。惟嫌勾白寄于财宫，未遂图南之愿，偏喜官星临于天六，利见大人之征。大约有两番拆挫之情。

"朱玄已休，事多杂糅，虽无大吉，亦无凶忧。"

卧云主人曰："休门为使，所为皆利，惟此甲戌时可用耳。"

甲己日乙亥时

己符入《震》，得《屯》之体，乃九地之宫，子孙之位，然则加乙，为日入地户格，有恩中生怨，暗中侵玷之情。

休门入《离》，得《既济》之体，有反复取利之局。

卧云主人曰："符飞九地，盖有脱气生财之象，子孙制鬼之情；使入财乡，惜其反复，大象有损有益之事，官中文书之疑。"

乙庚日丙子时

己符入《巽》，得《井》之体，乃朱玄之宫，子孙之地，然而加丙，为地户埋光格，又为返首，大象有损无益。

休门入《艮》，得《蹇》之体，有趑趄不前之局。

卧云主人曰："值符返首于朱玄，似有建言立功之美，但内遁冲悖脱耗，未免美中不足之嫌，然时干飞入财乡，又为脱中逢生之义，惟值使登天受制，不无高远艰难之情，凡谋叠遭克脱之象。"

乙庚日丁丑时

己符入中，乃步五之体，然而加丁，为明堂贪生格，盖为贪生受克之情。

休门入《兑》，得《节》之体，有暗中受益之象。

卧云主人曰："符受困而乘丁，使受生而加壬，两宫虽有作合，而彼此未免劳逸之分。况时干飞伏于南乡，又值刑隔之事；值使进投于太阴，而遇狂走之嫌。究竟所图迟疑，而好事蹉跎也。"

乙庚日戊寅时

己符入《坤》，得《比》之体，乃六合之宫，官鬼之地，然而加戊，为明堂从禄格，未免比劫克害之嫌。

休门入《乾》，得《需》之体，有求生而多疑之象。

卧云主人曰："符趋《坤》而使趋《乾》，已为地天遥涉之思，然一加戊而一加癸，又为因人作合之局。但符投元而受克，使投网而遇丁，未免事绪多歧，而谋为不就，况乎丙奇跌穴，而受飞庚之悖刑，又为好事遭挫折耳。"

乙庚日己卯时

己符伏《坎》，乃归伏之体，为明堂重逢格，盖有辗转沉吟，而料理图南之策。

休门入中，乃步五之体，凡占迟疑不前之局。

卧云主人曰："符飞而伏，乃进退张惶之意；值使乘丁，乃欲速未能之情。虽云玉女守门，究竟事多粘滞耳。"

乙庚日庚辰时

己符入《离》，得《既济》之体，乃勾白之宫，财帛之地，然而加庚，为明堂伏杀格，盖有反复刑冲之象。

休门入《巽》，得《井》之体，有疑虑脱诈之情。

卧云主人曰："符值伏宫飞宫，进退似有灾异；使值朱玄丁癸，未免口舌纷更，虽为子动生财，只疑因财致累，而官中文书之扰也。"

乙庚日辛巳时

己符入《艮》，得《蹇》之体，乃九天之宫，官鬼之地，然而加辛，为天庭得势格，未免克脱之疑。

休门入《震》，得《屯》之体，有遭暗脱之情。

卧云主人曰："符飞九天而受克，使入九地而受脱，盖为克脱交加，而谋为淹蹇之局，况乎符入鬼乡，而鬼又入鬼，以致猖狂之变，未免前后参差，而难以照应也。"

乙庚日壬午时

己符入《兑》，得《节》之体，乃太阴之宫，印绶之地，然而加壬，为明堂被刑格，未免冲复之嫌。

休门入《坤》，得《比》之体，有克害之疑。

卧云主人曰："符入太阴而受生，使入六合而受克，大约阴私谋为之中，不无生克互现之象，虽云飞丙跌穴，乙奇得使，而当有光裕之兆，终不免于耗费之情也。"

乙庚日癸未时

己符入《乾》，得《需》之体，乃螣蛇之宫，印绶之地，然而加癸，为明堂合华盖格，有生机闭塞之情。

休门入《坎》，得归伏之体，有静止之意。

卧云主人曰："符投网以求生，不免疑虑之局；使归《坎》而伏吟，又为计穷之时。大约所谋多拙，而难以动作也。"

乙庚日甲申时

符分天英，庚仪秉令，辖丙、午、丁之气，通九、三、六之宫，用景门为使，分元符螣蛇之神，司印绶之宰，具蹶强之才，治文明之事，惧刑克于北道，喜交欢于太阴，罗网深处得辎重，日月光中读制书。大约有明堂举鼎，约法纷申之局。

卧云主人曰："螣蛇庚景，前后有警，空自张威，不能调鼎。若欲乘时，向申而隐。春冬动作，诸事皆隐。"

乙庚日乙酉时

庚符入《震》，得《噬嗑》之体，乃太阴之宫，印绶之地，然而加乙，为太白贪合格，盖有生处受益之象。

景门入《艮》，得《旅》之体，有同人泄脱之情。

卧云主人曰："符入太阴而受生，使入六合而值脱，盖有客劳主逸之情，况乎使前符后，两宫又有狂然之弊，则作为得益于损之象，而图谋先迷后利之征，究竟罗网作财神，喜得开门而大利也。"

乙庚日丙戌时

庚符入《巽》，得《鼎》之体，乃螣蛇之宫，印绶之地，然而加丙，为太白入荧格，又为返首，盖有相信相疑之意，先克后生之情。

景门入《兑》，得《睽》之体，有阴谋缠害之嫌。

卧云主人曰："符入印乡，使入财窟，则有财印从心之兆，然庚丙名荧白相加，门前罗网交叠，又为美中不足，而脱神入宫之嫌，况飞合中化出狂逃，凡事还宜留意。"

乙庚日丁亥时

庚符入中，乃步五之体，然而加丁，为太白受制格，未免弃明之局。

景门入《乾》，得《大有》之体，未免贪财入墓之嫌。

卧云主人曰："符步五而受脱，使入财而投库，皆为沉滞淹塞之局，以致时干飞伏于罗网，须慎夭矫之疑虑。况旁宫叠见虎狂龙走，而阴六私情，不无惊心之疵矣。"

丙辛日戊子时

庚符入《坤》，得《晋》之体，乃九天之宫，子孙之地，然而加戊，为太白逢恩格，盖有犯关遭脱之象。

景门入中，乃步五之体，有脱陷之情。

卧云主人曰："符入《坤》而使步五，皆为受脱之局，纵虽玉女守门，亦为中篝私情，必遭诈脱，况丁神男有西顾之私，虽本宫财印相从，亦未为尽美之局也。大约有离而合，合而离之情。"

丙辛日己丑时

庚符入《坎》，得《未济》之体，乃勾白之宫，官鬼之地，然而加己，为太白大刑格，未免反复刑克之嫌。

景门入《巽》，得《鼎》之体，有宴亨之义，与烹葵剥枣之情。

卧云主人曰："符返于勾白，而南北奔驰；使入于螣蛇，而内逢生助。未免主劳客逸之象。诚为自持刚愎，而轻入勾白之宫，以致入宫骚动，虽有佐使之求授，亦大厦非一木能支之局，凡占皆自己乱动耳。"

丙辛日庚寅时

庚符伏《离》，乃归伏之体，为太白重刑格，有壮志未伸，转思进取之局。

景门入《震》，得《噬嗑》之体，有阴人作合之谋。

卧云主人曰："符伏于《离》，乃呻吟疑虑之象；使入于《震》，有暗中生助之情。于中乙庚牵合，有遣使求亲之意，与合移文书之财，但未免遥期，而事防中止之嫌者。"

丙辛日辛卯时

庚符入《艮》，得《旅》之体，乃六合之宫，子孙之地，然而加辛，为太白重锋格，盖有两强相持之象。

景门入《坤》，得《晋》之体，有奢望遭脱之嫌。

卧云主人曰："符使分投《坤》《艮》，而彼此离异之局，均为受脱之情，以致时干飞伏于九地，未免脱中见脱，又为脱中化财之意，虽有财官并临本宫，亦为因财致讼之扰，究竟事分两途，终归一辙。"

丙辛日壬辰时

庚符入《兑》，得《睽》之体，乃九地之宫，财帛之地，然而加壬，为太白退位格，未免暗中刑脱之嫌。

景门入《坎》，得《未济》之体，有反复冲射之情。

卧云主人曰："符入九地而理财，使返勾白而遇官，有传财化鬼之象，虽有本宫真诈之吉，其奈受门迫制之欺，所取九天之宫，得天遁之祥，而子孙之宫，另有荣遇之美。"

丙辛日癸巳时

庚符入《乾》，得《大有》之体，乃朱玄之宫，财帛之地，然而加癸，为虎投罗网格，未免所谋阻滞之情。

景门伏《离》，乃归伏之体，有脱栉长嘶之局。

卧云主人曰："符入财而值网隔之嫌，使伏吟而遇狂逃之变，动静皆未得宜，况乎时干俱飞于太阴，未免破我合神，虽为财入财乡，亦系隔而后合之象。"

丙辛日甲午时

符分天任，辛仪秉令，辖丑、《艮》、寅之气，通八、二、五之宫，用生门为使，有威镇西方之义，而东南作合之情。至于阴六遁壬癸，私秘之处更有深藏；乙丙分地天，显达中尚有疑二。所惜庚肆朱玄，文书须防诈伪；乙分螣蛇，妻财似有惊疑。但分元符勾白之宰，而所事未免迟滞之象。

卧云主人曰："勾白辛生，虎入本宫。风势不作，也可惊人。乘时之吉，可以攸行。不宜秋月，却利夏春。"

丙辛日乙未时

辛符入《震》，得《颐》之体，乃九天之宫，官鬼之地，然而加乙，为白虎猖狂格，未免争斗受克之情。

生门入《兑》，得《损》之体，有同人诈脱之象。

卧云主人曰："符之受克于东，使之受脱于西，彼此虽则殊途，而荣枯实同一辙，纵有财官入宫之局，反有合中刑悖之疑，大约谋为不一耳。"

丙辛日丙申时

辛符入《巽》，得《蛊》之体，乃九地之宫，官鬼之地，然而加丙，为得明返首之格，有暗中得明之象。

生门入《乾》，得《大畜》之体，有深谋远虑之情。

卧云主人曰："符趋《巽》而使趋《乾》，似有经天纬地之义，然一受克而一受脱，又为进退失利之局。虽本宫遇九天飞使，亦非我后之人，况乎时干飞庚，又为私隐败露，究竟取舍皆无益也。"

丙辛日丁酉时

符使入中，乃步五之体，然而加丁，为白虎受伤格，未免反复迟疑之象。

卧云主人曰："符使俱入中宫，盖为欲速不能，而进退迍邅，然而螣蛇之宫，受庚丙之累，则财物之间，不无疑虑之惊，虽值玉女守门，亦系好好先生之局。"

丙辛日戊戌时

辛符入《坤》，得《剥》之体，比肩之地，然而加戊，为龙虎争强格，盖为反复冲伤之情。

生门入《巽》，得《蛊》之体，有暗中坏事之局。

卧云主人曰："值符反吟，徒作翻复改弦之想，值使入地，未免隐微受克之情，究竟符《坤》使《巽》，彼此已是摇疑，时干步五，所谋目前遭滞耳。"

丙辛日己亥时

辛符入《坎》，得《蒙》之体，乃螣蛇之宫，财帛之地，然而加己，为虎坐明堂格，盖有疑虑得财之象。

生门入《震》，得《颐》之体，有游趑趄之情。

卧云主人曰："符入财乡，惜财仪之进退不一，而且有助鬼之嫌；使登九天，值乙奇飞来作使，而当见官中之事。但符前使后，未免事涉两歧，而因财致讼之虑。"

丁壬日庚子时

辛符入《离》，得《贲》之体，乃朱玄之宫，印绶之地，然而加庚，为虎逢太白格，虽有受生之意，实为疑惧之情。

生门入《坤》，得《剥》之体，有反复动摇之象。

卧云主人曰："符入自刑，而值飞宫之嫌，已有起处不遑之局，况又值使反吟，未免求荣不得，而反有宅舍冲移之情。究竟时干刑己隔癸，若非官中财物起斗争，即是自家妻小多灾异。"

丁壬日辛丑时

辛符伏《艮》，乃归伏之体，有进退趑趄之情。

生门入《坎》，得《蒙》之体，有水泽渔盐之财。

卧云主人曰："符飞而伏，为天庭自刑之格，未免前襟后裾，而事多疑虑之情，虽值使理财，惜入螣蛇，又为迫制取利之象。究竟本宫受迫，而自顾亦且不遑，岂暇向他人之得失哉？大约主劳客逸。"

丁壬日壬寅时

辛符入《兑》，得《损》之体，乃六合之宫，子孙之地，然而加壬，为天庭逢狱之格，未免网脱之嫌。

生门入《离》，得《贲》之体，有束帛笺笺之吉。

卧云主人曰："符受脱而使受生，盖为生劳而客逸，然时干入财与入比，又为子动化鬼，况乎二庚伏宫，不无口舌之侵欺，而太阴螣蛇之宫，似有惊疑之灾异。"

丁壬日癸卯时

辛符入《乾》，得《大畜》之体，乃太阴之宫，子孙之地，然而加癸，为虎投罗网格，未免拙中受脱之象。

生门伏《艮》，乃归止之局，而机缘穷寂之时。

卧云主人曰："符投网而值脱，使归《艮》而伏吟，行藏虽是两般，而拙滞实同一辙，凡谋须慎阴中耗费之嫌，我动彼静之象。"

丁壬日甲辰时

符分天柱，壬仪秉令，辖庚、酉、辛之气，通七、四、一之宫，用惊门为使，属元符九天之神，而治金水于西宫，有掩捕震惊之象，所惜太阴伏侵克之嫌耳。究竟合神遥寄于中宫，则凡谋皆为期望之疑，妙在财宫会丙乙，又喜印绶得戊丁，前途皆有佳遇，惟南宫北馆之间，似未惬意也。

九天壬惊，空设虚情，就里作合，突有风声。

卧云主人曰："《兑》为悦之象，若能顺乎天而应乎人，无往而不吉也。惟甲木临西方，不如东方之得时，静守之而已。"

丁壬日乙巳时

壬符入《震》，得《随》之体，乃勾白之宫，财帛之地，然而加乙，为日入地户格，盖有反复冲易之象。

惊门入《乾》，得《井》之体，有依栖傍附之情。

卧云主人曰："符入勾白而理财，盖有声西击东之意，而时干飞伏《兑》《艮》，又为投网逃走之嫌，以太阴官鬼，九地子孙，有刑悖之交差，须慎暗中有冲射之变故。"

丁壬日丙午时

壬符入《巽》，得《大过》之体，乃六合之宫，财帛之地，然而加丙，为天牢伏寄，又为返首之格，盖有利于攸往之象。

惊门入中，乃步五之体，又为玉女守门之美。

卧云主人曰："符值返首，使逢玉女，有交车作合之美，前引后从之义。况乎又入财印之妙，名利似可从心，惟嫌时干悖己，六合入九地，有恩怨交丛之象，须慎胎孕灾迍，而财利之间，更有转图生娶之兆。"

丁壬日丁未时

壬符入中，乃步五之体，然而加丁，为太阴被狱格，未免贪合受克之情。

惊门入《巽》，得《大过》之体，有同人分惠之利。

卧云主人曰："符入印而合丁，使入财而加丙，盖为前引后从，财印轩昂之妙，至于时干趋三，而三奇聚会于财宫，另有际遇耳。惟嫌佐使逢庚癸之呼，而值符受中宫之拙，未免好事蹉跎，迟中得速之占。"

丁壬日戊申时

壬符入《坤》，得《萃》之体，乃螣蛇之宫，印绶之地，然而加戊，为青龙入狱格，未免先迷后利之征。

惊门入《震》，得《随》之体，有冲射取财之局。

卧云主人曰："符入印而迷蒙，使入财而反复，虽有财印互现，未免二三其心，但嫌时干加庚又加丙，则财官文书之间，似有旁生诡异之疑矣。"

丁壬日己酉时

壬符入《坎》，得《困》之体，乃九地之宫，子孙之地，然而加己，为天地刑冲格，须慎暗中克脱之嫌。

惊门入《坤》，得《萃》之体，有韬光受益之象。

卧云主人曰："符入九地，己为受脱，而时干又飞伏于脱气之乡，盖为脱中之脱矣，虽有化财之局，却为先损之情。况乎庚来伏宫，纵跌穴而未为全吉，至于使入螣蛇，虽为投元，而未必显扬也。"

丁壬日庚戌时

壬符入《离》，得《革》之体，乃太阴之宫，官鬼之地，然而加庚，为天牢倚势格，未免克碍侵犯之嫌。

惊门入《坎》，得《困》之体，有诈脱狂逃之虞。

卧云主人曰："符受克于太阴，使受脱于九地，皆为暗中受脱之意，而南北欺耗之情。况乎本宫被迫，而时干飞伏于财印，则行藏之间，未得顺适，文书财物之谋，须要留意。"

丁壬日辛亥时

壬符入《艮》，得《咸》之体，乃朱玄之宫，印绶之地，然而加辛，为白虎犯狱格，盖有文书口舌之嫌。

惊门入《离》，得《革》之体，有克害之疑。

卧云主人曰："符入朱玄而受生，使入太阴而受克，似有官中之事，雀角之非，况乎时干惊飞，而且前宜防阴私之咎，虽有丙财跌穴，又嫌罗网交加，则始终未为清吉之占。"

戊癸日壬子时

壬符伏《兑》，为天牢自刑格，有百尺竿头，还须进步之意。

惊门入《艮》，得《咸》之体，有以友辅仁之象。

卧云主人曰："符飞而伏，盖为历尽长途，而暂作憩息之时，仍怀前进之志，至于佐使投生，尚有一线之荣，惟霜降节中，图谋当有殊遇。"

戊癸日癸丑时

壬符入《乾》，得《夬》之体，乃九天之宫，比肩之地，然而加癸，为阴阳重网格，未免粘连拙滞之象。

惊门伏《兑》，乃归伏之体，将有革故鼎新之局。

卧云主人曰："符入九天而值网，所谋已为拙滞；使入本宫而伏吟，凡事似难动移。纵本宫得生助之议，奈值符同逝水之客，以致时干伏己飞丁，有克制夭矫之疑，不惟所为多艰，而且有偾事之虑矣。"

戊癸日甲寅时

符分天心，癸仪秉令，辖戌、《乾》、亥之气，通六、三、九之宫，用开门为使，分元符九地之神，司六甲之终运，有成就本元造物之气；而号令九宫，有阐隐发微之情。宾劲敌于南乡，寄印绶于《坤》《艮》；财赋出于东南，治化行于西北。惟嫌中道趑趄，而生夭矫之虑。大约符使皆伏，未免期望之思。

卧云主人曰："九地癸开，暗地忧来。若能防险，自然无灾。如乘春令，所动快哉！"

戊癸日乙卯时

癸符入《震》，得《无妄》之体，乃朱玄之宫，财帛之地，然而加乙，为日沉九地格，有因财生隙之象。

开门入中，乃步五之体，又得玉女守门之奇。

卧云主人曰："符入朱玄而理财，盖有东道得利之情，但嫌时干伏墓，而飞宫见逃，未免所谋不扬，况乎二庚伏宫，始终回还，因财致鬼之情。至于值使步五，虽为事拙，幸而乘丁，反有暗助之美，大约巧不若拙之局。"

戊癸日丙辰时

符使入《巽》，得《姤》之体，乃勾白之宫，财帛之地，然而加丙，为明堂犯悖格，又为返首，未免反复移易之情。

卧云主人曰："符使俱返于勾白，尽有协力图南之象，所惜前出后空，而入宫有骚动之情，大约事绪多歧，而得马失马之局。"

戊癸日丁巳时

癸符入中，乃步五之体，然而加丁，为腾蛇夭矫格，盖为不安受益之情。

开门入《震》，得《无妄》之体，有舌辩说合之财。

卧云主人曰："符步五而使趋三，盖为此劳而彼益，然一入印而一入财，又为财名双美之占。大约有疑虑之后，而始得顺遂之谋也。"

戊癸日戊午时

癸符开使入《坤》，得《否》之体，乃太阴之宫，印绶之地，然而加戊，为青龙入地格，盖有首尾相见之奇。

卧云主人曰："符使并入《坤》维，有西南得朋之义，然而癸从戊化，将有更新之局，然以元符九地之神，而投本符太阴之位，未免阴谋私合，亦始终有成之局。"

戊癸日己未时

符使入《坎》，得《讼》之体，乃九天之宫，子孙之位，然而加己，为华盖入明堂格，乃有损无益之征。

卧云主人曰："符使登天，虽有仰攀之义，却遁陷溺之情，皆因时干飞伏受制，而目前有趑趄，况本宫罗网交缠，虽得元神之提携，亦为偃仰之象。"

戊癸日庚申时

符使入《离》，得《同人》之体，乃六合之宫，官鬼之地，然而加庚，为天网冲犯格，乃所往受克之情。

卧云主人曰："符使俱入六合之宫，原期同人造就之美，岂知遇庚，而天乙惊飞，反为投托不利，究竟符入鬼乡，鬼又入本符之财乡，而二乙又来本宫，诚为传鬼化财，遇凶而有救，凡占三合回还，先凶后吉之兆。"

戊癸日辛酉时

符使入《艮》，得《遁》之体，乃九地之宫，印绶之地，然而加辛，为华盖受恩格，似有暗中受益之象。

卧云主人曰："符使并入九地，盖有私谋嘱托之象，无求荐谋利之征。况乎本宫元戊作合，飞丙来临，尽有财印兼济之美，凡占有先隐后显之情。"

戊癸日壬戌时

符使入《兑》，得《履》之体，乃腾蛇之宫，比肩之地，然而加壬，为天网覆狱格，未免反复迟疑之情。

卧云主人曰："符使罗网交加，比劫并用，不惟新事淹蹇，而且有牵绊之嫌，纵之本宫得使，有家人嗃嗃，终必致疑忌之情，而时下有两端分更之象。"

戊癸日癸亥时

符使俱归，伏于《乾》宫，为天网重张格，只宜结绝旧案，恬退静守，义命自安可也，纵有凌霄之志，奈非高举之时。

卧云主人曰："网高难出，不如守寂。由《兑》而《坤》，庶几有益。"

阴遁一局

大暑中元　　处暑上元
秋分中元　　大雪下元

甲己日甲子时

符分天蓬，戊仪秉令，辖壬、子、癸之气，通一、四、七之宫，用休门为使，得胎元之旺气，而分治于《坎》宫，虽为伏险未发之情，却乃济物利人之始。然而受隔于九天，得使于九地，寄财赋于勾白，通印绶于阴膆。用乙合庚，皆以鬼制鬼之象；从癸化合，未免贪合受克之情。

卧云主人曰："得《坎》之体，有设险以守之象也，课乃天辅时大吉之兆，不比伏吟，诸事皆利，而三奇之方，惟《震》方《巽》方，与开门之《乾》方，所为俱吉。"

甲己日乙丑时

戊符入《坤》，得《比》之体，乃六合之宫，官鬼之地，然而加乙，为青龙入云格，未免抗阻之欺。

休门入《离》，得《既济》之体，有递互交易之情。

卧云主人曰："符入六合而受克，使入勾白而理财，似有财官兼济之图，然时下有鬼入鬼乡之疑，又为克脱交互之局。至于佐使图南，可以经理钱谷，然而反复冲突，又值刑克之宫，更疑财物分张。究竟所谋不遇，而事无定准之占。"

甲己日丙寅时

戊符入《震》，得《屯》之体，乃九地之宫，子孙之地，然而加丙，为得明青龙返首格，有明益暗损之情。

休门入《艮》，得《蹇》之体，有偃蹇趑趄之象。

卧云主人曰："符入刑宫而受脱，返首不足为祥，使入鬼乡而加庚，登天亦非荣遇，况使天符地，又为或潜或现之情，而迁延未决之机，虽时下有财官之谋，奈本宫见克脱之疵。大约作为不利，而病讼逢之为凶。"

甲己日丁卯时

戊符入《巽》，得《井》之体，乃朱玄之宫，子孙之地，然而加丁，为青龙耀明格，有口舌耗费之嫌。

休门入《兑》，得《节》之体，有暗中生助之象。

卧云主人曰："符受脱而使受生，已为劳逸不同，然符加丁而丁随，使又为回还不脱，但阴六互现于本宫，须慎官中六书之事，与阴人诈脱之嫌。"

甲己日戊辰时

戊符入《坎》，乃飞伏之体，为青龙入地格，有静思图南之计。

休门入《乾》，得《需》之体，有退求生助之情。

卧云主人曰："符飞而伏，有暂为恬退之思，凡从前际遇，美中多见不足，故作呻吟进取之机，而佐使受生于腾蛇，又为俯就借资之局，究竟一动一静，凡事牵滞之谋也。"

甲己日己巳时

戊符入《离》，得《既济》之体，乃勾白之宫，财帛之地，然而加己，为青龙相合格，有反复得利之情。

休门入中，乃步五之体，所谋多拙之象。

卧云主人曰："符反吟而使步五，不惟所事所复，更有迟疑受克之征，纵虽联居九五，乃欲显未能之象。况值时干飞宫，又为传财化鬼之疵，大约志有余而力不逮也。"

甲己日庚午时

戊符入《艮》，得《蹇》之体，乃九天之宫，官鬼之地，然而加庚，为青龙持势格，所谋有悖戾之遭。

休门入《巽》，乃《井》之体，有贪合受脱之情。

卧云主人曰："用符登天，而值飞宫之隔，不惟图远未就，而且增惊惧之疑；使入六合，而得守门之时，固利和合阴私，而未免脱耗之嫌。况时下生脱与刑悖交加，始终未为迪吉。"

甲己日辛未时

戊符入《兑》，得《节》之体，乃太阴之宫，印绶之地，然而加辛，为青龙相侵格，盖有冲复之中而得暗助之美。

休门入《震》，得《屯》之体，有诈脱之嫌。

卧云主人曰："符飞太阴，使入九地，皆为阴私藏隐之情，然受生于西，值脱于东，则为彼此劳逸之别，虽两宫有作合之意，而中逢庚癸，未免间阻分离，况丙丁俱来本宫，乃求益得损之局，纵时下脱中生财，亦纷更不一之占。"

甲己日壬申时

戊符入《乾》，得《需》之体，乃螣蛇之地，印绶之位，然而加壬，为青龙破狱格，盖谋生多拙之象。

休门入《坤》，得《比》之体，有同人欺碍之嫌。

卧云主人曰："符飞《乾》而使飞《坤》，已为地天悬绝之想，况此受生而彼受克，又为主劳客逸之情，但本宫庚癸相呼，而时下有官中文书之虑，不无合中隔碍之疵。"

甲己日癸酉时

戊符入中，乃步五之体，然而加癸，为青龙相合格，有蹈险作合之情。

休门伏《坎》，乃止静归宁之局。

卧云主人曰："符贪合而步五，虽时下有图南之机，奈际遇多迍邅之局，况乎值使归伏，使有离异之情，而符有逆旅之状，凡谋未得展作之时也。"

甲己日甲戌时

符分天英，己仪秉令，辖丙、午、丁之气，通九、三、六之宫，用景门为使，分元符勾白之神，司财赋之宰，布气运于南宫，防险危于北道，印绶寄于阴螣，钱谷分于心柱，尽有焕发文章之义，无奈同人乘庚之嫌，凡谋事有旁合之机，而未免勾曲之象。

卧云主人曰："火主文明之象，又得吉时，并符使相合，若初夏占得此课，吉而无不利矣。"

甲己日乙亥时

己符入《坤》，得《晋》之体，乃九天之宫，子孙之地，然而加乙，为日入地户格，乃弃明投暗之局。

景门入《艮》，得《旅》之体，有丧其僮仆之象。

卧云主人曰："符使分飞《坤》《艮》，皆入脱气之宫，未免事涉两歧，彼此遥望之象，然时干伏于辛，图财恐生不足，飞于丁文信更得奇逢。况辛丁俱来本宫，又为财印相从，惟嫌彼此参差，而事未归一耳。"

乙庚日丙子时

己符入《震》，得《噬嗑》之体，乃太阴之宫，印绶之地，然而加丙，为地户埋光格，又为返首，盖有隐显得宜之用。

景门入《兑》，得《睽》之体，有暗中谋利之情。

卧云主人曰："符飞太阴而求生，尽有从微至著之美，而时下值财官兼济之情；使入九地而理财，似得隐微积蓄之利，惟其间有蛇虎截道之嫌。但符东使西，虽有遥合之机，而未免睽隔之议，究竟财名之事，所当择一而从可也。"

乙庚日丁丑时

己符入《巽》，得《鼎》之体，乃螣蛇之宫，印绶之地，然而加丁，为明堂贪生格，有进而受益之情。

景门入《乾》，得《大有》之体，有文书之利。

卧云主人曰："符飞《巽》户，使登天门，盖有经天纬地之志，而纵横六合之谋，惟嫌时下有逶迤迁延之局耳。然而符入印而使理财，本宫又得九天之使，大约有财名双美之象。"

乙庚日戊寅时

己符入《坎》，得《未济》之体，乃勾白之宫，官鬼之地，然而加戊，为明堂从禄格，有反复迟疑之象。

景门入中，乃步五之体，有夭矫脱耗之疑，文书遗失之事。

卧云主人曰："符返勾白，已为蹈险之象；使入中宫，更为遭滞之情。况乎飞庚伏宫，而时下须有克脱之事，凡谋反复难成之局。"

乙庚日己卯时

己符伏《离》，乃归伏之体，为明堂重逢格，有呻吟趑趄之象。

景门入《巽》，得《鼎》之体，有阴中助美之情。

卧云主人曰："符飞而伏，乃受克归来，进退趑趄之象，徒劳佐使求生，又为求计于宵小，虽为引从之机，尚有粘连之局，凡谋欲速未能之占。"

乙庚日庚辰时

己符入《艮》，得《旅》之体，乃六合之宫，子孙之地，然而加庚，为明堂伏杀格，有惊脱之疑。

景门入《震》，得《噬嗑》之体，有暗中助遇之奇。

卧云主人曰："符飞六合而加庚，使飞太阴而加丙，阴六纵虽联情，而庚丙相为隔悖，未免好事迍邅，况乎天乙飞宫，自处已为不遑。然而二庚加辛，私蓄恐遭劫掠，辛得值使聚会三奇，尚可解救于万一，虽有财官并临本宫，而未免先凶后吉也。"

乙庚日辛巳时

己符入《兑》，得《睽》之体，乃九地之宫，财帛之地，然而加辛，为天庭得势格，有阴谋为利之征。

景门入《坤》，得《晋》之体，有遥为泄脱之情。

卧云主人曰："符入地而使登天，可潜可现之意，迤逦进退之象。虽云时下得财，惜其化作克脱，不无事后乖张，值使乘丁，又为羽檄遥驰，而徒滋惊远之烦，究竟符辛使乙，未免猖狂逃走之疑耳。"

乙庚日壬午时

己符入《乾》，得《大有》之体，乃朱玄之宫，财帛之地，然而加壬，为明堂被刑格，有贪财被絷之嫌。

景门入《坎》，得《未济》之体，有反复受克之情。

卧云主人曰："符入财乡，而星却入墓，则得意中有不得意处，况时干制丙，而印绶又有参差，庚来伏宫，恩中反为生怨，况乎值使反吟，往返受制，凡谋有进退迍邅之局。"

乙庚日癸未时

己符入中，乃步五之体，然而加癸，为明堂合华盖格，乃弃明投暗之局。

景门伏《离》，乃归伏之体，有婺妇倚门之情。

卧云主人曰："符入中宫而堕网，诚为运拙而所谋不通；使归本宫而伏吟，则为空庭而居失其主。且时下遭脱遇鬼，凡谋蹇滞迟疑之局。"

乙庚日甲申时

符分天荏，庚仪秉令，辖丑、《艮》、寅之气，通八、五、二之宫，用生门为使，分元符九天之神，有威镇鬼方之义，寄合神于勾白，分印绶于朱玄，九天有悖战之疑，太阴有刑害之忌。大约合中有隔，际遇多乖之象，凡占不过自作威福而已。

卧云主人曰："《艮》卦司权，有渐进阳明之象，惟《艮》为止，当待时以趋吉兆，故静则吉而动则凶也。"

乙庚日乙酉时

庚符入《坤》，得《剥》之体，乃勾白之宫，比肩之地，然而加乙，为太白贪合格，未免往返勾曲之情。

生门入《兑》，得《损》之体，有同人侵蚀之嫌。

卧云主人曰："符返勾白而求合，虽有彼此相投之机，奈遁得比肩障碍之隙，况乎值使受脱，诚乃有损无益之占。"

乙庚日丙戌时

庚符入《震》，得《颐》之体，乃九天之宫，官鬼之地，然面加丙，为太白入荧格，又为返首，有吉处藏凶之象。

生门入《乾》，得《大畜》之体，有暗中脱耗之嫌。

卧云主人曰："符受克而使受脱，隐现皆失便宜，而时下克脱交加，不无彼此间阻之局，况本宫被迫，财官亦是虚花，大约谋益得损之象。"

乙庚日丁亥时

庚符入《巽》，得《蛊》之体，乃九地之宫，官鬼之地，然而加丁，为太白受制格，未免叠遭克制之嫌。

生门入中，乃步五之体，有往返疑忌之情。

卧云主人曰："符入九地而加丁，使入中宫而加癸，彼此已有丁癸相呼之疑，而夭矫投江之隙。况乎符入刑宫，而使居拙地，凡谋未可展作之时，徒有叮咛揆度之想而已，必须再进一步，方有去否生泰之机。"

丙辛日戊子时

庚符入《坎》，得《蒙》之体，乃螣蛇之宫，财帛之地，然而加戊，为太白逢恩格，有探元理财之象。

生门入《巽》，得《蛊》之体，有阴私喜惧之情。

卧云主人曰："符入财而使入官，似有财官兼济之谋，但时下不无脱财助鬼之局，然使受迫于九地，又遇朱、白相逢，须慎暗中之克制，纵云玉女守门，亦不过暗图解援之计耳，凡事有从微至著之象。"

丙辛日己丑时

庚符入《离》，得《贲》之体，乃朱玄之宫，印绶之地，然而加己，为太白大刑格，有威逼印绶之意。

生门入《震》，得《颐》之体，有图远受制之情。

卧云主人曰："符入朱玄而刑己，以致时下有脱气化财之象，使登九天而受克，未免所谋有趑趄不前之情，况乎二辛来宫，宜慎同人之脱耗，大约有官中文信之疑。"

丙辛日庚寅时

庚符伏《艮》，乃飞伏之体，为太白重刑格，有自疑虑之思。

生门入《坤》，得《剥》之体，有反复更张之局。

卧云主人曰："符伏使返，皆动静迟疑之思，而遥为期合之情，凡谋乃个中踌躇，未能展作之时也。"

丙辛日辛卯时

庚符入《兑》，得《损》之体，乃六合之宫，子孙之地，然而加辛，为太白重锋格，有凌逼脱耗之嫌。

生门入《坎》，得《蒙》之体，有进而理财之意。

卧云主人曰:"符加辛有两强相持之象，与威逼同人之情，以致时下有脱中化鬼之嫌，况乎本宫被迫，虽有朱玄并来生身，亦为泾渭难辨之局，但符受脱而使得财，惟利脱货求财之占。"

丙辛日壬辰时

庚符入《乾》，得《大畜》之体，乃太阴之宫，子孙之地，然而加壬，为太白退位格，未免刑脱之疑。

生门入《离》，得《贲》之体，有仰求荣遇之意。

卧云主人曰："符受脱于太阴，而值刑隔之疵；使受生于朱玄，而起狂逃之疑。虽云主劳客逸，究竟彼此一般，纵有本宫财官交集，亦未免宵小诡秘之谋而已。"

丙辛日癸巳时

庚符入中，乃步五之体，然而加癸，为虎投罗网格，未免所谋多拙之象。

生门伏《艮》，乃归宁之体，而将有革故之思。

卧云主人曰："符步五而堕网，已有反复不宁之局，且又加癸为隔，乃机缘穷寂之时，况乎值使归伏，不无主事之受陷，而佐使旁观，以致个中事绪纷更之象。"

丙辛日甲午时

符分天柱，辛仪秉令，辖庚、酉、辛之气，通七、四、一之宫，用惊门为使，分元符太阴之神，而布气运于西宫，尽有制度一新之局。然寄财赋于勾白，盖为东归得利之情，但印绶之宫，皆不助我，似乎资身无策，而未免呻吟伏枥之嘶，凡谋有施作未展之象。

卧云主人曰："符使虽未适意，而用此时以行其当然之事，随方逐圆，无不可也，何也？以甲午时也！"

丙辛日乙未时

辛符入《坤》，得《萃》之体，乃螣蛇之宫，印绶之地，然而加乙，为白虎猖狂格，未免悖戾之嫌。

惊门入《乾》，得《夬》之体，有依附之局。

卧云主人曰："符退《坤》而使进《乾》，未免前后参差，而彼此疑二之局，有地天悬绝，而两处图谋之情，究竟虎猖狂而文书化鬼，虽佐使有登天之志，亦个中濡迟之象。"

丙辛日丙申时

辛符入《震》，得《随》之体，乃勾白之宫，财帛之地，然而加丙，为得明返首格，有财名双美之局。

惊门入中，乃步五之体，有迟中得利之情。

卧云主人曰："符入勾白而理财，幸其丙辛作合，况本宫飞使来临，更有意外之助，惟嫌值使步五，尚有沾滞之思。大约反复迟疑中，而得财印相从之妙。"

丙辛日丁酉时

符使入《巽》，得《大过》之体，乃六合之宫，财帛之地，然而加丁，为白虎受伤格，有风云聚会之奇。

卧云主人曰："符使俱入六合，又遇丁神，诚为阴谋得利之象，但防时下有得中复失之情。盖因庚来伏宫，而生机有虚诈之疑耳。"

丙辛日戊戌时

辛符入《坎》，得《困》之体，乃九地之宫，子孙之地，然而加戊，为龙虎争强格，有冲斗泄脱之嫌。

惊门入《震》，得《随》之体，有往返得利之征。

卧云主人曰："值符受脱于九地，而有水火之惊疑，幸得用脱化财，尚为先迷后利；值使反吟于勾白，而有往返之冲突，幸得门制其宫，尚为偕往必克。况乎本宫财官交互，虽迟疑冲复，又为得利之占。"

丙辛日己亥时

辛符入《离》，得《革》之体，乃太阴之宫，官鬼之地，然而加己，为虎坐明堂格，未免疑惧之情。

惊门入《坤》，得《革》之体，有进而求益之象。

卧云主人曰："符飞太阴而受克，又值自刑，不无阴中疑虑之情；使入螣蛇而受生，工值人假，似得宵小辅益之利。然而符前使后，参差于官印之间，未免有损有益，彼此观望之象。"

丁壬日庚子时

辛符入《艮》，得《咸》之体，乃朱玄之宫，印绶之地，然而加庚，为虎逢太白格，有见生不生之象，而安中伏危之情。

惊门伏《坎》，得《困》之体，有暗中脱耗之嫌。

卧云主人曰："符入朱玄，已为诈伪之谋，又值飞宫，未免疑惧之局，且时下有文书化鬼之嫌。况乎使入九地而受脱，则为求益未得，而反有暗损之侵。大约使前符后，一陷一飞，皆为进退迍遭也。"

丁壬日辛丑时

辛符伏《震》，乃归伏之体，为天庭自刑格，有退而自守之象。

惊门入《离》，得《革》之体，有阴中克制之嫌。

卧云主人曰："值符归伏，大约迟疑瞻顾之情；使入鬼乡，须慎阴人谋害之事。究竟人处困苦之时，每多拂意之遭，凡事当自知进退可也。"

丁壬日壬寅时

辛符入《乾》，得《夬》之体，乃九天之宫，比肩之地，然而加壬，为天庭逢狱格，有相依相傍之情。

惊门入《艮》，得《咸》之体，有受生之益。

卧云主人曰："符入九天，尚有迷蒙之意；使入朱玄，却有生助之情。惟时下克脱交加，而符使迤逦遁去，已有逡巡不前之局。至于飞庚伏宫，幸得乙奇得使，可以制暴戾之侵，究竟文印资身之策，乃先迷后利之征。"

丁壬日癸卯时

辛符伏中，乃步五之体，然而加癸，为虎投罗网格，有生机拙滞之情。

惊门伏《兑》，乃归伏之体，将有鼎新之象。

卧云主人曰："值符步五而投网，有竿头进步之想，未免心劳事拙之局；值使归伏，乃机穷恬退之时。大约生机恍惚，而迟滞中尚有猖狂之疑，时下虽有财官之举，亦不无疑虑之思。"

丁壬日甲辰时

符分天心，壬仪秉令，辖戌、《乾》、亥之气，通六、三、九之宫，用开门为使，分元符螣蛇之神，有《乾》纲独振之义，寄财赋于东南，分印绶于《坤》《艮》，但受克于六合，被脱于九天，任尔深谋大度，亦不过伏枥长嘶而已。

卧云主人曰："甲木当春时占此，自有乘龙御天之象，故凡占课而非其时，则吉者不吉矣。"

丁壬日乙巳时

壬符入《坤》，得《否》之体，乃太阴之宫，印绶之地，然而加乙，为日入地户格，有潜修静养之思。

开门入中，乃步五之体，有俯首受生之情。

卧云主人曰："符入《坤》而使步五，皆有受生之益，惟时下有文书化鬼之嫌。大约有一事而分两端，与分途而归一辙之象。"

丁壬日丙午时

壬符入《震》，得《无妄》之体，乃朱玄之宫，财帛之地，然而加丙，为天牢伏奇格，又为返首，有财名兼美之征。

开门入《巽》，得《姤》之体，有反复追捕之象。

卧云主人曰："符入朱玄，使返勾白，未免诈伪勾连之事，虽云龙返首，而女守门，公私两利，究竟符居前而使居后，递互联情，且时下有财化官父之举，而出行图谋之局也。"

丁壬日丁未时

壬符入《巽》，得《姤》之体，乃勾白之宫，财帛之地，然而加丁，为太阴被狱格，有反复作合之局。

开门入《震》，得《无妄》之体，有迫制得利之征。

卧云主人曰："符使分飞《震》《巽》，皆为理财之象，可以决计东南，但飞庚伏宫，须防暗生乖戾，而奸伪冲突之情。"

丁壬日戊申时

壬符入《坎》，得《讼》之体，乃九天之宫，子孙之地，然而加戊，为青龙入狱格，有克脱之情。

开门入《坤》，得《泰》之体，有暗中相助之美。

卧云主人曰："符登九天而受脱，使入太阴而受生，凡事宜隐不宜显，乃彼趋前而此退后，纵时下有进求生助之美，奈内遁狂逃劫碍之嫌，未免美中不足之象。"

丁壬日己酉时

壬符入《离》，得《同人》之体，乃六合之宫，官鬼之地，然而加己，为天罗刑冲格，有同人克害之情。

开门入《坎》，得《讼》之体，有鹜远耗脱之局。

卧云主人曰："符受克而使受脱，盖为彼此不利，一投南而一投北，又为南北分驰，虽时下有官印之谋，尚为遥期之象，妙在二丙跌穴，财利可以从心。"

丁壬日庚戌时

壬符入《艮》，得《遁》之体，乃九地之宫，印绶之位，然而加庚，为天牢倚势格，有九地伏刃之险。

开门入《离》，得《同人》之体，有荣遇良朋之象。

卧云主人曰："符入九地以求生，而值飞宫之疑；使入六合而受克，又值丙己之悖。虽为官印相从，却遁文书乖戾，以致时下脱气费财，幸得本宫财印作合，可为救援之神，凡占乃先迷后利。"

丁壬日辛亥时

壬符入《兑》，得《履》之体，乃腾蛇之宫，比肩之地，然而加辛，为白虎犯狱格，有比拟欺劫之嫌。

开门入《艮》，得《遁》之体，有暗中生助之象。

卧云主人曰："符入腾蛇，而有狂逃之意；使入九地，而有潜遁之情。究竟趋前遁后，凡事未免蹉跎，纵本宫有首尾作合之奇，奈属生脱迷蒙之象。"

戊癸日壬子时

壬符伏《乾》，乃飞伏之体，为天牢自刑格，有竿头进步之想。

开门入《兑》，得《履》之体，有倚傍粘濡之象。

卧云主人曰："符归伏而事情难以显扬，使入比而机关莫展奇策。未免彼此蹉跎，而进退观望之局。究竟时势已极，虽有可图之谋，亦为偃蹇之遇。"

戊癸日癸丑时

壬符入中，乃步五之体，然而加癸，为阴阳重复格，未免沉迷缠害之象，而埋没难出之机。

开门入《乾》，乃归伏之体，有障隔阻闭之意。

卧云主人曰："值符步五，而罗网交加，不惟所谋多拙，且慎缠害之是非，而内里去就不安，未免有穷途之叹，至于佐使虽伏，尚有阴小乖戾之嫌。"

戊癸日甲寅时

符分天禽，癸仪秉令，辖中央之气，通二、八之宫，分元符六合之神，假死门为使，有《坤》顺《艮》止之义。寄合神于北道，仰附可以生财；分治理于《坤》维，权摄难以归一。究竟迟滞偃蹇，所事未必如心，纵有际遇谋为，亦是顺中钝逆。

卧云主人曰："时乘青龙而有为，但符使未佳，不可妄动，静以待之可也。"

戊癸日乙卯时

癸符入《坤》，乃寄二之体，然而加乙，为日沉九地格，未免淹蹇。

死门入《巽》，得《升》之体，有玉女扶助。

卧云主人曰："符入《坤》而尚为飞伏，不惟事难显扬，尤且庚来隔伏，而进退不安之情。至于使入鬼乡，虽得玉女守门，反虑病讼不美。大约疑虑未宁，而暗中防生突异，凡阴小之交，宜远之为是。"

戊癸日丙辰时

符使入《震》，得《复》之体，乃太阴六合之宫，官鬼之地，然而加丙，为明堂犯悖格，又为返首，未免先凶后吉，乐处生悲之情。

卧云主人曰："符使并入官鬼之乡，盖为所往受克之象，虽得返首之吉，与鬼化财之美，亦未免受制之征。"

戊癸日丁巳时

癸符入《巽》，得《升》之体，乃腾蛇之宫，官鬼之地，然而加丁，为腾蛇夭矫格，未免作事忧疑之象。

死门入《坤》，乃暂为归假之情。

卧云主人曰："符受克而夭矫疑虑，又入刑碍之宫，盖为所谋多拙，况乎佐使归伏，诚乃自己淹蹇，而人情涣散之局。"

戊癸日戊午时

符使入《坎》，得《师》之体，乃勾、白、朱、玄之宫，财帛之地，然而加戊，为青龙入地格，有首尾作合之奇。

卧云主人曰："符使并入财乡，堪谋北道之利，然与元戊作合，有困中得济，仰附受益之征，但本宫生脱互现，而时下有朱玄之诈伪，须慎得中之失可也。惟上下之交，已逃庚刑，皆疑同类之乖戾。"

戊癸日己未时

符使入《离》，得《明夷》之体，乃朱玄腾蛇之宫，印绶之地，然而加己，为华盖入明堂格，有出谷迁乔之征。

卧云主人曰："符使并入印绶之乡，有出险向明之义，而图南得意之情，况本宫又得元戊之合，盖有物来顺受，而恩赐作合之美。惟旁宫有虎狂入白之嫌，而左右同类之间，不无诧异之说耳。"

戊癸日庚申时

符使入《艮》，得《谦》之体，乃九地勾白之宫，比肩之地，然而加庚，为天网冲犯格，未免进退惊疑之象。

卧云主人曰："符使返入比肩之宫，有摇动更移之象，彼此冲突之情，但飞庚伏宫，骚动之间而内有离合之意，究竟乃自相践踏之局也。"

戊癸日庚申时

符使入《兑》，得《临》之体，乃九天之宫，子孙之地，然而加辛，为华盖受恩格，有远方诈脱之嫌。

卧云主人曰："符使俱入子孙之宫，未免脱耗之疵，虽云飞丙跌穴，亦为生中遁克之情，凡谋未为有益耳。"

戊癸日壬戌时

符使入《乾》，得《泰》之体，乃九地之宫，子孙之位，然而加壬，为天网覆狱格，未免迷蒙脱耗之局。

卧云主人曰："符使并登天阙，似有引领天街之象，所惜罗网交加，反为进退羁迷之情。至于丁使来宫，虽有得使之局，还慎夭矫之疑。"

戊癸日癸亥时

符使入中，乃步五之体，为天网重张格，乃数穷事尽之期，为一时拮据之际，凡前此之气运未周，再作爨捕之议，而此局面，大约残废不堪，亦无可作为之象。

卧云主人曰："天网不利动作，亦要随机应变以保全耳。"

（卷之七终）

八卦源流

一宫乃《坤》，老阴之位，阴气至此而极，阳气自此而生。卦起于子，为一阳来复之地，天一生水之宫，其卦为《坎》，其义为陷，占事如在半途，合《洛书》之一数，故曰《坎》一。

二宫乃《巽》，阴气自下而生，阳极而阴渐长也。卦起于申，为万物致养之时，炎凉相接之会，其象至柔，其卦为《坤》，占人凡事宜顺，取《河图》之一数，加一倍而补西南，合《洛书》之二数，故曰《坤》二。

三宫乃《离》，二阳而间一阴，阴阳犹相半也。卦起于卯，为天帝鼓动之时，万物发蒙之会，雷隐其中，其卦为《震》，占人有动谋之功，天之居东，合《洛书》之三数，故曰《震》三。

四宫乃《兑》，阳气盛长于内，阴气退消于外。卦起于巳，万物洁齐，已立者生荣，未萌者不长，其象为入，其卦为《巽》，占事先达后塞，折《河图》之天七，阴四十五而补东南，合《洛书》四数，故曰《巽》四。

五宫位中，寄土西南，阴寄东北，为阴阳休息之地，天地归宿之方，占事不能伸理，故曰中五。

六宫乃《艮》，阴气盛长于内，阳气渐退于外，阴多而阳少也。卦起于亥，为天气凛冽之时，万物惕息之会，其象为战，其卦为《乾》，占人凡事当慎，取《河图》北方之成数，而补西北，合《洛书》之六数，故曰《乾》六。

七宫乃《坎》，二阴而间一阳，阴阳相半，卦起于酉，为月入之门，万物至此而悦，赏罚至此而断，其象为泽，其卦为《兑》，占事口舌官讼，阴谋外泄，合《洛书》之七数，故曰《兑》七。

八宫乃《震》，阳气自下而生，阴极而阳长也。卦起于寅，地气至此而尽，人事至此而兴，为万物成始成终之会，其象为止，其卦为《艮》，占人进退不离其居，以《河图》东方之成数，而补东北，用四倍八，合《洛书》之数，故曰《艮》八。

九宫乃《乾》，老阳之位，阳气至此而极，阴气至此而生，卦起于午，为地二生火之宫，万物相见之时，其卦为《离》，其意为丽，占事有不正之义，取天一地二之数，三三而得九，合《洛书》之九数，故曰《离》九。

三元之拘

一气,一节气也。三元,上中下三候也。一节气例管三候之三元,不称三候,而称三元者,每一候有天元之甲子神将,以管一候之事也。一节气管三候,一岁二十四节气,共管七十二候,共七十二元也。上古节气依赤道,一节气该一十五日二时五刻一十七秒,分为三候,每候该六十时七刻二十八秒,此一气三元之定数也。今人不知六十时之外,尚有气盈之七刻二十八秒,方足一候,况定五日换一元之拘,死煞以子午卯酉为上元,寅申巳亥为中元,辰戌丑未为下元,使节气之日时,不能相齐,谬以符在节前为超,符在节后为接,符与节气相远八九日,十数日而为闰,皆不知三元为三候之故也。况今日节气依黄道,冬至后一节气十四日十六小时有奇,分为三候,一候四日二十一小时有奇;夏至后一节气十五日十八小时有奇,分为三候,一候五日六小时有奇,而其冬夏之时刻各不等。故一候有不足五日之六十时者,有盈于五日之六十时者,岂可拘定子、午、卯、酉为上元,寅、申、巳、午为中元,辰、戌、丑、未为下元哉?故节气自子、午、卯、酉正受超算,其后多用超接,上、中、下三元不拘四仲、四孟、四季,超接之久,复又正受,绝无可闰,用闰者,病根全在三元之拘也。

置闰之谬凡称小时皆四刻

《奇门》用局,原不闰,闰者超接之穷也,超过十余日,不可再超,故用闰,此世俗传习之误,而不知实谬也。

闰之理本于历,世俗皆谓芒种大雪,皆缘不晓历法耳,明于历法之有闰,自知《奇门》之无闰矣。盖闰者,闰朔之不足,以同于气之有余也。历法以六纪三百六十日为标准,古法一气率一十五万二千一百八十四分三十七秒半,一岁二十四气,岁实有三百六十五万二千四百二十五分,于常数之六纪,五日三时弱,是为气盈月之合朔,岁只十二月,一月朔策二十九万五千三百五分九十三秒,十二合朔,只得三百五十四日三时六刻七十一分一十六秒,以较岁实少十日八时七刻五十八秒,是为朔虚合气盈,朔虚之十日八时七刻五十八秒,积之以为闰,历一十九年,共积二百一十日有奇,三十日一合朔,二百一十日得七个合朔,故曰十有九岁七闰也。以常数论之,一岁十二个月,十九岁只该二百二十八个合朔,以气盈朔虚之数考之,则十九岁实有二百三十五个合朔,是朔虚之月少于气盈之候者,二百一十日,故闰十个合朔,以与气盈齐也。以此推之,则不足者有闰,而有余者无闰,理与数俱甚明,今七十二候,每候盈七刻二十八秒,是盈者无置闰之理矣,时则一日十二刻,尝有一刻一秒之虚,不虚之时,又无置闰之理矣。月则一岁而虚十日,故宜有闰时,一日十二而无虚闰,将何自而生乎?即近日之历法,三百六十五日谓之平年,以朔策之,三百五十四日八小时四十八分三十六秒,与十年相较,少十日十五时一十一分二十二秒,亦不过因气盈朔虚之数，积至此月有节，而无中气，故以上半月作前月之中气管事，下半月作后月之节气管事，是月不立月建，比其所以为闰。盖闰者，接短以配长也，今世《遁甲》，皆以其气候之盈，积之以为闰，是盈者愈长矣。气譬如人，朔譬如乘马者，二十四人，而马只有二十三骑，故必闰一马，以足二十四人之乘，岂有复闰一人，而使马愈不足者哉？

或曰：朔不足而气有余，历法之闰固然矣，今《奇门》正三百一十日之局，而节气则一岁三百六十五日有奇，是气盈而局虚也，安得不有闰局乎？不知历之有闰，虽增一月，而节气未尝有所增，若《奇门》闰一局，则多一节气之用，此其不然者一也；朔虚以所积之日，行至某月无中气，为闰月局，则十五日内皆节气，其不然者二也；即不拘芒种、大雪，随节置闰，又不知何以必于十日，此不然者三也。反复之而皆有碍，尚可谓有闰局乎？至如必在芒种、大雪闰，则闰月亦该在十月内矣，不通熟甚焉。推原古初其立三百六十日之局者，亦犹历家之纪法，不过为一岁之标准云尔，至节气与日数长短难齐，故立超神接气之法，以善其用，曷尝有闰之理乎？此理之极谬者，故曰《奇门》原不闰，若果有闰，则《聚玄经》《钓叟歌》，必有闰法以教人，不必独言接气超神矣。《聚玄经》世多未见，诚观《钓叟歌》自首彻尾，何处寻得一个"闰"字出，世之锢蔽于池本理解者久矣。初见斯集者，必将以无闰为非，迨熟思焉，而后知无闰之为是矣。

定局之法

《奇门》之制，始于先天，其变而用后天者，留侯捷法耳。世俗遂曰捷法用后天，而使先天泯没于不见者，其未以八卦八节一气统三推究乎！冬至之时，阴气极矣，《坤》纯阴也，为一阳来复之地，古法冬至配《坤》卦，子房遂以合《洛书》之一数，而立阳一局；立春之时，阳气渐生，《震》阳之初生也，古法立春配《震》卦，留侯遂以合《洛书》之八数，而立阳八局；春分之时，阴阳气均，则二阳在外，一阴居中，阴气犹用事也，古法春分配《离》卦，留侯遂以合《洛书》之三数，而立阳三局；立夏之时，阳气盛矣，阴气渐衰，《兑》阳多而阴退于外也，古法立夏配《兑》卦，留侯以《洛书》之四数，而立阳四局；夏至之时，阳气极矣，《乾》纯阳也，为一阴来姤之始，古法夏至配《乾》卦，留侯以合《洛书》之九数，而立阴九宫；立秋之时，阴气渐生，《巽》则阴之初生也，古法立秋配《巽》卦，留侯以合《洛书》之二数，而立阴二局；秋分之时，阴阳气接，《坎》则二阴居外，一阳在中，阳气犹用事也，古法秋分配《坎》卦，留侯以合《洛书》之七数，而立阴七局；立冬之时，阴气盛矣，阳气渐衰，《艮》则阴多而阳退于外也，古法立冬配《艮》卦，留侯以合《洛书》之六数，而立阴六局；中宫起甲子者，《河图》之数，留侯以合《洛书》之五数，而立阳五局。盖《奇门》始制，原非十八局，十八局者，始自留侯也。故知黄帝之时，用先天也，若后天则与八节不合矣。冬至统小寒、大寒而共三，故冬至起一，小寒起二，大寒起三；

立春统雨水、惊蛰而共三，故立春起八，雨水起九，惊蛰起一；春分统清明、谷雨而共三，故春分起三，清明起四，谷雨起五，立夏统小满、芒种而共三，故立夏起四，小满起五；芒种起六，此阳遁顺起之法也。夏至统小暑、大暑而共三，故夏至起九，小暑起八，大暑起七；立秋统处暑、白露而共三，立秋起二，处暑起一，白露起九；秋分统寒露、霜降而共三，故秋分起七，寒露起六，霜降起五；立冬统小雪、大雪而共三，故立冬起六，小雪起五，大雪起四，此阴遁逆起之法也。

微疵之差

世俗皆谓有门有奇，三盘皆吉，余七宫若犯凶星，则此方亦不可用，此说不然也。《奇门》原择一方用事，如谓八方俱求吉，即将十八局中之时择尽，亦不能得。盖微疵者，庚加日干之类，虽在别宫，实关一时，其格不多遇也，故不可有非一宫得奇得门，余宫犯宫犯龙逃走等格，此宫亦不可用之。

寄宫之偏

中五属土，土体实而气虚，故能承续四季之气，此中不容一物。譬犹黄钟之管，黄钟宫音属土，惟其中虚，故能音响，而六律之清浊高下分焉，若填实则无音响，岂复有清浊高下乎？先圣深明此理，故立寄宫之法。先天之卦正北为《坤》，东北为《震》，正南为《乾》，西南为《巽》。冬至一阳生于阴之极，故用阳局，而以中五寄《巽》，以姤其阴气；夏至一阴生于阳之极，故用阴局，而以中五寄《震》，以复其阳气。非因中宫属土，《坤》亦属土之义也。若以为此而寄之，黄帝之时，尚无后天之卦，何由而寄乎？故知此非古法也。是书阳遁寄于西南，阴遁寄于东北，以后天合之，阳遁寄《坤》，阴遁寄《艮》，中五之正位不杂一物，星门有加五者，即加于寄宫，依其定位，而轮转焉。自陶真人出，遂有中五不用寄宫，不用轮转之说，星门遇五者，即加中宫，余星门各依《洛书》宫数，飞越加之。

假如阳遁一局，天蓬加五，则天芮加六，天冲加七；休门加五，则死门加六，伤门加七之类，此邪说也。盖以中五之虚，而以星门填实之，则失其虚而不能肆虚矣，九星八门，各有定位，天盘虽是轮转，而星门不失定位，如休门到八，则开门到一，天蓬到八，则天芮到一，此犹天上十二宫，次之星宿，挨排轮转也。假如虚宿在正南，则牵牛在西南，房宿在正西，未有一宿可以加入紫微垣，其列宿遂东西南北乱逃者，故中五不寄，固非，即单寄西南亦偏也。若年寄则以甲子、甲戌、甲申三十年，中五寄西南；甲午、甲辰、甲寅三十年，中五寄东北。月寄以甲子、己卯各五年，中五寄《坤》；甲午、己酉，中五寄《艮》。日寄以冬至后，中五寄《坤》；夏至后，中五寄《艮》。其阴阳之理同。

八门值事解

《坎》为一气始生之地，玄都之宫，壬癸旺位，水坚而成冬；木资之以生，火逢之以减，土遇之则润，水遇之则合，金遇之以寒；为正北一白，有休门主之，阳气升布，万物资生；其色黑，其形曲，其物柔；其于人也，为谒者，为僧道散人，修造吉庆，谋望得遂，远行谒贵亨通；阳日出此门，得逢男贵，阴日出此门，得逢阴贵，紫碧之衣；旺则见富贵人，休囚则见贫人，不然或见交争；若到《离》宫，上克其下，为之迫。

《坤》受六阴之气，配厚戴之德，立秋渐凉，万物将殒；金遇之则质，水遇之则从，木遇之则藏，火遇之则无光，土遇之则为丘；地气不升，为西南二黑，有死门主之；其色黑，其形圆，其物厚，其于人也，为疾患，为狱卒，为孝服，宜戮灭行刑，埋葬吊哭，运行在外，主病疾，吉事不得亨通，出其门再逢其星，定遇患人，或闻哭声，行到《坎》宫，因财起争，上克其下，为天宫迫；凡遭官讼者，大忌出此门。

《震》居兰台之宫，雷电发泄之处，春和大布，阳气正通，甲乙正位，盛茂森森；金遇之则伤，水遇之则润，木遇之则荣，火遇之则焚，土遇之则培，为东方三碧，有伤门主之；其色青，其形长，其物直；其于人也，为匠役，为捕人，为公差捕讨叛下，中道就擒，若行吉事，定生灾迍，或为渔猎，大获禽兽；出此门者，逢火光，或伐木之人，吉则如是，凶逢贼盗；行《坤》《艮》宫，迫则凶。

《巽》四为薰风，春夏交接之时，六阳数绝，阴气将泄，金遇之则伐，水遇之则墓，火遇之则炎，木遇之则林，土遇之则库，万物鼓舞，为东南四绿，有杜门主之；其色绿，其形炎，其物长；其于人也，为寡发，为文墨，为喑哑；杜者塞也，不宜行诛戮，追逃亡，路逢凶人，如行隐逃匿迹之事，默有神助，若强为吉事，便如人昏雾之中，不为吉也；出此门者，定逢男女，并在道路遇患手足之人；至《坤》《艮》，百无一遂。

中曰黄庭，为戊己之位，五星齐耀、载接八方，承续四季不正之气，生死门至之。

《乾》德天象之体，阴气受尽，百灵成就；木遇之则残，水遇之则清，火遇之则塞，金遇之则向，土遇之则巍，为西北六白，有开门主之；其色灰白，其形方，其质坚；其于人也，为官长，为博奕，宜远行谋望，博戏得赢，凡所谋为，无不利，有酒食交迎；出此门者，路逢茶酒，或见贵人；运至《震》《巽》，主有口舌之事也。

《兑》西泽梁，为庚辛之体，严金一布，万木焦黄；金遇之则光，木遇之则死，水遇之则涸，火遇之则亡，土遇之则竭，为正西七赤，有惊门主之；其色白，其物坚，其形有口；其于人也，为兵卒，为讼师，为吉事则危，为凶事则贞，强行在路，为人所擒；出此门者，定逢脚恶眇目之人，或闻恐怖交争相侵；行至《震》《巽》，祸患立至，天行杀气，凶之更甚。

《艮》土山上，阴阳回运生成之功，天道大通，金遇之则育，木遇之则萌，水遇之则止，火遇之则温，土遇之则稿，为东北八白，有生门主之；其色黄，其形圆，其物实；其于人也，为商贾，为田父小儿，凡谋得就，谒贵得亲，不宜行强横，反受天刑；此门下取水，浇灌死树，或以复生；出此门者，得逢巧艺，或皂衣独步，或是车马紫黄衣人；行至《坎》宫，为之迫害，必有文书官刑之事。

《离》居午火，丙丁之精，纯阴交结，火炎气升；金遇之则熔，木遇之则化，火遇之则兴，土遇之则燥，水遇之则死，为正南光紫，有景门主之；其色红，其内虚，其形锐；其于人也，为文士，为吏书，远行主中道亡夫；出此门者，逢人赤须，鸟噪追呼，或有酒食；运至《乾》《兑》，必有乘异之事。

九星值符解

九宫八门之灵，遁甲之根，运用处，九星为主，特因名九星值符主张，元气变化不穷，性各有常。

《坎》宫，休门为值使，即天蓬为值符，名曰子禽；为水，为贼，为后，其音为羽；利主不利客，入官逢盗贼，斗争见血，性主水火盗贼；若占贼，当用此星，占行人久出者即归矣；起造移徙，定防兵火之患；婚妨翁姑，娶之伤产；商贾远方，遇仇人侵害；兖州之分野。

《坤》宫，死门为值使，即天芮为值符，名曰子成；为土，为教师，其音也为宫；宜结交受道，良朋益友；秋冬宜起造，嫁娶迁移招官讼，或有盗侵；占行人必归，必逢阴雨，经商失财破侣；梁州之分野。

《震》宫，伤门为值使，天冲为值符，名曰子翘；又为雷祖大帝，为木，为武士，其音也为角；宜出军雪冤，嫁娶不吉，伤财妨害，一年之内见凶，移徙商贾，一概不吉，春夏不吉，修造三年内，当有凶事，上官利武职；得日奇乘之，龙威得光；月奇乘之，印绶永长；星奇乘之，福禄繁昌；徐州之分野。

《巽》宫，杜门为值使，天辅为值符，名曰子卿；为草，为民，其音也为角；宜守道安身，设教修理，春夏婚姻，移徙大吉，秋冬百事不利；日奇乘之，百事百昌；月奇乘之，五福禄攸长，星奇乘之，冠带荣装；扬州之分野。

五宫，位居中央，戊己之正位，借用死门，为寄《坤》之义，阳遁寄《坤》，阴遁寄《艮》，借用生门为值使，天任为值符，得此门者，其神不正，未为全吉，星得天禽，宜书符作法，名曰子公；为土，为法土，为师巫，其音也为角；宜祭祀神祇，商贾、埋葬、移徙皆吉，上任福禄长久；秋冬大利，春夏小凶；豫州之分野。

《乾》宫，开门为值使，天心为值符，名曰子襄；为金，为高道，为名医，其音也为商；宜书符合药，春夏不利修造，宜移徙嫁娶，隐遁归山修道，不可商贾，此日时晴明大吉；日奇乘之，耀明九垓；月奇乘之，试水深财；星奇乘之，车驷迎来；翼州之分野。

《兑》宫，惊门为值使，天柱为值符，名曰子申；为金，为隐士，为修炼，其音也为商，只宜固守隐迹，或为阴谋，不可移徙，商贾嫁娶皆不吉；雍州之分野。

《艮》宫，生门值使，天任为值符，名曰子韦；为土，为富室，其音也为宫；嫁娶生子大贵，上官谒贵全吉，惟修筑不利，商贾远行，春夏大吉，青州之分野。

《离》宫，景门为值使，天英为值符，名曰子房；为火，为炉冶人，为残患，其音也为徵；宜远行献书，不宜商贾，主失财物，修造失火，上官有灾，只宜嫁娶；荆州之分野。

以上九星值符，出门当呼从神，无不获吉。凡出者，即当呼其名，如出天蓬，即三呼子禽也，吉凶各以所值之时选用。如阳一局乙丑时，即天英时是也。

十干八十一格解

天盘甲加地盘甲，为青龙出土之格，门吉则吉，门凶则凶，大抵不利求财。

天盘甲加地盘乙，为青龙入云格，再得三奇吉门，嫁娶必生贵子，星干不利，凡事有虚名，绝无实事。

天盘甲加地盘丙，为青龙返首之格，动作大利，又得长久，若门仪不合，不为全吉。

天盘甲加地盘丁，为青龙耀明之格，再得吉门，宜谒贵求官，必有光荣，符、使若凶，必招官讼。

天盘甲加地盘己，为青龙合灵之格，得星吉有财，为吉事必成，星门不合，凡事主虚耗。

天盘甲加地盘庚，为青龙符格之格，灾祸凶咎，生于不测，星吉门顺，亦宜守旧待时。

天盘甲加地盘辛，业青龙失惊之格，吉星吉门，作事稍吉；凶门凶星，失财不利。

天盘甲加地盘壬，为青龙入网之格，阴人得之主有灾，阳人得之亦不和。

天盘甲加地盘癸，为青龙华盖之格，门合星吉得吉，若伤死二门不利。

天盘乙加地盘甲，为阴中返阳之格，得凶星伤人破财，利阴不利阳。

天盘乙加地盘乙，为日奇伏刑之格，不利于贵求名，门合稍吉，门逆则凶。

天盘乙加地盘丙，为奇仪得顺之格，吉星有迁官之兆，夫来问妻主离。

天盘乙加地盘丁，为朱雀入墓之格，主文书迟滞，星门皆吉稍吉。

天盘乙加地盘己，为日奇入雾之格，土来相制，求事不吉，门凶大愒。

天盘乙加地盘庚，为日奇受刑之格，主争财入官成讼，星门不吉，有夫妻外情事。

天盘乙加地盘辛，为青龙逃走之格，主失财逃亡，强有作为，定有凶殃。

天盘乙加地盘壬，为青龙入牢之格，万事皆屯，阳人失财，阴人有病。

天盘乙加地盘癸，为日入天网之格，官事破财，凡事不良。

天盘丙加地盘甲，为飞鸟跌穴之格，凡所图谋，无不洞彻。

天盘丙加地盘乙，为日奇浮虚之格，公事利亨，百事如意。

天盘丙加地盘丙，为月奇悖格之格，失落文书，逆失财物，门顺虚迫。

天盘丙加地盘丁，为丁奇入朱雀之格，利于文书，贵人得吉，常人不利。

天盘丙加地盘己，为大悖入刑之格，囚人不出，文书迟滞，星吉门顺，稍有小吉，星乖门逆，罪遭杖刑。

天盘丙加地盘庚，为荧入太白之格，主门户忧焦，或盗贼事，门合星吉，盗贼得获，星门不顺，主会朋生一祸事。

天盘丙加地盘辛，为月精合祐之格，病人得安，文状得成。

天盘丙加地盘壬，为悖乱相侵之格，得此课者，因淫妇人，生一官事，贵贱用之，皆为不利。

天盘丙加地盘癸，为华盖悖师之格，阴人用事，定有灾祸，或招词讼。

天盘丁加地盘甲，为青龙得光之格，贵人有迁职之喜，常人平安，若星符相合，喜受非常。

天盘丁加地盘乙，为人遁之格，贵人迁职得推荐，受禄之兆。

天盘丁加地盘丙，为奇中又奇之格，常人因蹊跷事，而生口舌，惟贵人招官禄。

天盘丁加地盘丁，为奇入太阴之格，文书必至，百事遂心吉。

天盘丁加地盘己，为火入勾陈之格，文状事，因女人私中有私，刑名不利。

天盘丁加地盘庚，为织女寻牛郎之格，奸私冤仇，必因女人起官讼。

天盘丁加地盘辛，为朱雀入狱之格，官人失位，常人受刑，百日方释。

天盘丁加地盘壬，为五神相合之格，丁壬化木，贵人进禄主和。

天盘丁加地盘癸，为朱雀沉吟之格，公私不合，有相伤。

天盘己加地盘甲，为火入青龙之格，门合星吉，凡事称心，门逆星凶，所望成空。

天盘己加地盘乙，为墓神不明之格，门星吉则吉，星凶则事不成。

天盘己加地盘丙，为丙格入悖师之格，防人侵害，阴人大忌，有奸乱之害。

天盘己加地盘丁，为丁奇入墓之格，主兴文状，得吉门吉星吉，先者受理，后者得凶。

天盘己加地盘己，为地户逢鬼之格，阴人望信者难委，门星皆吉，远信必至。

天盘己加地盘庚，为庚刑之格，阴人发用，必得阴人，有私情之象。

天盘己加地盘辛，为魂神入墓之格，家中有人被鬼相侵，星门俱吉，小口有灾。

天盘己加地盘壬，为壬刑网高张之格，门迫星凶，主男女奸情相伤。

天盘丁加地盘癸，为地刑玄武之格，女人沉重，病卧不起，门合星吉，病得稍安。

天盘庚加地盘甲，为青龙被刑之格，星门得吉，财利稍有；星门不合，事亦不安。

天盘庚加地盘乙，为日合之格，百事安然，死门加之，主官事。

天盘庚加地盘丙，为太白入荧之格，被盗不缉，亡失难寻。门合星吉，物还可得；星门不吉，有官事。

天盘庚加地盘丁，取名亭亭之格，因私情招官事，门星俱逆，词讼不成。

天盘庚加地盘己，为刑格之名，囚人难伸。

天盘庚加地盘庚，为太白相乘之格，主有官事横发之兆，平人入狱，百日方得出。

天盘庚加地盘辛，为干格白虎之格，远行伤亡，必失伴侣。

天盘庚加地盘壬，为蛇格之名，男女问信，迷路无音，犯伤门有灾，死门主丧。

天盘庚加地盘癸，为大刑之格，占路迷求女人疾厄，鬼贼相扶，遂生离隔。

天盘辛加地盘甲，为龙困遭伤之格，系官事争财，女吉男凶。

天盘辛加地盘乙，为白虎猖狂之格，家破人亡，不利远行，有病大凶。

天盘辛加地盘丙，为干合荧惑之格，因财到官，星门不合，凡事不遂。

天盘辛加地盘丁，为狱神入奇之格，远行经商，利倍得迟，星门不合，亦不得吉。

天盘辛加地盘己，为刑狱之格，奸婢欺主，先自刑克，门吉星强，虚成累及。

天盘辛加地盘庚，为白虎伤格，二女争男，星门不合，丑声难塞。

天盘辛加地盘辛，为狱入自刑之格，求财喜合，利用阴人，男人用之自刑有灾。

天盘辛加地盘壬，为蛇入狱刑之格，两男争女，讼遇难息，门星合吉，首者遭默。

天盘辛加地盘癸，为直格华盖，女人用之大吉，门星皆吉，男人得财，主有酒食。

天盘壬加地盘甲，为蛇化为龙之格，女人用之吉，男人用之有始无终。

天盘壬加地盘乙，为格名小蛇，利女人，不利男人，女孕生贵子，禄马光华。

天盘壬加地盘丙，为蛇入炉冶之格，主有官灾刑禁，大凶。

天盘壬加地盘丁，为干合蛇刑之格，文书财喜，女人大吉，贵人得禄，常人平平。

天盘壬加地盘己，为蛇凶入狱之格，大祸将成，夫妻不睦，罪若有刑，金银得足。

天盘壬加地盘庚，为太白骑蛇之格，刑狱公平，好分正邪，伤、死二门，戮刑不免。

天盘壬加地盘辛，为螣蛇之格，于门星虽吉，亦不可安，所有运谋，内生欺瞒。

天盘壬加地盘壬，为罗网自缠之格，女人用吉，男人用凶，三吉不入，百事忧煎。

天盘壬加地盘癸，为螣蛇飞空之格，幼女奸私，家不合睦，星门俱吉，信息隆美。

天盘癸加地盘甲，为网罗青龙之格，财喜姻亲，必遇吉人，门星不合，男人官刑。

天盘癸加地盘乙，为华盖逢星之格，贵人用之，有禄位，常人用之平平。

天盘癸加地盘丙，为华盖遇悖师之格，贵贱用之，受官得依。

天盘癸加地盘丁，为螣蛇夭矫格，女人文书，官事失财。

天盘癸加地盘己，为华盖蛇户之格，女人占夫之象。

天盘癸加地盘庚，为大格，飞名上官大吉，钱财有争。

天盘癸加地盘辛，为狱入天牢之格，军吏遭系，罪刑难逃，门星皆吉，虚禁无防。

天盘癸加地盘壬，为复见腾蛇之格，女人无子，又复离家。

天盘癸加地盘癸，为天网高张之格，行伴失约，游去四方。合处相得，逆处相伤。

"又有号为"之忽

"又有"者，转词也，进词也，比美之词也；"号为"者，因实而命名也。

歌云："又有三奇游六仪，号为玉女守门扉。"是玉女守门之实，在三奇游六仪之中；玉女守门之号，自三奇游六仪立也。"游"者，行动不已之语，与"加"字不同。"加"者，自上而临下；"游"者，自此而之彼。六仪者，六甲也，每甲旬中，三奇皆在六仪之上也。游六仪者，三奇虽同游行于六甲旬中，六仪之上则各不同。

盖乙奇之于甲子旬中为乙丑，由此而之于甲戌为乙亥，之于甲申为乙酉，之于甲午为乙未，之于甲辰为乙巳，之于甲寅为乙卯；丙奇之于甲子中为丙寅，之于甲戌为丙子，之于甲申为丙戌，之于甲午为丙申，之于甲辰为丙午，之于甲寅为丙辰；丁奇之于甲子旬中，为丁卯，之于甲戌为丁丑，之于甲申为丁亥，之于甲午为丁酉，之于甲辰为丁未，之于甲寅为丁巳。紧承上"三奇得使"四句来，上四句言三奇加临六甲，值符值使并重也。甲子旬中值使，以庚午会丁卯，辛未会丙寅，壬申会乙丑；甲戌旬中值使，以己卯会丁丑，庚辰会丙子，辛巳会乙亥；甲申旬中值使，以戊子会丁亥，己丑会丙戌，庚寅会乙酉；甲午旬中值使，以丁酉会丁酉，戊戌会丙申，己亥会乙未；甲辰旬中值使，以丙午会丁未，丁未会丙午，戊申会乙巳；甲寅旬中值使，以乙卯会丁巳，丙辰会丙辰，丁巳会乙卯，皆以值使会三奇于地盘，为大吉大利之时。丁为玉女，言丁奇不言乙奇丙奇者，省文也。盖三奇之中，惟丁最灵，故于三奇之中，将丁奇抽出言之，犹云三奇得值使加临，固为言时，其最吉者，值使会丁奇，号为玉女守门，盖承"乙逢犬马"二句来，故云又有；以守门在游仪之中，故云号为。"又有号为"二字紧呼应，不言三奇，单指玉女，文法正与《中庸》"郊社之礼"，单言祀上帝，孟子圣人伦之至，独举君臣尧舜同。世俗忽略"又有号为"四字不察，解作两项，将"游仪"解作"加仪使游"，与加果则上言，"乙逢犬马"二句已足，何谓"又有"乎？将玉女守门另解一截，是岂"号为"二字之神脉乎？乃更有添入甲、戊、庚为天上三奇，连乙、丙、丁共六奇者，有亦知"游"与"加"不同，凿深一步，谓一奇间二仪之中，有宫奇加仪左宫，即仪加奇如八宫；乙奇加辛仪三宫，即己仪加乙奇之类。且求"又有号为"四字之故，而不得以"又有号为"四字颠倒用之，将游仪承上读来，谓"乙逢犬马丙鼠猴，六丁玉女骑龙虎"，这叫作三奇游六仪。其玉女守门，作一进词，易作"号为三奇游六仪，又有玉女守门扉"。噫！歌犹经也，解犹传也，解经而不得缺之可也，乃改经以从传也。

三奇得使之紊

使者，门也。三奇得值使之吉门也，诚堪使者，实可取用也。六甲者，六甲值符也，非小补者，其吉非小也。"乙逢犬马丙鼠猴，六丁玉女骑龙虎"者，乙奇加甲戌、甲午值符，丙奇加甲子、甲申值符，丁奇加甲辰、甲寅值符。盖即六甲遇之，非小补而折言之也。谓奇与吉门同加临一方，谓之三奇得使，诚为堪取。若又共加临于六甲值符之宫，是奇门共加值符之位，其吉非小。所以然者，值符乃值十时之生气神将，与六仪之甲不同，其神本吉，而又得奇与吉门同加临之，岂不为至吉之方乎？世俗不能解此，以三奇得使，即乙逢犬马二句，以乙逢犬马二句解，即三奇得使，将六甲遇之一句，解作阳星阴星，三甲开合之论，夹于"三奇得使，乙逢犬马"之间，使上下气脉不得贯通，或泛以乙加甲戌甲午，为乙奇得使。夫甲午同六辛，独不为龙逃走乎？泛以丙加甲子、甲申，为丙奇得使，甲申同六庚，独为荧入白乎？泛以丁加甲辰、甲寅、为丁奇得使，甲寅同六癸，独不为雀入江乎？其或避龙逃走等格之凶，以乙加六宫为得使，不知乙奇到《乾》为受制，丙奇到一宫为得使；不知丙到《坎》宫为受制，丁奇到八宫为得使；不知八宫藏丑为入墓，可谓得使乎？又或立一得使图，依十二支方位之子、戌、申、午、辰、寅、为六甲定位，天上甲子起中间一宫，而行乙奇到《乾》为犬，丙奇到《坎》为鼠，丁奇到《艮》为虎，不知亦犯受制入墓之病也。得犬、马、鼠、猴、龙、虎，皆以值符论，其诸说皆可一笔抹杀矣。

三辰之活

六合、太阴、太常，三辰贵神也。世俗云《六壬》用活贵神，《奇门》用死贵神。死贵神者，论日不论时，《奇门》原择时吉，岂可用论日之死贵神乎？又有冬至后俱用阳贵神，夏至后俱用阴贵神者，此论更为谬也。老贵神原治旦墓，其诀取天干合处是贵神，即地支合处是月将也。其理取纳甲，故曰《乾》纳甲壬，《坤》纳乙癸，《艮》纳丙，《兑》纳丁，《坎》纳戊，《离》纳己，《震》纳庚，《巽》纳辛，次以十二支中，阳以子为首顺行，阴以申为首逆行，除去冲首及魁罡二支不用，取合处即贵神也。又以月将加时，看本日贵神字。或落在亥、子、丑、寅、卯、辰，六阳位顺行；或落在巳、午、未、申、酉、戌，六阴位逆行，以日墓神落处分顺逆，仍从本宫起贵腾之例，看阴日则用阳位，阳日则用阴位，其方再过奇门，诸事可为，此乃秘诀。天门以阳日阴时开，阴日阳时开，非泛论也。故阳局歌曰："甲羊戊庚牛，己鼠乙寻猴。丙鸡丁猪位，壬兔癸蛇游。辛从虎上起，阳贵顺相求。"阴局歌曰："甲牛戊庚羊，乙鼠己猴乡。丙猪丁鸡位，壬癸兔蛇藏。辛从马上起，阴贵逆相将。"

天乙值符之混

甲子、甲戌、甲申、甲午、甲辰、甲寅，每一星管十时，天乙也，亦名值符。乙、丙、丁、戊、己、庚、辛、壬、癸，时干下所得之星，只管一时，值符也，亦名天乙。今人据称一天乙，或称一值符，未知是管十时，管一时之星。此集别之以管十时者为值符，管一时者为天乙，庶可因名以知实。若《元运行爻》，《符使验法》两部，凡称天乙，皆指管一时之星言，惟"加一宫兮战在野，同一宫兮战于国"，所称天乙乃指值使言，观《五总龟》中，天乙与太白格，太白天乙格可见。

八神之宫

世俗皆以九天，九地，六合，太阴，俱在顶盘，不知此原论宫，非论星也。请观注云："三诈五假"，可知矣。注云："惊门六合下临九天宫，名为人假，若谓八神专在上，则六合固在上矣，彼下临之九天，将指何而言耶？盖八神原有两盘，在上盘谓之星，在下盘谓之宫，下盘八神，有理无形不能图定。"

假如阳一局乙丑时，天蓬作值符，休门作值使，以天蓬加九宫，则六合到《乾》，九天到《巽》。夫六合到《乾》，则天心即六合；九天到四，则《巽》为九天。以天心到《巽》，下临惊门，非六合下临《巽》宫之九天乎？故八神当合配地盘用之，不可谓专在顶盘而已。

天马之要

太冲者卯也，在东方属《震》，即天罡破军星也，所临之方，凶煞尽退，故可游难，虽无奇门，亦可用。其法以月将加时，看卯所临在何方，即天马方也。但其说又有二，一以月建加本时顺行，一以月将加本时逆行。月将加时逆行者，彼谓太阳之宫次，正月日在娵訾宫，故用亥将；二月日在降娄宫，故用戌将。太阳右旋，自西而东，十二宫俱仿此。若以月将加时顺行，则非太阳之真行度矣。月建加顺行者，彼谓朱紫阳之论，太阳本左旋，言右旋者，历家之算法耳。故正月建寅，则以寅加本时，二月建卯，则以卯加本时，顺行十二月，俱仿此。此二说大谬，皆缘未通天文耳，盖太冲者，卯也，即卯宫之房日兔，垂诸天象，昭然可见，非虚论其理，如四月申将，加丑时，顺行轮去，则卯字到申，即房日兔宿也。此时房宿实在西南，显然可据，故知月将顺行，若逆行则西南该丑为牛宿矣，若以月建加时，则西南该子为虚宿矣，岂天马乎？

天网之方

玩"天网"二字，此网自上而下，非同围四面，如捕猎之网在地下者也，人之行住坐卧，身之所在，即为中五，余八宫，在身之八方也。天网在一宫，在身之北，仅高一尺，犹可迈而越之，此有路踪也。玩一"踪"字，原非坦坦大路，但稍可行动耳，故仍可往北方用事，二宫亦然。网在三宫，在身之东，即高三尺，高于人头，不可过也，若往东方用事，则入网中，彼其谷矣，四宫亦然，故云入墓。网在八宫，在身之东北，即高八尺，过于人头，若往东北用事，其网太高，不能罗人，故云任西东也。"强"字，指人说，六七八九皆然，惟加五宫，为天网四张，不可用。但癸名天网，一名天藏，一名华盖，无论六癸时，及甲寅癸，作值符，所在之方，有门有奇，则可隐遁踪迹，而为华盖，为天藏；无门无奇，则为天网。故善用癸者，为华盖；不善用癸者，必被天网之咎。惟三至四宫，当以两臂横刀匍匐而出，若看作四面之地，网八九愈高而人愈难过矣，何为任西东乎？

将神所主

天罡，辰土，为冈岭，为麦地，为寺观，为土堆，为坟墓，为田园；其于人也，为丑妇，为僧道，为候人，为屠宰；其于事也，见吉神为医人药物，见凶神为无屠宰，争竟官事；金火吉，水木凶。

太乙，巳火，为炉冶，为镬；其于人也，为妇人，为乞丐；其于事也，见吉神为文书，见凶神为梦寐，疾病迍蹇；土木吉，金水凶。

小吉，未土，为庭院，为墙垣，为井，为坟墓，为茶房；其于人也，为父母，为白头翁，为寡妇，为师巫，为放羊人，为道人；其于物也，为羊，为鹰；其于事也，见吉神为酒食、宴会、喜美，见凶神为官事、孝服、毒药、争竟、破财、疾病，此方得遇奇门，可以逃难，藏形；金火吉，水木凶。

传送，申金，为仙堂，为神堂，为道路，为碓硙，为城宇，为祠庙，为湖池；其于人也，为公人，为贵客，为行人，为军徒，为凶人；其于物也，为猿猴，为狮子；其于事也，见吉神为行程奔走，见凶神为口舌、车碾，道路、损失、疾病；水土吉，木火凶。

从魁，酉金，为碑碣，为街巷，为白塔；其于人也，为外亲，为婢妾，为妇女，为阴贵人，为卖酒人；其于物也，为鸽、雉；其于事也，见吉神为阴人、清襟、恬静、和合，见凶神为口舌、失财、病患、离别；此方遇奇门，可以藏形遁迹；水土吉，火木凶。

河魁，戌土，为虚堂，为牢狱，为坟墓，为寺观，为冈岭，为厕圊，为死尸；其于物也，为驴、犬，其于人也，为僧道，为善人，为孤寒，为狱吏，为屠儿；其于事也，见吉神为僧道，见凶神为虚诈不实，及走失、争竟、官事、牢狱；金火吉，水木凶。

登明，亥水，为牢狱，为庭廨，为厕坑，为观院，为江河，为楼台，为仓房；其于人也，为盗贼，为小儿，为乞丐，为赶猪人，为罪人；其于事也，为吉神，为婚姻、乞索，见凶神为争斗，产难；金木吉，土火凶。

神后，子水，为河泉，为水湘，为池井，为沟渠，为后宫；其于人也，为妇人，为盗贼，为乳妇；其于物也，为鼠，为燕蝠；其于事也，见吉神为聪明，见凶神为淫佚；金木吉，火土凶。

大吉，丑土，为桑园，为桥梁，为宫殿，为坟墓；其于人也，为君人，为尊长，为贵人；其于物也，为牛、驴；其于事也，见吉神为喜庆、为迁官，见凶神为诅咒、冤仇、讼狱、忧离、远行、疾病；金火吉，水木凶。

功曹，寅木，为神像，为山林，为桥梁，为公门；其于人也，为承相，为夫婿，为道人，为贵人，为人马，为公吏，为家长，为宾客；其于物也，为虎豹，为猫；其于事也，见吉神为文书、财帛、信息，见凶神为口舌，失财、官事、疾病、是非；水火吉，金土凶。

太冲，卯木，为门窗，为街土；其于人也，为妇，为兄弟，为姑母，为盗贼；其于物也，为舟车；其于事也，见吉神为门尸、舟车、安然无事，见凶神为口舌、官事、追乎分离；此方虽不遇奇门，亦可藏形逃难；火水吉，土金凶。

贵神所生

贵神土神，见吉神为美庆、印信、文书、迁官、进职，见凶神为争兢、罢点、困病，生吉克凶。

螣蛇火神，见吉神为吏书、喜美、信息，见凶神为轻薄、走失、惊恐、疾病，生吉克凶。

朱雀火神，见吉神为勅书、恩赦、文章、鞍马，见凶神为口舌、惊恐、官讼，生吉克凶。

六合木神，见吉神为买卖、交易、婚姻、喜美，见凶神为文状、追捉、口舌、破财，此方得奇门，可以避难逃形，生吉克凶。

勾陈土神，见吉神为官职、田土、捕捉，见凶神为奴婢、逃走、争兢、官事、讼狱、牵连，生吉克凶。

青龙木神，见吉神为文书，财帛、迁官、吉庆，见凶神为官事、争兢、口舌、破财，生吉克凶。

天空土神，见吉神为僧道骸骨，见凶神为虚诈不实，争兢官事，生吉克凶。

白虎金神，见吉神利产，见凶神为凶丧孝服，道途惊恐，生吉克凶。

太常土神，见吉神为言语、媒婆、婚姻、酒食、买卖、见凶神为争兢、官事，此方得遇奇门，以隐形脱难，生吉克凶。

玄武水神，见吉神为文状，见凶神为盗贼，主阴谋，生吉克凶。

太阴金神，见吉神为沉静，见凶神为口舌是非，疾病，此方得遇奇门，可以解难藏迹，生吉克凶。

天后水神，见吉神为赏赐婚姻，见凶神为车索、疾病，生吉克凶。

集　占

占升迁

开门加生时宫，再有三奇德合吉格者，必有升迁，再遇太岁月建乘吉神，升高擢甚速，或有吉格不旺相，或旺相无吉格，或旺相吉格太岁月建不旺，亦为不利。

占征召

太岁为皇恩，月建为铨部，日干为己身。太岁月建乘星同生日干，乘星日干落宫，得吉格局，主征召隆眷，反此不能。

占上官

上官时，所向东看，东方所得宫神；向南方看，南方所得宫神；向北方看，北方所得宫神；向西方看，西方所得宫神。以得吉格为主，所向方位得吉格名升迁，无吉格得旺相者责降，无吉格星休囚废没者罢除，凶格者不利，遇反吟、伏吟、五不遇时、入墓格、悖飞伏等格，便不必论方向也。

占官府历任归结

本官年干地盘上乘吉星吉门吉格利，若本方得吉格，余宫犯击刑飞伏格，及本官有劫煞丧门刑害者不利，无吉格得奇得门星者，必主荣归，无吉格者罢黜，有凶格者大不利。

占官员考绩

占考绩者，以值符为天官，开门为宫星，开门宫受值符宫克，又休囚废没，不得吉星吉格，凶旺相者罢职，得吉星者谪降，不受值符宫克，及相生者无事。

占科第

凡占科第，以日干为士子，值符为主司，天乙为分司。景门宫克日干宫，日干宫克景门宫，以及景门之宫有休囚废没者，俱主失意。如值符天乙来生日干，景门又得旺相者，准得科名，再遇三奇吉门吉宿全于本人年干之上者，大利如意。

占殿试甲第

以太岁为天子，月建为主司，日干为士子，景门为策论。景门落旺相之宫上，又得三奇并太岁月建来生日干者，定为鼎甲；不得三奇，而有太岁月建来生日干者，准为二甲；不生日干又无三奇，必为三甲。

占小试

凡士子小试，以天辅为试官，日干为士子，六丁为文章。六丁得旺方更兼天辅来生，又得三奇及开、休、生、景四吉门者，为上吉；文星旺试官生，不得三奇吉门者，为次吉；文星虽旺而试官不生，或试官生而文星不旺，仅得中平；文星不旺，试官又克，幸得三奇吉门者，为下；试官文星不旺，日干又在休囚宫，又无三奇吉门，或得死门及诸凶格者，凶。

占考期

凡占考，未知日期，以天辅为试官。冬至日自《坎》至《巽》为内，自《离》至《乾》为外；夏至自《离》至《乾》为内，自《坎》至《巽》为外。文星在内者，主上半年，夏至以后，以五月至十月为下半年；冬至以后，以十一月至四月为上半年。更以所落宫分野以定日期，以十二支配八卦法决之。

占武试

凡占武试，以值符为试官，时干为士子，甲申庚为箭，甲午辛为红心，景门为射策士。以甲申庚落实克甲午辛的宫，或相冲为箭中红心，再看景门得旺相与值符相生者利，再有三奇吉门吉宿加本人年干，大利。

占投武

天冲为武士，值符为帅主，值符宫生天冲宫，天冲宫生值符宫则利，如彼此相克不利，天冲即作值符大利，遇伏吟不利。

占交易

凡交易之占，值符为买物之人，生门为所买之物，生门落宫为物主。门来生值符宫，其物得买有利益；门与本落宫相生，为物主相恋，其物难买，相克则减以成交。值符得旺相生生门宫，利于卖者；生门宫生值符宫，利买者。凡欲买物，彼卖主方，得吉格者有利，得凶格者其物不堪；凡欲卖物，彼主买之方，得吉格者相安，得凶格尚有烦恼。

占贸易

凡占贸易，以生门落宫旺相，得吉祥星宿，及三奇飞鸟跌穴等吉格，主买卖兴隆，如不全者平常。休囚星凶，再有六庚加己一切凶格，主大不利。星得天冲宜于春夏，天禽宜于秋冬，余星不利。

占放债

凡点放债者，以值符为财主，天乙为取财之人，生门为财神，各以生克旺相论。值符克天乙吉，天乙克值符凶；天乙生值符吉，值符生天乙凶。生门与天乙同克值符，其财尽失；同生值符，子母俱全。生门与天乙有一生一克不全，或迟，天乙财神得休囚，气虽生值符，终是无利，不全还，或主迟滞。

占索债

凡占索债，以伤门克天乙宫，去人实心取索；天乙克伤门，彼必争头强项。伤门与天乙同来生值符，子母全复；同来克值符，不还。伤门生值符克于乙，还；生天乙克值符，不还。天乙旺相克伤门，虽有亦不还；休囚生伤门，虽有心还，无力量矣，或主不全。若天乙乘庚辛来克值符，必有经官之事；值符克天乙乘六丁，或景门加三四宫，亦有经官之事。甲子戊会开门加内地时干，其债速还。

占合伙

凡合伙，以地盘生门为财主，天盘生门落空为伙计，地盘克天盘不成，天盘克地盘及地盘克天盘俱不利，必地盘生天盘方有利益。

占求财

凡占求财，以看生门落宫，再看上下二盘格局。吉格吉星，所求如意；一有不吉，所求仅半；休囚不吉，所求全无。又且忌三吉不得全于上克下之宫，则事不成；若吉门三奇全于生比旺相合宫之上，必主得矣。

占词讼

凡占词讼，以值符为讼，天乙为对，开门为问官，惊门为讼神。开、惊二门俱克对，则对者败；俱克讼者，则讼者败；一克讼一克对者，中证败矣。开门生讼者，惊门克讼者，或开门克讼者，惊门生讼者，俱不利，对者生克亦然。又，值符天乙旺相为胜，休囚为败。若值符生天乙，则讼者欲和；若天乙生值符，则对者求息，不必以惊开二门，可定胜败矣，总以落空决之。景与奇合吉星则利，宫不迫则争讼有气，不如是不吉，若景、伤、死与凶星合一宫则凶。

占官事牵连

凡占官事牵连，以本人日干为有事之人，庚为天狱，辛为天庭，壬为天牢。本人日干以地盘为主，上三凶煞天盘定之，犯一星与日干同宫，定有牵连，再有击刑，定有责罚，得天网仅枷锁临身，再有凶格等煞，连累甚重。若犯三奇吉门吉格，无碍；若不犯上庚、辛、壬，定不牵连。

占走失

凡占走失，以时干为失主，八门九星之类为逃亡之物，上乘旺相星宿，又乘六合不可得，得休囚废没，星宿九地，太阴有人潜藏，九天远走，玄武被盗，螣蛇有盘诘羁縻，朱雀有信，勾陈有内人勾引而去，又看六庚年格，年获月格，月得时干，亦然。又，天网低可获，天网高不可获。

占失财物

凡失财物，以八门九星之类落宫，见玄武有人盗去，不见玄武自己迷失，玄武克八门，物类宫生玄武，定有人盗去，又看六甲旬中空亡，如落空亡，无论失迷被盗，俱不可得。又，在内四宫为宅中，外四宫失落甚远；地盘宫分论方向，地盘支干论日期；玄武乘阳星为男人，乘阴星为女人；有气为少，无气为老；又以玄武宫天盘地盘支干，决贼人衣服颜色。

占参谒

凡占参谒，以休门宫为所见之人，时干宫为参谒之人。休门宫生时干宫，时干宫上再有三奇临遂意，如相克制，再无三奇，不得见或不喜悦，所求亦不如意，又须彼此旺相，见休囚不吉。又，所往之方，得休门者得见，开、生二门亦即见，余不吉。

占访友

凡访友寻人，以所在之方地盘为主，天盘为客，要相生合，再得吉门，去必相遇。若凶门上下盘相克，则不遇，庚逢年月日时格亦不遇。

282

占远人

凡占远人，以值符为主，天乙为远人。各看落宫，相生者无关系，克值符者有求，天乙者求不遂，相比者求遂。又，甲落阳干为求财事，丁落阳干为祝托事，景落阳干为文书事。阳干甲、乙、丙、丁、戊也，阴干者，己、庚、辛、壬、癸也。

占　病

凡占病，以天芮为病神，生、死二门为生死，本人年干落宫得生门不死，得死门难愈。若年命休囚废没，再有凶星凶格大凶，余六门亦主缠绵，以天芮废没之日为愈期。占父母病，得年干入墓，同类病；月干入墓，儿女病；得时干入墓，大凶。又，凶星凶门加病人年干，更无救神亦凶，若凶星加奇门，上下干相救，可死中得生。若三奇吉门吉星，更上下有合，虽不服药亦可愈。

占胎孕

凡占胎孕男女，及产育难易者，论《坤》卦。《坤》上所得门为胎，天盘为产室；产室克门子不存，《坤》克上门胎不安，门克《坤》宫孕妇常疾，天盘克地盘孕妇不安；得门属阳为男胎，阴为女胎，如伏吟为子恋母腹，胎虽稳而产难，见白虎为血光神，其产甚速；门到《坤》宫，若为入墓，必是死胎；天盘为门宫二者之墓不吉，为《坤》母之墓不利母，为门之墓不利子，有三奇更妙。

占分居

凡占分居，以《坎》《离》二宫，为阴阳分位之始。自十一月至四月尽为阳，以《坎》《艮》《震》《巽》为内，《离》《坤》《兑》《乾》为外；五月至十月尽为阴，以《离》《坤》《兑》《乾》为内，《坎》《艮》《震》《巽》为外。以年为父母，月为兄弟，日为己身，时为子孙。按本局中支干推之，如俱两处为分居，一处不分居，以宫分支干照岁月定日期，以旺相休囚定吉凶。

占迁移

凡占迁移，方上有三奇吉门再得三奇，四季日皆吉，天辅春夏大利，天心秋冬大利，其余星不利，各以来占时，看何星为天乙定之，亦推天禽，四季日皆吉。

占行人

凡占行人，以本人年命合当时局中干支为行人，以支宫为宅居，左右为来之迟速。

如占东方人，得西方即来，北方不来，南方在路，其日期以地方远近旺相决之，如行人甲子生在南方，若入《坤》《兑》《乾》将来，遇《坎》、将至，《艮》《震》《巽》三方，又向他方，前遇克我之卦，半路有阻，再带吉凶神煞，以定安危。又，天蓬天芮俱主行，千里外者，看天蓬；千里内者，看天芮。时不得蓬芮为来，即以时干为来期，伏吟不来，反吟为来，三奇吉门令于行人年干之上为即日至，凶星凶门，此人必有防碍不来。又，年格来年至，月格月至，日格日至，时格时至，远看年月必看日时。

占行路遇人同伴善恶

凡出行在外，途中遇人同伴，不知善恶，地盘时干为己身，看上得何星临之，如禽、心、冲、辅、任为吉人，蓬、芮、英、柱为恶人；恶星再得旺相时干，居废没之地，主有侵害；时干旺相，凶星废没，不敢害；俱得旺相，俱得废没，亦不能害。如凶星害时干，得休、生、开三门并三奇，及一切吉格，主被害中亦有生吉庆；时干旺相得刑格者，虽有侵害，亦主无妨。

占捕盗

凡占捕盗，以天蓬、玄武为贼盗，伤门宫为捕人，时干宫为物主。伤门落宫克天蓬、玄武宫易寻，时干宫再克天蓬、玄武宫易捕，若伤门与天蓬、玄武同宫，时干再克，捕无不获。天蓬、玄武同宫，当与必聚一处；在四方旺相难捕，休囚易获；乘六庚为大寇，不然为小盗；天网低则可获，高则不可获。若伤门宫生天蓬、玄武宫，不宜捕捉；天蓬、玄武来克时干伤门，难获。

占捕亡

凡占捕亡，以六合为逃亡，伤门为捕者。六合宫生伤门自归，克伤门宫不可得；伤门宫克六合宫易得，生六合宫必有贿赂。伤门与六合同宫，有欺蔽，值年月日时格则可获；又，人假合太白入荧同宫必获；又，阴时可获，阳时不可获；天网在一、二、三、四宫可获，在五、六、七、八宫不可获。

占禾稼

凡占禾稼，以天任落《艮》《震》主丰，再得青龙、六合、功曹、太冲主四民乐业，若不落《艮》《震》，主年俭。再以贵神月将分旱涝，如天人所在，有蛇雀、巳、午、天空、太乙主旱，传送、天后主涝。又，生门主麦，伤门主谷，看二、三奇、太常、功曹、贵人，在生门宫则收麦，在伤门宫则收谷。

占有谋害

凡占谋害，以庚为仇人，甲为己身。庚金落宫克甲落宫有谋害，甲落宫克庚落宫不谋害，甲落宫受击刑有害，有旺相虽击刑不为害，庚金上下二盘星宿皆来克庚，及甲申庚作值符，俱不能害。

占遇难逃避方向

凡有危难逃避者，不知何处可去，当看杜门六丁、六癸、六己，或六合天上太冲，及生门所临之方，又生本时时干，此数者合一件则吉，再三奇吉星大吉，反此不利。

占避难可否

凡占避兵难者，以看六庚；避兵贼者，看天蓬；避官讼者，看六辛。时干为己身，六庚克时干，不加内地不避，加内地不克时干不必避，克时干临内地加时干，俱全为当避也。仇人先动者，为客为阳，六丙主之；后动者，为主为阴，六庚主之。客占以六庚落宫克六丙落宫，又临内地当避，或克不临内地，或临内地不克，俱不必避。若六庚乘休囚之宿加丙不必避，庚乘旺相之宿加丙当避，主占看六丙亦然，丙下临六庚凡事将退，亦不必避。

占鸦鸣

凡遇鸦鸣，急视景门，在值符前一劫迫来临，前二主口舌，前三主婚姻，不然争讼关讲门庭，前四争间财利相争；值符后一事女，后二欺蔽淫欲奸萌，后三亡失衣物牺牲。更寻六丙下值何神何魁，贵人有灾，六畜有伤；从魁在下，寡妇传音；上逢吉将，酒食欢迎；传送在下，人来觅物；小吉在下，妇女喜成；胜光在下，征召欢欣；太乙在下，大吏相寻；天罡在下，争门讼死；太冲在下，酒食邀迎；功曹在下，庆贺大吉；大吉在下，亲戚得明；神后在下，事必奸淫；登明在下，吏索公文。又须听声遇何方，隔吉门则吉，凶门则凶。

占雀噪

凡占雀噪，看朱雀所临下得何奇门，以决其事。开门得奇，主有亲朋至或行人远归，或主酒食；休门得奇，主有喜事喜信，及婚姻之事；生门得奇，主得田宅、财物、头畜之事。不行三奇并三门，及门迫奇墓，俱主无所关系，更看景门所临，吉格则有喜信，凶格则忧信，或小凶。

285

占 雨

凡占雨，以天柱为雨师，天英为电母，天辅为风伯，天冲为雷公，天蓬为水神为云雾，壬癸亦为水神。天蓬游于《坎》《兑》《震》，乘壬癸二干，或天柱乘壬癸二干，游于《坎》《兑》《震》三宫，或天冲壬癸二干游于《坎》《兑》《震》三宫，又必天英天辅落的天上宫克地下宫者，必然风云雷雨交作，又看落宫得何干，以定日期于值符，近则雨速，远则雨迟，游于《坤》二宫，主密云不雨，即游于三、一、七宫，不乘水神，亦无雨。天英临日干时干，主晴；天英于太冲合克日干时干，主雷电作；或值使临《坤》，天禽值时上见天冲、白虎、青龙、天罡、河魁、登明、神后、神将旺相者多雨；又，天禽值时，值使在《坤》，见太冲、白虎、日鬼主雨有雹。

占 晴

凡占晴，以天辅为风伯，天英为火神。天辅乘旺相落三、四宫，或克日、时二干亦晴，天冲值时，伤门在《巽》，上见大吉、小吉、勾陈、天后主晴，白虎主风，玄武主雨，再以顶盘八贵神兼看，无不准验，其日期亦以落宫系何干定之。又，阳星阳干合于阳门之上，及有干元带合，则克日时晴，凶干相全不晴；凶星凶干全，更无干元之合有雨。

占 雪

凡占雪，以《乾》《兑》二宫主之，或天心乘壬癸二干到《兑》宫，或天柱乘壬癸二干到《乾》宫，皆主雪，各以落宫所得之干，以定其期。或天蓬、值符、值使，在《巽》见天罡、胜光、日破，主雪中有雷；见天后、太阴、玄武、亥子、从魁，主大雪；朱雀、风伯亦有雪；天蓬、六合、伤门、值符、值使会《震》，主大雪久阴。

占 雷

凡占雷，以太冲值时伤门，在《乾》《巽》上见腾蛇、朱雀、从魁、太冲有雷。

占攻贼

凡占攻贼，以六庚乘旺相星得开门，加中五宫，其贼可擒。又，地盘天禽所临之宫得旺相及吉门者，其贼当自败露；得休囚废没及凶门者，其守将不吉。

占来人善恶

凡占来人善恶，以六庚乘天蓬、玄武临值使为贼盗，子卯为克敌，巳申为奸邪。

又，来人方遇四季为奸邪，四仲为常人，四孟为才良，亥子、卯巳为贼，寅申辰戌为良，酉午丑未为奸，值使乘贼神临日支为本日，前支一日为来日，过界不来。旺相猖狂，休囚微弱。

占得财

凡占得财，以地盘时干在内地上得三奇休、生二门，天盘甲子戊亦在内地会开门，此财甚速，不会开门定主得迟，又以本宫所得何支定期限，若时干支甲子戊俱在外，或一内一外，俱主得迟，伏吟亦然，空亡终不得。

占官司催提缓急

凡占官司催提缓急，以时干为己身，值符为官长，六丁为公文，值使为公差，值符宫克天乙宫，六丁临内地，其提缓；值符克天乙宫，值使临于内地，其提急。再有击刑，来意至恶。三奇至善，若相生公差与宫长见喜，相克见怒。又，看六庚为天狱，落休废易结，旺相不能结局。

占文状牵连否

凡占文状牵连否，以顶盘朱雀落宫克时干，落宫者必主牵连，反此不然。朱雀旺相克时干，其连必重，休囚则轻。时干被克，旺相者不畏风波，休囚则重，有凶格者凶。

占刑狱轻重

凡占刑狱轻重，以本人命日干宫上，星旺门吉，并有三奇吉格者，官员责降，庶人罪轻；星不旺相，有三奇吉门，并诸吉格者；或无三奇，得吉门，并诸吉格，与星得旺相；或无吉门，得星旺相，临三奇吉格者，俱主罪轻，法及己身。有三奇吉格，门不吉星不旺相，星旺相不得吉门三奇及诸吉格；或得三奇吉格，星不旺门不利者，罪重；星不旺门不吉，格局最凶；又，无三奇者凶，若本命日干再犯击刑，必有刑罚之苦。

占兴讼

凡占兴讼，以朱雀为讼神。朱雀落阳干之宫，又落宫与天狱相冲，或乘景门，其讼必兴；若落阴干之宫，或投江入墓者，不兴。又，临旺相之宫，其讼必起；落休囚者，易解释结。

占状词

凡占状词，以开门为官长，景门为文状。开门宫生景门宫吉，景门宫生开门宫不吉；景门宫克开门宫吉，开门宫克景门宫不吉。又，景门落宫旺相则吉，休囚废没不吉；旺相生开门吉，休囚废没克开门不吉。

占罪人开释

凡占罪人开释，以地盘六辛为罪人。上乘吉星、吉门、吉格、再克开门落宫，或与落宫相生者，其开速，不备者少迟。若开门落宫克六辛宫，再得休囚者，牵缠。又，天网低不开，天网高则开。

占罪人轻重

凡占罪人轻重，以开门为问官，六辛为罪人，六甲旬中六壬为天牢。必开门克六辛宫，辛上又有六壬临之，防有牢狱，二者缺一，亦不为害。

占囚人出狱

凡占囚人出狱，以壬为牢狱，所加地盘干为罪人。又，壬字外只甲辰壬。凡六甲旬中六壬时，皆是甲子旬中壬申时，即申为天牢；甲戌旬壬午时，即午为天牢；甲申旬壬辰时，即辰为天牢，他仿此。必地盘干上克六壬所得之支，再得开、生二门者，出速；不得二门者，出迟；以受克之日为出期。又心得六丁时，或六丁落宫生囚人之干方，看开、休、生三门所临之宫方定缓速。

占讼狱

凡占讼狱，以六丙为本主，六庚为彼治之人，六丙落宫克六庚落宫，六丙又得旺相，开门为官长，落宫亦克六庚落宫，六庚再得死门凶星、死神死气、体囚废没者，可置之于死地。

占渔猎

凡占渔猎，以伤门为捕者，甲午为鹰，甲戌为犬，甲寅癸为网，生克论得失，旺相休囚论多寡。天盘克伤门宫得物，伤门宫克天盘星不得物，天盘生伤门宫物亦走脱，伤门宫生天盘易得，上盘有甲戌宜用犬，见午宜用鹰，见甲寅亦宜用鹰，甲寅癸宜用网。地盘在休囚，上盘生旺，必多获，反此少获。捕鱼专用甲寅癸，落宫克伤门宫易得，不然寡得。

占访人

凡占访人，在东北则看八宫，所得地盘主星生对冲宫乘星，及受对冲宫乘星克，皆主相遇。如东北西南方中有吉格，所求皆遂，凶格则不遂，格则相拒，丙则相见。

占忆家

凡占忆家，以日干为主，子孙处为家。如木长生在亥，亥寄于《乾》之类。必《乾》宫地盘中无凶星凶格，家中平安，有凶星凶门凶格者，看克害何干，以日干六亲决之，年为父母，月为兄弟，时为妻子。

占忆外

凡占忆外人安否，看外方上下二盘，得三奇吉门及诸吉格者安，反此不安。

占给假

凡占给假，以值符为尊长，天乙为卑小，值符落宫克天乙落宫，天乙落宫生值符落宫，俱不准假。若值符宫生天乙宫，天乙宫克值符宫准假，两宫比者不准。

占应役

凡占应役，以开门为贵客，值使为己身。开门宫生值使宫，值使上又得三奇，及旺相星宿吉利，与贵官官相克值有凶星休囚，亦不吉利。

占起解粮响

凡占起解银粮，以开、生二门为主，二门上不可见天蓬及凶星等煞，若来克使者不利。解罪人，以天辛为主，须得休囚，不可克值使，值使须旺相克六辛宫，若六辛生值使者平安，值使生六辛，防有欺蔽，不相克制无事，六辛带六合、玄武，宜防逃走，不犯恶星凶格，终始无虑。

占解罪人

凡占解罪人，本人年命上乘六辛落宫，又得阳干，再受开门落宫克制，其解无疑，反此不然。至于谋不备者，尚有展转。

占和事

凡占和事，以庚丙两家相搆之人甲子为主，和之人甲子落宫同生两家，或同克两家则和，一生一克不和。又，甲子在旺相宫，庚丙在休囚宫，亦主和。

占公私两事归结

凡人事体缠绵归结无期者，已到官为公事，未到官为私事。看时干落宫，时干在《坎》，卦生于子，为阳气始生之地，万物方动，事体不能归结，星旺门顺可成事；时干在《坤》，卦气乃与土地相连，阴阳交接，行不能行，止不能止；时干到《震》，卦生于卯，震后成刚，震则动，事体大发，星旺门顺可成；时干到《巽》，大往小来，始立者生荣，已萌者不长，新事不止，旧事渐消；时干到中五，中央戊己之位，阳《坤》阴《艮》复始，接连万物，得之而生，理之而长，事不得结；时干在《乾》，卦生于亥，阴气极也，纯阳初生，私事则消，公事则发；时干到《兑》，卦生于酉，肃杀之令，万物老死，又《兑》者说也，为口舌，为官讼，阴谋者，事体当泄，又为天地赏善罚恶之地，万物至此而决，归结无疑也；时干到《艮》，卦主进退无常，又《艮》者止也，占人进退不离其居，占事目前虽完，后必有发；时干在《离》，卦生于午，阳气分位，阴气生焉，刚处其外而能安居，阴柔在内而不能安分，主公事归结，私事将起，占人有不正之义也。

占动四体吉凶

凡占动四体吉凶，眼属肝为木为《震》，耳属肾为水为《坎》，唇属土为《坤》，左臂属《巽》，右臂属《坤》，左足属《艮》，右足属《乾》，左胁属《震》，右胁属《兑》，背腹属中五。若有跳动，以本方上得向奇门星格决之，得奇门者吉，不得奇门者平平，有凶格凶星者不吉也。

（卷之八终）

休门论

夫休者，于五德为智，于五行为水，乃万物憩息之机，一阳始复之象，而君子暗修慎独之时，将以蓄敦化川流之德，为潜龙之体，备纲中之用，辖壬、癸、子之方，统冬至、小寒、大寒三节。《易》曰："《坎》者，陷也。"天一生水，惟习坎而生物，旺在冬令，利于休心宁志可也。宜上章守寨，修筑城池，凡请谒求谋，造葬嫁娶，上官赴任，积水开渠，挖井取鱼，新船下水，名利等事皆吉。

休门最好足资财，所谋际遇许和谐。

若占婚姻南方利，迁官职位近三台。

定进羽音人产业，家居安稳永无灾。

类　神

北道舟程，黑色咸味，酱糊冰膏，水泻遗精，耳肾腰疾，深听智谋，漫事曲拆。

休加坎

休加《坎》，《坎》卦秉令，《象》曰："水洊至，习坎，君子以常德行习教事。"《习坎》："有孚，维心亨，行有尚。"

休加《坎》，乃门宫比和，须详吉凶之格，以分主客作用，起宫伏吟，事宜固守，未免塞而后通之象。宜谋堆积茶酒之利，与开沟通水之工。

克　应

休门三十阴贵人，身着蓝黄及碧青。出此门三十里见阴贵，或一里九里见蛇鼠牛蝠吉。又，主有弓弩弯曲之物，或无足物，水中鱼鳖，茶盐酒醋，绳索乐器之声。占病主人耳肾血症吐泻，与中男疾厄，北方贼盗，一切隐伏之事，陷险之忧。

休加艮

休加《艮》，《蹇》卦秉令，《象》曰："山上有水，蹇。君子以反身修德。"《蹇》："利西南，不利东北，利见大人。"

克　应

休门入生门，出行十八里与九里，当逢妇人，上黄下黑，及公门役吏，僧道等人为应。又主内黑外黄，形方面曲之物，或瓦器神像，古庙断桥，与登山涉水之忧，并山林是非，水田争界之事。

休加震

休加《震》，《屯》卦秉令，《象》曰："虽盘桓，志行正也，以贵下贱，大得民也。"《屯》："元亨利贞，勿用有攸往，利建侯。"

休加《震》，乃门生宫，亦利为主，若合吉格则吉，凶格则凶。

克　应

休门入伤门，四里逢匠人，手擎木器及棍棒等物，并皂衣人，雷雨之应。又主鱼盐酒货之财，并根蒂浸润之物，与盆桶盘盒，桃果仙品，海市蜃楼之应。

休加巽

休加《巽》，《井》卦秉令，《象》曰："木上有水，井。君子以劳民劝相。"《井》："改邑不改井，无丧无得。往来井井，汔至，亦未繘井，羸其瓶，凶。"休加《巽》，乃门生宫，惟主大利，其宫若得上仪生下仪，或干支带合，百事大吉，若干支反此，诸事有始无终。

克　应

休门入杜门，五里逢妇人，着皂衣引孩儿行，歌笑之声，与僧尼文士之应。又当有婚姻和合喜悦之情，绳索相连，枝叶之物，又主隐伏之事，与风云际会之美。

休加离

休加《离》，《既济》卦秉令，《象》曰："水在火上，既济。君子以思患而豫防之。"《既济》："亨，小利贞，初吉终乱。"

休加《离》，乃门克宫，若合吉格，大利为主；如合凶格，则多破败；如得上仪生下仪，则诸事先忧后喜。

克　应

休门入景门，一二里与九里，遇皂衣人歌唱，及驴马鸦飞鹊噪之应。又主水上虚惊，或酒中生非，或湖海中人相害，及水火相济之物，与破损尖曲之形。

休加坤

休加《坤》，《比》卦秉令，《象》曰："地上有水，比。先王以建万国，亲诸侯。"《比》："吉，原筮，元永贞，无咎。不宁方来，后夫凶。"

休加《坤》，乃宫克门，若下干克上干，事利为主，求名官讼得吉，如上干克下干，须防败绩，有始无终。

克　应

休门入死门，十里逢孝妇人，与皂衣颁白人，并啼哭之声，农夫小儿之应。又主田产生非，与老母阴人之厄，退散之情，或卑湿土成之器，连壳长方之物。

休加兑

休加《兑》，《节》卦秉令，《象》曰："泽上有水，节。君子以制数，度议德行。"《节》："亨，若节不可贞。"

休加《兑》，乃宫生门，若合吉格，或下干生上干，或下干受上干之克，大利为客，反此则多破败。

克　应

休门入惊门，一八里逢皂衣公吏人，讴歌畅饮，与妇女引孩汲水之应。又主有婚姻和合之事，巧言舌辩之情。或因说合得财，及钟磬之声，盘碟盛水之物，大约破损之象。

休加乾

休加《乾》，《需》卦秉令，《象》曰："云上于天，需。君子以饮食宴乐。"《需》："有孚光，亨，贞吉，利涉大川。"

休加《乾》，乃宫生门，若下干生上干，或上干克下干，大利为客，求名官讼，皆吉。反此则事多耗散，有始无终之象

克　应

休门入开门，十七里有四足斗打，皂衣阴人，有父子唱叹之声。又主有贵相扶，得珍宝之利，或亲上结亲。主形圆贵重，或壶盏笔砚墨琉璃，斧锯针镜之类。

休门入中宫

休门入中宫，乃宫克门，若合吉格，大利为主，不战自退。如上干克下干，当访虚诈，凡事不遂，多破少成。

克　应

有小儿叫跳，妇人同伴之应。又主田产交易之财，或阴人主张之事，茶盐酒货之利物。主土砖石器，瓦盆水缸，形方中实之类。

生门论

　　夫生者，于五德为信，于五行为土，乃万物萌动之机，三阳开泰之际，而君子内圣外王之学，将以著知微之显之谋，为创治之体，备阳和之用，辖丑、《艮》、寅之方，统立春、雨水、惊蛰三节。《易》曰："《艮》者，止也。"前乎此，则《震》《巽》木生《离》火，《离》火生《坤》土，又生《兑》《乾》金，《乾》金又生《坎》，而《坎》水遇《艮》土则逢克，制宫而为静止之象。且静者，动之机；止者，生之倪也。况万物必于静止之极，始开发泄之原，故命名生者，言其前此，尚未昭著，而后此诸事发扬，以续不息之机，以敦造化之妙耳。宜上官赴任，更改入宅，造葬请谒，嫁娶求谋，入山采药，耕种市贾，修理仙观，佛殿楼台，封拜等事，皆吉。

　　生门临着土星辰，人旺资财每称情。子丑年中三四月，财源万斛进门庭。
　　蚕丝布粟皆丰足，朱紫儿孙谒帝京。南上商音田地进，营谋更许利倍增。

类　神

　　少男、山岗，村居阻隔，径路石岸，山村寺观，动止不常，生灭有时，坚硬多节，刚柔进退，土石瓦块，鼻、背、手指，气血积结，肿毒疮疱，鼠狗土物，色黄味甘，虎豹狼狈。

生加艮

　　生加《艮》，《艮》卦秉令，《象》曰："兼山，艮。君子以思不出其位。""艮其背，不获其身；行其庭，不见其人。无咎。"
　　生加《艮》，乃门宫比和，若合吉格，或上下相生合，主客皆利，为事迟滞，各值伏吟，宜收货积粮，砌墙填塞等吉。

克　应

　　生门十五里逢公吏官人，着紫皂衣巾，出此门十五里八里，见贵人车马吉。又主山林田产之交，或坟茔动移，水界开塞之事，在物主多节，而刚柔偏曲，可覆可仰，静止之物。占病主脊背痈疽，与手足风肿，少男瘫痪之症。

生加震

生加《震》,《颐》卦秉令,《象》曰:"山下有雷,颐。君子以慎言语,节饮食。"《颐》:"贞吉,观颐,自求口舌。"

生加《震》,乃宫克门,若地盘奇仪克天盘奇仪,则利为主,诸事虽吉,必主破后方成。若上生下,百事皆吉。

克 应

生门入伤门,三里十里逢青衣人,乃骡马争斗,入山伐木捕猎,云龙雷雨之应。又主兄弟不和,争产是非。或因山林有厄,动止不决,在物主土木相兼之物,或酸甘笋菜长曲之类。

生加巽

生加《巽》,《蛊》卦秉令,《象》曰:"山下有风,蛊。君子以振民育德。"《蛊》:"元亨,利涉大川。先甲三日,后甲三日。"

生加《巽》,乃宫克门,若下克上,或吉格,利于为主;若上克下,诸事先吉后败。

克 应

生门入杜门,四里十里,逢公吏僧尼,与逃亡人等,叹息哭说之声。又主有山林之财,婚娶之费,或闪躲阻隔,事防暗害,在物主内土外木,乃风炉火柜,与带土连根花果。

生加离

生加《离》,《贲》卦秉令,《象》曰:"山下有火,贲。君子以明庶政,无敢折狱。"《贲》:"亨,小利,有攸往。"

生加《离》,乃宫生门,若地盘奇仪生合天盘奇仪,大利为客,凡事先难后易,若上生下,百事尤多光彩。

克 应

生门入景门,九里十七里,逢差遣人骑骡马,又有兄妹相见之情,与窑冶造作之应。又主文书有益,阴人相助,田产之利,婚姻之喜。在物主锻炼药石,瓦盆土灶之类。

生加坤

生加《坤》,《剥》卦秉令,《象》曰:"山附于地,剥。上以厚下安宅。"《剥》:

"不利，有攸往。"

生加《坤》，乃门宫比合，若合吉格，又或奇仪上下相生，生克皆利，若上克下，诸事先成后破，事多反复，星门俱值伏吟，则宜挖河开井，折墙赏赐之事。

克 应

生门入死门，十里逢公吏，及孝服人，老妪啼哭声。又主田产反复之疑，子母离合之意，在物为土块石器，山水景物，或坟向差错，墙路倒塞。

生加兑

生加《兑》，《损》卦秉令，《象》曰："山下有泽，君子以惩忿窒欲。"《损》："有孚，元吉，无咎。可贞，利有攸往。"

生加《兑》，乃门生宫，合吉格，相生主客皆利，若上克下，诸事虽吉，亦防美中之不足耳。

克 应

生门入惊门，九里逢公吏，言官讼之事，又少女喜笑之声，及喜事重重，房产得利，又因变色而喜，在物为美器金玉，瓦石簪饰之物。

生加乾

生加《乾》，《大畜》秉令，《象》曰："天在山中，大畜。君子以多识前言往行，以蓄其德。"《大畜》："利贞，不家食吉，利涉大川。"

生加《乾》，乃门生宫，若天盘奇仪，合地盘奇仪，利于为主。若上克下，吉事减半，先成后败。

克 应

生门入开门，六里与十四里，逢老人上黄下白，及跛足男子，与官贵长者，宴喜之事。又主田产山林进益，子秀孙贤，爷子显达。在物为首饰戒指，金玉之器，及图书印玺，剑镜之类。

生加坎

生加《坎》，《蒙》卦秉令，《象》曰："山下出泉，蒙。君子以果行育德。"《蒙》："亨，匪我求童蒙，童蒙求我。初筮吉，再三渎，渎则不吉，利贞。"

生加《坎》，乃门克宫，天盘奇仪生地盘奇仪，利为客，诸事先迷后利，上克下，下生上，凡事防凶。

克　应

生门入休门，一九里逢小儿成群，与山泽渔樵之事，开沟塞流之举。又主山林田产之厄，及同类相欺，骨肉不亲，坟书阻泄之象。在物为瓦罐石缸，积水之器，或沟溪闭塞，相碍等情。

生加中宫

生加中宫，乃门宫比和，奇仪相生合，主客皆利，诸事皆宜。若上生下，凡事尤吉，此谓之簧土成山，嵩高敦厚之势也。

克　应

主田产山林之益，及母子和合，宅舍光辉，在物为方静之器，花瓶石床，石鼓石虎，土牛之类。

伤门论

夫伤者，于五德为仁，于五行为木，乃万物昭著之始，阳机焕发之时，而君子创业垂统之猷，将以酿丕显丕赫之绩，为震断之体，备鼎新之用，辖甲、卯、乙之方，统春分、清明、谷雨三节。《易》曰："震者，动也。"乃帝出之象，将以继前此之昧爽，而开后此之文明，未免破甲而出，与《艮》土有伤。故命名伤者，言其破甲而长，一如折付之义也。宜击贼张威，捕捉索债，斩邪伐恶，积粮收货，阴谋密计，动中有益，射猎打围等事吉。

伤门不可论，夫妇必违遭。疮疼行不得，折损血财侵。

天灾人枉死，经年有病人。商音难得好，余事不堪闻。

类　神

内翰禁庭，风雷恭肃，甲乙青龙，泰岳宫观，山林震动，庙宇家神，舟船车马，林麓妖怪，肝胆四肢，长男忧喜，游猎威声，相貌长大，蒜菜瓜果，腥酸鲜味，巧样雕刻，云龙怪异。

伤加震

伤加《震》，《震》卦秉令，《象》曰："洊雷震，君子以恐惧修省。"《震》："亨，震来虩虩，笑言哑哑，震惊百里，不丧匕鬯。"

伤加《震》，乃门宫比合，若和遁假吉格，主客皆利，各详用法，如天上奇仪生地下奇仪，则喜庆重重。若逢伏吟，又宜固守，培养锐气，种树编篱等事。

克　应

伤门三十，争讼起凶，人着皂，血光腥。出此门三十里，有争讼出血之人，若竖造埋葬，上官出行，主遭贼盗，只宜捕物索债，博戏渔猎，捉贼等事。又主山林交易，或木货得利，或长男和合之事。在物主多节，或有声音之器，或繁鲜笋菜兔鱼之味。病主跌损伤风，中痰惊痫之症。

伤加巽

伤加《巽》，《恒》卦秉令，《象》曰："雷风，恒。君子以立不易方。"《恒》："亨，无咎，利贞，利有攸往。"

299

伤加《巽》，乃门宫比合，若上下奇仪相生相合，主客皆利，上克下，凡事更改隔斗。

克 应

伤门入杜门，七里逢匠人持棍棒，与妇女携雨盖，木竹器物。又主合和婚姻，男女喜事，动中得财，木货竹帛交易。在物主长短不齐，与悬吊之物，出行有风雷之应，竖造之事。

伤加离

伤加《离》，《丰》卦秉令，《象》曰："雷电皆至，君子以折狱致刑。"《丰》："亨，王假之，勿忧，宜日中。"

伤加《离》，乃门生宫，若合吉格，或上合生下盘，大利为主，凡谋自就，或上克下神，则利为客，凡事先喜后忧。

克 应

伤门入景门，一里九里，逢文人女子，匠作公吏，文书之事，宴会之举，驴马成群，与馈饷之应。又主合欢喜悦，文书交易，宅舍光辉，山林之利。在物主诗画尖长，野味烘醃，獐鹿等物。

伤加坤

伤加《坤》，《豫》卦秉令。《象》曰："雷出地奋，豫。先王以作乐崇德，殷荐之上帝，以配祖考。"《豫》："利建侯，行师。"

伤加《坤》，乃门克宫，上盘奇仪克下盘奇仪，或上受下生，则利为客，所图皆吉，亦未免破而后成，快中得迟之局。若下克上比合，凡事则宜固守，大约由动以及静，静以致动之意。

克 应

伤门入死门，二里五里，逢孝子啼哭，及病腿老妇，棺椁之事，与入山伐木，牛犊相随之应。又主有林木之忧，婚姻之费，阴人之灾厄，风患隔噎之病。在物为瓦盆石缸，碓碨段梁，古桥末耜之应，与牛羊鱼脯之味。

伤加兑

伤加《兑》，《归妹》秉令，《象》曰："泽上有雷，归妹。君子以永终知敝。"《归妹》："征凶，无攸利。"

伤加《兑》，乃宫克门，若地奇仪克天奇仪，或上生下，大利为主。若下克上，宜防诈伪，事有成败之殊。若天冲星同八《兑》宫，为反吟，宜散众赏赐，伐木兑货，又为夫妻反目之象，金木相伤之情，病主喉齿，手足风麻，跌损之患。

克 应

伤门入惊门，七里十里，逢女子持钓竿，匠人伐木，少女嬉笑，犬羊相逐，雷电之应。又主口舌忧惊，阴人破败，房产交易。在物为金木，相兼刀斧之器，与有口之物，鸡鱼之味。

伤加乾

伤加《乾》，《大壮》秉令，《象》曰："雷在天上，大壮。君子以非礼弗履。"《大壮》："利贞。"

伤加《乾》，乃宫克门，若合吉格，则利为主，亦先破后成。若合凶格，与上克下，则事防败坏。

克 应

伤门入开门，三里九里，逢匠作负木器，渔猎争斗之事，老人跌仆之灾。又主与贵人获山林之财。在物主珍宝之器，或钟磬镜剑等物，或菓核猪鹅之味。大约有占天仰日，从龙变化之情。

伤加坎

伤加《坎》，《解》卦秉令，《象》曰："雷雨作，解。君子以赦过宥罪。"《解》："利西南，无所往，其来复吉，有攸往，夙吉。"

伤加《坎》，乃宫生门，若地盘奇仪，生合天盘奇仪，大利为客。若上克下，与下生上，凡事先成而后阻。

克 应

伤门入休门，一里四里，逢架构造作之事，津梁涉水之情，木筏车船之应。又主五谷鱼盐之利，栽插种植之情。在物为近水楼台，舟楫雨伞，飞龙入潭之象。

伤加艮

伤加《艮》，《小过》秉令，《象》曰："山上有雷，小过。君子以行过乎恭，丧过乎哀，用过乎俭。"《小过》："亨，利贞，可小事，不可大事，飞鸟遗之音，不宜上宜下，大吉。"

伤加《艮》，乃门克宫，若上盘奇仪，克下盘奇仪，须利为客，亦未免破损是非。若下克上，反有隔战之忧。

克　应

伤门入生门，三八里逢采樵匠作，公门役吏，跎背跛足，黄犬玄兔之应，又主长男破败，兄弟相争，田产生非之事，与林木为害之情。在物可仰可覆，山景花木，或土木相连，或甘酸之味。

伤加中宫

伤加中宫，乃门克宫，若合吉格，利客亦主事拙。上盘克下盘奇仪，须防有伏险之患，事宜固守。

克　应

有大厦一木难支之象，凡事不宜动作，又或开沟筑基，挖墓移祠，以招疾厄。在物为木器彩画，瓦盆枯树之应。

杜门论

夫杜者，于五德为仁，于五行为木，乃万物茂盛之时，阳气发泄之际，而君子制礼作乐之志，将以成虎变豹变之文，为道德之体，备齐礼之用，辖辰、《巽》、巳之方，统立夏、小满、芒种三节。《易》曰："巽者，顺也。"乃齐乎巽之象。盖六阳之气，始于休，则自《乾》以开阳机；六阴之气，始于景，则自《巽》以杜阳机。故开、杜之相对者，乃阴阳之转轴也。凡万物之秉阳顺以生者，则自此而齐发其精华，故命名杜者，言其外象森罗，可以蔽藏本体，而阳气至此，有绝遁之义也。宜掩捕逃亡，诛斩凶恶，剪伐不祥，判决刑狱，填塞沟堑，邀截道路，避灾去祸，埋伏补砌等事。

> 杜门为节制，凡事多阻滞，僧尼寡妇忧，遭官理被屈。
> 梦魂作恐惊，六畜生灾疫，修筑犯刑伤，暗哑从此出。

类 神

山林竹舍，进退藏匿，茅冈树蓬，长途远遁，悬吊安柱，工巧机关，形长绳索，诸事不果，秀士隐轮，长女新妇，绝烟神庙，肱股手足，风寒气症，胆肝眼目。

杜加巽

杜加《巽》，《巽》卦秉令。《象》曰："随风，巽。君子以申命行事。"《巽》："小亨，利有攸往，利见大人。"

杜加《巽》，乃宫、门比和，若天盘奇仪生合地盘奇仪，百事皆吉。若下克上，则宜为主，名讼皆利，余事有忌。如天辅星同临《巽》宫，宜积粮收货，种园栽树，隐遁修仙吉。

克 应

杜门二十男女辈，皂绢褐裙僧尼类。出此门二十里，男女同行，或六十里见恶人，宜掩捕逃亡，奸谋之事。如日奇临，主两女人身着青衫；如月奇临，主烽火；星奇临，主弓弩，此应三奇神也。又主顺中之逆，暗昧私情，伏险藏奸之事，在物为绳索悬吊之器，精巧竹木之类，木货果品之财，文人墨士之辈。

杜加离

杜加《离》，《家人》秉令。《象》曰："风自火出，家人。君子以言有物而行有恒。"

303

《家人》："利女贞。"

杜加《离》，乃门生宫。若上生下，为主大利，求谋有益。若上克下，必须破后方成。

克 应

杜门入景门，四里九里之间，逢僧尼托钵，二女并肩，鸡黍饷亲，宾主并升阶之象，文人墨士，嬉笑柴门，羽士炼丹，道人当炉执扇之应。又主有阴人之利，重婚礼合之情，二女妬奸之象，与寡妇赍财，文书纸笔之谋，小口痘疹之患，眼目朦瞳之灾。在物主箸勺风厢，鸭鹿鸟雀之类。

杜加坤

杜加《坤》，《观》卦秉令。《象》曰："风行地上，观。先王以省方观民设教。"《观》："盥而不荐，有孚颙若。"

杜加《坤》，乃门克宫。若上克下，或下生上，大利为客，凡事亦有格战之凶。若上生下，或合吉格，凡占凶灾减半。

克 应

杜门入死门，二四里逢老妪引少女耘耨，及孝服丧吊之事。又主山林之厄，阴人胎产之灾，婚姻破阻之应。在物为连根风竹，南西梧桐，老牛斗鸡，骆驼牝马之类。

杜加兑

杜加《兑》，《中孚》秉令。《象》曰："泽上有风，中孚。君子以议狱缓死。"《中孚》："豚鱼吉，利涉大川，利贞。"

杜加《兑》，乃宫克门，若地盘奇仪克天盘，或上生下，利主，亦先破而后成。若上克下，诸事艰难，且防虚诈口舌之事。

克 应

杜门入惊门，七里四里逢僧道斋醮之声，鸡羊成群，少女啼哭，公吏官讼之事。又主口舌虚惊，山林破耗，重婚再醮之费，儿女争妬之情，塞而求通，缺而求圆之象。在物主破损歪曲，参差不齐，上方下圆，开闭有声之物。

杜加乾

杜加《乾》，《小畜》秉令。《象》曰："风行天上，小畜。君子以懿文德。"《小畜》："亨，密云不雨，自我西郊。"

杜加《乾》，乃宫克门。若上生下，或下克上，则利为主，亦未免先损而后益。

克 应

杜门入开门，九里六里，逢骑马公吏人，与金鼓之声，老人妇女相争之事。又主老少不投寺观，妇女进香之情，迎神赛会之场。在物主金木相兼，上缺下圆之类。

杜加坎

杜加《坎》，《涣》卦秉令。《象》曰："风行水上，涣。先王以亨于帝立庙。"《涣》："亨，王假有庙，利涉大川，利贞。"

杜加《坎》，乃宫生门。若上克下，或下生上，则利为客，所谋须防骗陷。若上生下，凡事则宜深谋密计，可以有成。

克 应

杜门入休门，一里与四里，逢皂衣人歌唱，及妇人引孩儿，并舟楫破浪之象。又主园圃鱼盐水物之财，或交易婚媾之喜，当得意之局。在物主轻浮飘荡，桥梁关津，诗画纸笔，海味之类。

杜加艮

杜加《艮》，《渐》卦秉令。《象》曰："山上有木，渐。君子以居贤德善俗。"《渐》："女归吉，利贞。"

杜加《艮》，乃门克宫。若天盘奇仪，克地盘奇仪，或下生上，利客，然防破败阻滞之非。

克 应

杜门入生门，四里八里，逢公门差人与僧道同行，男妇并肩栽植之象。又主阴人之非，田产之厄，山林闭塞，婚姻破耗，鸡犬桑麻，高人羽士之类。在物主绳索软曲，上实下虚，几席之器。

杜加震

杜加《震》，《益》卦秉令。《象》曰："风雷益。君子以见喜则迁，有过则改。"《益》："利有攸往，利涉大川。"

杜加《震》，乃门宫比合。若上下生合，百事皆利。若上下相克，亦美中不足。

克 应

杜门入伤门，三四里逢匠作持木器，与雉兔围猎事，林木竹围，歌唱之声，云龙在天之象，男女佻狎之情。又主山林交易之货，媒妁龃龉之状。在物主长短参差，上缺下断，而中空之物。

杜加中宫

杜加中宫，乃门克宫。若天盘奇仪，克地盘奇仪，或下生上，须利为客，但防诸事掣肘，破财生非之验。

克 应

主家宅不安，古树为殃，阴人生非，误犯土府。又老阴人少男子，多生疮痍，蛊隔之灾，在物为碓硙花盆，藤床竹几之类。

景门论

夫景者，于五德为礼，于五行为火，乃万物光明之际，阳极阴生之时，乃日中之象，而君子于此，有防克杜渐之意，礼乐文章，将有鼎革之情，为外阳内阴，有顺中生逆之机，辖丙、午、丁之方，统夏至、小暑、大暑三节。《易》曰："《离》者，丽也。"乃相见乎《离》之义。盖阴阳交代，宾主交会，威仪灿烂之象，故其命名景者，乃日中测影之旨，与景行行止之事，宜上书献策，求名拜师，造葬冠娶皆吉。

景门上书宜，文词宴会期，病讼非为吉，虚实有因衣。

类　神

神圣公像，闪电星光，赤鸦丹凤，窑炕烟燉，烦躁性热，紧急熏蒸，祖先宗庙，明堂客厅，炉鼎火具，诗赋词文，眼目心血，潮热虚惊，焙炙菜物，酒食馨香，房舍火疫，带壳堪尝。

景加离

景加《离》，《离》卦秉令。《象》曰："明两作《离》，大人以继明照于四方。"《离》："利贞，亨，畜牝牛，吉。"

景加《离》，乃门宫比和，若合吉格，相生主客皆利，凡事有成，反此则有虚费。

克　应

景门九里，主忧惊事，绯皂衣人，宴会宾。出此门九里十里，有忧惊事，或十五里外，见赤身人，及大蛇。又或水火灾异，麻面妇人，大鼻公吏等人，及赤马奔驰，文章远达之应。如嫁娶有离异之灾，造作有回禄之变。又主有女中婚事，家宅粉饰，文书交易，在物为中空明亮之器，或有囊腹甲胄弓矢，灯笼蜡烛，红盒纸帐，炙焦之物。

景加坤

景加《坤》，《晋》卦秉令。《象》曰："明出地上，晋。君子以自昭明德。"《晋》："康侯用锡马蕃庶，昼日三接。"

景加《坤》，乃门生宫。若天盘奇仪生合地盘奇仪，大利为主，百事称心，若上克下，吉事减半。

克 应

有文书田产交易之益，与房产之喜，母女相会之情。又为孕妇之兆，在物为文彩精器与锻炼炉冶之物，灯盏火柜，土府等项。

景加兑

景加《兑》，《睽》卦秉令。《象》曰："上火下泽，睽。君子以同而异。"《睽》："小事吉。"

景加《兑》，乃门克宫。若天盘奇仪克地盘奇仪，或下生上，宜客亦主事不吉；或上生下，其忧稍可。

克 应

景门入惊门，七里九里，逢二女嘻笑作戏，与缺唇麻面等人，及赤马白羊之应，金鼓之声，炼丹之事。又主二女参商，炉冶倾颓，烧炼破费，火灾惊疑之事。在物缺损，首饰瓦瓶，有口腹之物。

景加乾

景加《乾》，《大有》秉令。《象》曰："火在天上，大有。君子以隐恶扬善，顺天休命。"《大有》："元亨。"

景加《乾》，乃门克宫。若天盘克地盘奇仪，须利于客，仍防破败。若下克上，或上生下，吉凶各半。

克 应

景门入开门，六里九里，逢公吏人与官贵长着，赤白马相斗之事，与孝服啼哭之应，铸鼎淘沙之举。又主奏章之厄，夫妻不和，宅舍火惊，灾忧飞祸，失落文券，老人病目之事。在物为文具美器，火盆炉灶等项。

景加坎

景加《坎》，《未济》秉令。《象》曰："火在水上，未济。君子以慎辨物居方。"《未济》："亨，小狐汔济，濡其尾，无攸利。"

景加《坎》，乃宫克门。若地盘克天盘奇仪，凡事先耗后益，利于主。若上克下，事多反复，又同天英临此，为星门反吟，宜改宅舍厨灶水道事，文书干谒不宜。

克 应

景门入休门，一、九里逢水火灾，婚娶迎聘男女争斗，鼠走马驰之应，房帏火烛之灾。又主阴雨连绵，龙飞水走，在物为水桶石匣，上空下实之物。

景加艮

景加《艮》，《旅》卦秉令。《象》曰："山上有火，旅。君子以明慎用刑，而不留狱。"《旅》："小亨，旅贞吉。"

景加《艮》，乃门生宫。若天时合地利，主凡事皆吉。若上克下，则诸事减半。

克 应

景门入生门，八里九里逢骡马同行，烧山煨稷之事。又主有书籍古画，大厦楼台，坟山吉地，寺观来脉，贵人相扶，婚姻之事，宜防兵火文书是非。

景加震

景加《震》，《噬嗑》秉令。《象》曰："雷电，噬嗑。先王以明罚敕法。"《噬嗑》"利艰，贞吉。"

景加《震》，乃宫生门。若地盘生天盘奇仪，利客，凡事有益。若上《震》宫加景门，凡事在生怨之情。

克 应

景门入伤门，三里九里，逢渔猎人，走狗逐兔之事，骡马金戈鼓乐之声，文书争斗之应。又主宅舍火灾，男女婚事，在物主火柜蒸笼食盒之类。

景加巽

景加《巽》，《鼎》卦秉令。《象》曰："木上有火，鼎。君子以正位凝命。"《鼎》："元吉，亨。"

景加《巽》，乃宫生门。若地盘生合天盘奇仪，则利于客。如逢凶格，吉事减半。

克 应

景门入杜门，四里九里，逢僧道同行，姊妹嬉戏，柴门失火之应，村舍鸡鸣之声，孩童捕雏之事。又主佛事罗斋，二女倚门，酒食欢会，秃头病眼。在物主箫管乐器，干柴烈火之类。

景加中

景加中，乃门生宫。若天盘奇仪合地盘奇仪，则利为主，但防宠眷争爱之嫌。

克　应

主远信来到，田产文书交易，与窑冶之财。在物为土府火盆，炕灶之类。

死门论

夫死者，于五德为信，于五行为土，乃万物告成之际，阴气照著之时，惟君子成己成人之学，将以动时潜隐之事，为阴伏之体，备柔顺之用，辖未、《坤》、申之方，统立秋、处暑、白露三节。《易》曰："《坤》者，顺也。"乃成乎《坤》之象。盖万物之秉气于三阳者，则必成实于三阴之候，故命名死者，言其收精蓄气，有完质还魂之义，而非复发泄长育之时也。宜射猎捕捉，耕种埋葬，训练断流，尸假田产，交易等事皆吉。

死门为休阴，灾害暗相侵。修造固不利，嫁娶亦遭迍。

人情多涣散，经营不遂心。凡事有反伏，病体必重沉。

类　神

城隍司命，土社之神，田野仓场，云雾沙石，老母道姑，脾胃皮肤，肚腹肿胀，思虑牢狱，符药丸散，医筮算卜。

死加坤

死加《坤》，《坤》卦秉令。《象》曰："地势《坤》，君子以厚德载物。"《坤》："元亨，利牝马之贞，君子有攸往，先迷后得主，利。西南得朋，东北丧朋，安贞吉。"

死加《坤》，乃宫门比和。若上下相生，主客大利。若合凶格，诸事不吉。又如天芮星同在《坤》宫，乃伏吟之格，宜种田置产，安葬筑墙，积粮收货。

克　应

死门出行，逢疾病黄皂衣人，见遭迍。出此门二十里逢蛊腹癫跛之人，或五十里内见血光凶事。最忌远行须防变，只宜吊丧送葬，射猎等事。又主妇人突病，田产交易，乡农斗殴，在物为布帛菽粟，有囊腹之物，与帐轿土石之类。

死加兑

死加《兑》，《临》卦秉令。《象》曰："泽上有地，临。君子以教思无穷，容保民无疆。"《临》："元亨利贞，至于八月有凶。"

死加《兑》，乃门生宫。若奇仪生合比合，则利为主，凡事先难后易。若合凶格，上下克战，宜防诈伪，阴人是非。

克 应

死门入惊门，七里二里，逢孝子啼哭，与老妇少女牵犊驱羊之应。又主安葬迁茔，进产妇女交易。在物主有口腹之物，或锅磬缸罐之器。

死加乾

死加《乾》，《泰》卦秉令。《象》曰："天下交泰，后以财成天地之道，辅相天地之宜，以左右民。"《泰》："小往大来，贞吉。"

死加《乾》，乃门生宫，为天地交泰。若合吉格，与奇仪生合，凡事利主，如合凶格，克战反主，破败不遇。

克 应

死门入开门，六里八里，逢老年夫妇，牛马成群，与门营安葬事。又主和合婚姻，捕猎耕种，田土交易之财。在物主贵重吉器，及上圆下方，宝石镜剑之类。

死加坎

死加《坎》，《师》卦秉令。《象》曰："地中有水，师。君子以容民畜众。"《师》："贞，大人吉，无咎。"

死加《坎》，乃门克宫。若奇仪相生比合，则利于客，反此为客则凶。

克 应

死门入休门，三里与二里，逢儿童啼哭，与老妪涉水，黄黑牛豕之应。又主田产生非，坟水反跳，旧事不明，阴人灾厄。在物为有腹之物，形方而圆，其中有节，或井栏瓦器之类。

死加艮

死加《艮》，《谦》卦秉令。《象》曰："地中有山，谦。君子以裒多益寡，称物平施。"《谦》："亨，君子有终。"

死加《艮》，乃门宫比合。若上下奇仪相生，又合吉格，主客皆利，若合凶格，凡事艰难，如同天芮星临此，则为反吟，宜拆墙毁屋，开河挖井，余事反复不吉。

克 应

死门入生门，八里十里，闻妇人产育之事，与孝子茔圹之举，又主人和合之事，田土反复之忧。在物为五谷杂粮，坟茔瓦石之物。

死加震

死加《震》，《复》卦秉令。《象》曰："雷在地中，复。先王以至日闭关，商旅不行，后不省方。"《复》："亨，出入无疾，朋来无咎，反复其道，七日来复，利有攸往。"

死加《震》，乃宫克门。若合吉格，则利为主；若合凶格，而奇仪克战，凡事有死亡之惊。

克 应

死门入伤门，三五里逢孝子扶柩，与木匠竖造之应。又主田产退败，阴地崩损，及阴人灾病，路死扛户之象。在物为土木相兼之器，与门柱木杵之类。

死加巽

死加《巽》，《升》卦秉令。《象》曰："地中生木，升。君子以顺德，积小以高大。"《升》："元亨，用见大人，勿恤，南征吉。"

死加《巽》，乃宫克门。如得吉格，则利为主，如上下奇仪相战，再合凶格，须防诈伪，有始无终。

克 应

死门入杜门，四六里逢妇女啼哭，与僧尼音乐。又主宅有暗耗；妻妾不合，或因园圃生灾，有重婚私配之事。在物主悬吊器，与凡席地板之类。

死加离

死加《离》，《明夷》秉令。《象》曰："明入地中，明夷。君子以莅众，用晦而明。"《明夷》："利艰贞。"

死加《离》，乃宫生门。若合吉格，奇仪相生，则利为客。如合凶格，而上下奇仪相克，则诸事耗费不实。

克 应

死门入景门，二里九里，逢奠祭暗慰之事，文书舛错之争。又主阴人当权，母子相依之应，又因喜费财，宅舍光饰。在物为文书笔砚锻炼之物。

死加中宫

死加中宫，乃门宫比和。若上下奇仪相生，诸事得吉，上下相克，凡事阻滞无功。

克 应

主田产交易，阴人财利之事，宜安葬动土，筑墙等事。在物为木器旧物，坑石匣之类。

惊门论

夫惊者，于五德为义，于五行为金，乃万物斐艾之际，阴气肃杀之时，而君子察奸除暴之用，将以动履霜坚冰，思为阴盛之体，备收藏之用，辖庚、酉、辛之方，统秋分、寒露、霜降三节。《易》曰："《兑》者，悦也。"乃"悦言乎兑"之义。凡万物之告成于秋者，则于此怵惕改革之情，故命名惊者，言其气象严威，为魂魄徂落之意，而动人警恻惊愕之怀也。宜祭风祈雨，诡言破敌，剖白对词，攻击修筑，博戏渔猎，养威蓄德皆吉。

> 惊门防灾疫，口舌事恍惚。
> 妇女起争端，宅舍生怪异。

类　神

破损毁折，阴人灾厄，少女妓妾，咽喉口舌，妖邪不正，诡言虚捏，缺地废升，刀针铜铁。

惊加兑

惊加《兑》，《兑》卦秉令。《象》曰："丽泽，兑。君子以朋友讲习。"《兑》："亨，利贞。"

惊加《兑》，乃门、宫比和。若合吉格，与奇仪相生，客皆利。如合凶格，与上下相克，则凡事不吉。

克　应

惊门出行，鸦鹊呼，口舌、文书及追捕。出此门见鸦鹊飞鸣，六畜抵触，与争打损伤之事。又主阴人口舌，家养不合，瘟灾痨疫，在物有声口之物，及破镜损器，羊角之类。

惊加乾

惊加《乾》，《夬》卦秉令。《象》曰："泽上于天，夬。君子以施禄及下，居德则忌。"《夬》："扬于王庭，孚号有厉，告自邑，不利即戎，利有攸往。"

惊加《乾》，乃门、宫比和。若合吉格，上下相生，诸事大利。若合凶格，则凡谋有阻。

克 应

惊门入开门，七里六里，逢老人携幼女，持金玉之器，与啼哭之声。又主老少不和，宅舍生非，阴人殴斗之事。在物主钟磬之声，及金银人物，鸳鸯马羊等类。

惊加坎

惊加《坎》，《困》卦秉令。《象》曰："泽无水，困。君子以致命遂志。"《困》："亨贞，大人吉，无咎，有言不信。"

惊加《坎》，乃门生宫。若天盘奇仪生合地盘奇仪，则利于主，诸事皆吉。若上下克战，反有忧阻。

克 应

惊门入休门，七里八里，逢皂衣妇人，抱孩子言疾病之事，与婚媾之喜。又主阴人孕兆，及妇女财物。在物如铜壶滴漏之类。

惊加艮

惊加《艮》，《咸》卦秉令。《象》曰："山上有泽，咸。君子以虚受人。"《咸》："亨，利贞，取女吉。"

惊加《艮》，乃宫生门。若合吉格，与上下相生，为主大利，若上下相克，则主惊阻。

克 应

惊门入生门，七里八里，逢男女牵扯，与羊犬相逐之应。又主婚姻财喜，媒妁之利。在物为金石相兼古器之类。

惊加震

惊加《震》，《随》卦秉令。《象》曰："泽中有雷，随。君子以向晦入宴息。"《随》："元亨，利贞，无咎。"

惊加《震》，乃门克宫。若天克地奇仪，须利于客，又主争斗。若下克上，破耗难成。

克 应

惊门入伤门，三里七里，逢匠人伐木，渔猎等事。又主阴人之非，争斗之忧，与砍伐之害，夫妻反目之象。在物为金木相兼，并有声口之物。

惊加巽

惊加《巽》，《大过》秉令。《象》曰："泽灭木，大过。君子以独立不惧，遁世无闷。"《大过》："栋桡，利有攸往，亨。"

惊加《巽》，乃门克宫。若合吉格，须利于客，亦主攻伐之情，反此更凶。

克 应

惊门入杜门，四里七里，逢妇女争斗，与箫管之声，斗鸡之事，屠宰伤害之应。又主妻妾不合，阴人灾厄，口舌虚惊。在物主缺损之类。

惊加离

惊加《离》，《革》卦秉令。《象》曰："泽中有火，革。君子以治历明时。"《革》："巳日乃孚，元亨，利贞，悔亡。"

惊加《离》，乃宫克门。若地克天，求名官讼皆吉，余事有耗损之忧。

克 应

惊门入景门，七里九里，闻金鼓声，炉冶事，及二女嘻笑。又主寡妇当家，文书惊诈，口舌争斗，小口痘疹之灾。在物旧器破损，与铸造未成之物。

惊加坤

惊加《坤》，《萃》卦秉令。《象》曰："泽上于地，萃。君子以除戎器，戒不虞。"《萃》："亨，王假有庙，利见大人，亨利贞，用大牲吉，利有攸往。"

惊加《坤》，乃宫生门。若地生天，利客，亦主迟缓费耗。若上生下，合吉格，则为小往大来。

克 应

惊门入死门，七里二里，逢扑跌之伤，与刑吊问事。又主阴人退耗，或母为女婚娶破财之事，或田产利益。在物锄铲之器，与坟茔所藏之宝。

惊加中宫

惊加中宫，乃宫生门，其断义同惊加《坤》。

开门论

夫开者，于五德为义，于五行为金，乃万物成除之际，阴气消长之时，而君子励志明德之用，将以著《乾》靖《坤》夷之功，为阴极之体，备宁静之量，辖戌、《乾》、亥之方，统立冬、小雪、大雪三节。《易》曰："《乾》者，健也。"乃"战乎《乾》"之义。凡万物之藏，伏于冬者，则于此有惩创茁洁之志，故命名开者，言其外象，并无障碍，而万缘通达之形也。宜访道求贤，积粮收货，埋伏取胜吉。

开门为上吉，出行最荣昌。投书并谒贵，财喜总悠扬。
造作多兴旺，置产裕赀粮。子孙拜帝阙，金命喜非常。

类　神

君父显官，老人僧道，宝石铜铁，金石丝声，色白形圆，体坚味辛，刀针锤铃，首脑股筋。

开加乾

开加《乾》，《乾》卦秉令。《象》曰："天行健，君子以自强不息。"《乾》："元亨利贞。"

开加《乾》，乃门宫比合。若上下奇仪相生，主客皆利。如星门皆伏，宜访道求贤，埋伏取胜。

克　应

开门二十里，阴人至，贵人乘马，紫衣服。出此门见贵人，着红紫衣骑马吉，或四六里见猪马，逢酒食、竖造之事。又主贵人相钦，士庶同心。在物为有首有声之物，或镜钱之类。

开加坎

开加《坎》，《讼》卦秉令。《象》曰："天与水违行，讼。君子以作事谋始。"《讼》："有孚窒，惕中吉，终凶，利见大人，不利涉大川。"

开加《坎》，乃门生宫。若天盘生合地盘，而合吉格，利主，诸事有益，上下相克刑冲，凡谋宜相势而动。

克　应

开门入休门，六七里逢妇人携孩子，皂衣老人浚河汲井之应。又主有公门之望，珍宝交易，得官贵之力，亨荫庇之隆。在物为沉重润泽之器，或茶酒瓶盘之属。

开加艮

开加《艮》，《遁》卦秉令。《象》曰："天下有山，遁。君子以远小人，不恶而严。"《遁》："亨，小利贞。"

开加《艮》，乃宫生门。若上下奇仪相生，诸事有益。若上下克战，先吉后凶。"

克　应

开门入生门，八里六里，逢老人携孩子，入山修茔，与官讼争斗逃亡等事。又主山林破费，因名失利。在物主金石相兼，或首饰之类。

开加震

开加《震》，《无妄》秉令。《象》曰："天下雷行，物与无妄，先王以茂时育万物。"《无妄》："元亨，利贞，其匪正有眚，不利有攸往。"

开加《震》，乃门克宫。若上克下，则利为客，若下克上，诸事破损。

克　应

开门入伤门，三里六里，逢捕猎战斗，匠作伐木之应。又主官贵长者之厄，在物金木相兼，钟鼓之器。

开加巽

开加《巽》，《姤》卦秉令。《象》曰："天下有风，姤。后以施命四方。"《姤》："女壮，勿用取女。"

开加《巽》，乃门克宫。若上克下，则利为客，诸事成中见破。若天星同开临此，宜开门放水，迁茔改造吉。

克　应

开门入杜门，四里六里，闻歌唱之声，与僧尼老人，官贵长者，谒庙焚香之应。又主老少不合，阴人是非，刀伤虚惊之厄。在物为金木相兼之器。

开加离

开加《离》,《同人》秉令。《象》曰:"天与火,同人。君子以类族辨物。"《同人》:"同人于野,亨,利涉大川,利君子贞。"

开加《离》,乃宫克门。若地盘奇仪克天盘奇仪,须利为主,为求名官讼吉,余事皆为退败。

克 应

开门入景门,九里六里,逢老人骑马,与公门役吏酒食,喧闹之事。又主文书之忧,阴人为祸,或因烧丹费财,与触犯官长之怒。在物为炉冶倾锁之器,与外圆中虚之类。

开加坤

开加《坤》,《否》卦秉令。《象》曰:"天地不交,否。君子以俭德避难,不可荣以禄。"《否》:"否之匪人,不利君子贞,大往小来。"

开加《坤》,乃宫生门。若下生上,或合吉格,诸事先虚后实。若上克下,诸事休举。

克 应

开门入死门,二里六里,逢女人哭啼,与孤独夫妻说离合事,牛马成对之应。又主和合婚姻之喜,布帛菽粟之利。在物金石之物,或土中古器物。

开加兑

开加《兑》,《履》卦秉令。《象》曰:"上天下泽,履。君子以辩上下定民志。"《履》:"履虎尾,不咥人,亨。"

开加《兑》,乃门、宫比和。若奇仪相生,诸事大吉。若上下克战,先吉后凶。

克 应

开门入惊门,七里六里,老人与女子同行,逢公吏勾捕等事。又主花酒败家,阴人口舌,在物为圆或缺之器,与刀针灯台夹剪之属。

开加中宫

开加中宫,乃宫生门。此为子入母腹之格。若合吉格,奇仪相生,主客皆利,凡事有就。若合凶格，所谋掣肘。

克 应

　　有贵人临门，与子母亲眷重会，旧交相访，欢悦之情。在物为金玉宝石，大小方圆，上塞腹满之器。

甲干论

甲干，姓王，字文卿，隶寅木而统《震》位，实乃十干之首，为开物成务之原，扶桑之木，乃昧爽呈象之始。其为质也劲，其为性也直，其为色也青，其为味也酸，其为声也浊。其为体也方与长，有怀胎含蓄之情；其为用也萌与动，有开展作为之力，木无枝叶根蒂。得令得时，可以作栋梁柱楚，若逢生旺太过，反为漂泊无依；失时失令，则为废蠹材，如逢克战太过，则为腐朽破折。本有动之体，而无动之机；有可造之材，而无自成之量。盖由其自负元龙，而于世故，尚未亲切耳。

经曰："时加六甲，一开一合，上下交接。"又曰："能知三甲，一开一合，不知六甲，六甲尽合。"三甲者，子午为孟甲，寅申为仲甲，辰戌为季甲。阳星加时为开，阳星者，蓬、任、冲、辅、禽也；阴星加时为合，阴星者，芮、柱、心、英也。

甲为青龙，利于远行作事，客胜有喜无忧，宜谒尊见贵，移徙嫁娶，凡谋皆吉。

午时五不遇：甲加乙兮，二龙相抗则凶；甲加丙兮，青龙返首；甲加戊兮，青龙受困；甲加《坤》及未时，名为青龙入墓。汤谓曰："六甲之时，门符皆为伏吟。"葛洪曰："六仪击刑者，加所刑之地也。甲子值符加《震》，卯刑子也；甲戌加《坤》，戌刑未也；甲申加《艮》，申刑寅也，甲午加《离》，午自刑也；甲辰加《巽》，辰自刑也；甲寅加《巽》，寅刑巳也。"

时加六甲，乘龙万里，莫敢呵止，不知六甲，出必龃龉，主头风目疾，肝气之症。

甲戌加乙　青龙入云格

甲戌加乙，主得同人之好，帮助之美，凡事主客俱利。若逢门宫迫制，则有相抗之疵，须论上下之分，以辨主客之用。

甲戌加丙　青龙得明格

甲戌加丙，主有文明显达之意，窑灶修理之情。若宫门无克，则诸事有成。如门克宫，利于客；宫克门，利于主。凡谋皆费力而成。

甲戌加丙　青龙返首格

甲戌加丙，主有土木动作之意，宅舍光辉之吉，又为父子荣登之象。凡宫门无克，诸事进益，有不谋自就之好。若门克宫，不利于主；宫克门，不利于客。再详生旺衰墓之理，辨明主客可也。

甲戊加丁　青龙耀明格

甲戊加丁，主得暗助之美，又为迅速之机。宫门相生，作为大吉；宫门相克，诸事反复。又当察其旺相之殊，以论主客之势。

甲戊加戊　青龙入地格

甲戊加戊，主有回还辗转之意，进退未决之情。如临生旺得令之时，方显经纶谋为之用。如逢失令休囚之际，则为偃蹇愁叹之形。再详宫门迫制，以论主客之钝利也。

甲戊加己　青龙相合格

甲戊加己，主有币帛婚媾之喜，室家敦好之情。若门生宫，作事皆吉，百谋无阻。如门克宫，好事蹉跎，有始无终。

甲戊加庚　青龙持势格

甲戊加庚，主有探骊龙而得珠，入虎穴而取子。惟宫门相生比和，诸事尤吉。若门宫克制，又当察其旺相休囚，而分主客之胜负也。

甲戊加辛　青龙相侵格

甲戊加辛，主有冲突际会之情，修德励明之意。宫门生合比和，谋为皆吉，如逢迫制，则以变其主客之用。

甲戊加壬　青龙破狱格

甲戊加壬，主有诸事耗散，恐后不昌。若门克宫，利于为客，凡事难图。如宫克门，而壬仪又临得令之时，得禄之地，反利于主。

甲戊加癸　青龙相和格

甲戊加癸，主有首尾兼济之情，隐明两途之意，惟宫门生合比和，则诸事大吉，若克制刑迫，则事成中见破，美中不足。又须详其囚旺，以辨主客之吉凶可也。

乙干论

乙干者，姓龙，字季卿，隶卯木而摄《震》气，实乃甲木之帮手，为开元之发端，其为质也润，其为性也曲，其为色也碧，其为味也酸甘，其为声也婉转。其为体也柔嫩，有繁衍发生之情；其为用也参与差，有长短曲直之别，尽堪矫揉造作。得时则富丽繁华，失令则枯朽黄殒。有可贵之质，而不能自贵，大约求之直则直，求之曲则曲，贵之则贵，贱之则贱。盖由其具品纯柔，而于世道，惟知附会向荣耳。

经曰："时加六乙，往来恍惚，与神具出。"谓六乙为日奇，宜从天上。六乙方出，既随日奇，恍惚如神，人无见者，作事客胜，行逢饮馔，移徙入官，嫁娶市贾皆吉。

巳时五不遇：王璋曰："乙加辛则青龙逃走，乙奇临《坤》宫及乙未时为入墓。乙奇入《乾》，乃木入金乡，诸事不宜举动。"六乙乃天德日奇，乙乃木之华阳之精，其神正大光明，宜施恩佈德行仁慈之事，不知六乙出被恍惚，宜出行于六乙方上。若逢生旺之时，宜显扬作事；如临衰墓之时，则宜收敛行藏。

乙加震　玉兔游宫格

乙加《震》，日奇乃临有禄之乡，升于乙卯之殿，又曰升天，凡事渐至兴发，宜上官请谒，迎鸾婚聘，觅利安葬，求名出行，诸事皆吉。

乙加巽　玉兔乘风格

乙加《巽》，日奇临神风之地，乃升于中天，照映四方，秋毫之察，凡事显扬，诸谋大吉。

乙加离　玉兔当阳格

乙加《离》，日奇临生旺之宫，又曰当阳，宜为显扬，作事利于炼丹煅药，学道修真之事。

乙加坤　玉兔暗目格

乙加《坤》，日奇临于未申，为胎养之宫，渐入于地，其光将暗，事宜收敛，固守须防奸宄暗欺，且为瞬暗不明，负屈不伸之象。

乙加兑　玉兔受制格

乙加《兑》，日奇入于酉宫，谓之威德收藏，诸事不利，若合吉格，久后祯祥，如逢凶格，凡为否灾，一切图谋，必遭刑厄。

乙加乾　玉兔入林格

乙加《乾》，乃玉女朝天门，宜上官远行，修筑诸事，大吉。

乙加坎　玉兔饮泉格

乙加《坎》，乃入生乡，又曰父母相逢，不能自立，百凡迟缓。

乙加艮　玉步青云格

乙加《艮》，乃玉女升堂，又曰旺方，百事大吉，图谋全胜。

乙加乙　奇中伏奇格

乙加乙，凡伏吟与飞而复伏，皆宜堆积、栽种等事，再详宫门迫制，以分主客用之。

乙加丙　奇敝明堂格

乙加丙，有先明后暗之局，声势不久之情。宫门相生，再乘旺气，诸事显扬；迫制休囚，昧昧阻滞。

乙加丁　奇助玉女格

乙加丁，有迟中得速之妙，阴人扶助之情。宫门相生，大利为主；宫门克制，妇女多灾。

乙加戊　奇入天门格

乙加戊，有利见大人之象，依尊附贵之情，以详宫门生克墓旺，而分主客之作用可也。

乙加己　日入地户格

乙加己，有姑嫂相见之情，农人耕耘之象。宫门相生，主客皆利；宫门克制，不利为主。

乙加己逢开门　为地遁格

乙加己逢开门，是得日精之蔽，内应于脾，外主于形，又曰黄婆金公，安葬开坟，隐迹修仙。若逢此时，当请本旬玉女作法，步罡而出，百事大吉，似有神威之助。

乙加己　三奇得使格

乙加己，宫门相生，万事皆吉；宫门相迫，再详主客。

乙加庚　奇合太白格

乙加庚，有用柔制刚之意，婚姻和合之情。宫门相生，主客皆利；宫门克制，须分旺相，以辨主客之作用。

乙加庚在巽又逢开门　为风遁格

乙加庚，在《巽》又逢开门，此时宜祭风兴云，更利火攻，是得神化之助也。

乙加辛　青龙逃走格 _{又为三奇得使}

乙加辛，宫门生旺，为主有吉中之吉；相克，有逃走之情。

乙加辛逢生门临艮宫　为虎遁格

乙加辛，逢生门临《艮》宫，宜招抚叛逆，设计取胜，请旬玉女，凡事大有威力。

乙加辛在坤逢开休生　为云遁格

乙加辛在《坤》，逢开、休、生，宜藏形蔽迹，祭事鬼神，祷雨兴云，起雾转风，如有急难，请旬中玉女，当有云气之蔽也。

乙加壬　奇神入狱格

乙加壬，彼此俱宜固守，再详生旺，门宫迫制，以分主客。

乙加壬在坎遇开休生　为龙遁格

乙加壬在《坎》，遇开、休、生，宜立坛祷雨，挖河开井，新船下水等事，当有神龙之助也。

乙加癸　奇逢罗网格

乙加癸，主隐明就暗，诸事闭阻。若门宫相生，彼此尚为得吉；若门宫克制，乙奇又临墓绝，则诸事迟滞艰难。主客当以宫门上下较之。

丙干论

丙干者，姓唐，字仲卿，隶午火而辖《巽》位，以作甲符之健将，著赫奕之文明。其为质也虚，其为性也烈，其为色也紫赤，其为味也辣苦，其为声也苍雄。其为体也裹与覆，有威福自作之情；其为用也抑与扬，有辗转变迁之势，难以干犯欺凌。得时则势焰辉煌，失令则形质呆祸。有可大之材，而不能有恒。大约激之则升，扑之则灭，而有始无终。盖由其刚愎自用，而于世故，惟好承奉趋附而已。

经曰："丙火销金，强梁畏伏，不知六丙，出则迷惑。"凡作事宜从天上六丙旺方而出，则彼人自败，宜竖柱安葬，求谋上官，出入商贾，嫁娶入宅等事皆吉。

辰时五不遇：赤松子曰："丙加庚兮荧入白，荧惑入太白，上下相击剥，内往外灭，以谗贼陷。"又曰："丙丁值为悖，火星焚大屋，移徙得安然，独自闻愁哭。"又云："丙加时干为悖格，格者，关格不通之象；丙加值符，名飞鸟跌穴，此时作事举动谋为皆吉，以生击死，可以取胜；丙奇临六宫及戌时，为入墓；丙奇临《坎》宫，乃火入水池，万事莫举。"

六丙，乃明堂天威月奇神，宜施恩佈德，彰动威福，解厌凶灾。

丙加震　月入雷门格

丙加《震》，乃入父母之乡，诸事大吉。

丙加巽　火行风起格

丙加《巽》，乃临有禄之乡，又曰火之风门，再得生气大吉。

丙加离　为帝旺之格

丙加《离》，乃奇入本乡，又曰升殿，但除子午值符，不可急用，其余四符，用之大吉。

丙加坤　子居母腹格

丙加《坤》，乃入子孙宫，威德收藏，子虽代事，凡事迟缓。

丙加兑　凤凰折翅格

丙加《兑》，乃阳入阴宫，和合暗图，凡事迟延。

丙加乾　光明不全格

丙加《乾》，乃奇神入地，不宜明显，只可暗图。

丙加坎　为发生之格

丙加《坎》，乃奇神得地，其光明灼，诸事渐亨。

丙加艮　凤入丹山格

丙加《艮》，乃奇入丹山，凤凰入林，百鸟来朝，诸事皆吉，《艮》为鬼道，有火照临，凶厌必散。

丙加乙　月照苍海格

丙加乙，乃龙凤呈祥之美，文明赫奕之象。宫门相生，彼此大利；宫门克制，必有一伤。须详时日干支，与上下休旺，而辨主客之钝利也。

丙加丙　二凤和鸣格

丙加丙，有势焰辉煌之象，以文会友之情。宫门生旺，彼此和同；时日休囚，有始无终。

丙加丁　星月光辉格

丙加丁，有灯市观妓之象，佳人才子之情。宫门生旺，诸事显扬；宫门克制，事防烬灭，再详旺相休囚。

丙加戊逢生开　为天遁格_{加值符又为跌穴}

丙加戊，逢生、开，宜上策献书，求显谒贵，修身学道，剪恶除邪，当请本旬玉女作事，得月精之所蔽，再立华盖方上，百事皆吉。

丙加己　奇入明堂格_{加值符又为跌穴}

丙加己，有出谷乔迁之美，又为隐明就暗之象。凡事欲速不能，恩中招怨，乍生乍疑，务详丙己所临之宫，生旺休囚何如，以分主客，而断胜负也。

丙加值符之己　飞鸟跌穴格

丙加值符之己，大利客胜，任其往来，诸事皆吉，亦查丙己所临之宫，生旺墓绝何如，以分主客用之。

丙加庚　荧入太白格<small>加值符又为鸟跌穴</small>

丙加庚，主客大利。宫门相生，诸事可谋；宫门克制，须详丙庚生旺墓绝，以分主客。大约凡事守旧，不可妄动。如占贼宄，则为消灭，自己作孽，则为招殃。

丙加辛　奇神生合格<small>加值符又为跌穴</small>

丙加辛，有恩威并济，礼仪势合之情。宫门相生，凡事有就；宫门迫制，调和不美。须详时令，以分主客。

丙加壬　奇神游海格

丙加壬，诸事虽吉，但恐不实，惟求名官讼吉，利于为主，须查丙壬所临之宫，生旺迫制，以分胜负。

丙加癸　奇逢华盖格

丙加癸，诸事得吉，名利有成，再详丙癸所临之宫，生旺克制何如，以分主客之作用。如丙奇所领之星，能制癸宫，则利为客；如癸仪所居之宫，克丙奇之星，则利为主。凡言主客，皆以此断。

丁干论

丁干者，玉女，姓季，字游往。统巳火而摄未位，实为甲子之阴神，有内助之德，可以排君父之难，可以督符信之权。其为质也媚，其为性也顺，其为色也淡红，其为味也爽快，其为声也清亮。其为体也秀而扬，有窈窕顺适之情；其为用也便而捷，有轻重合宜之致。得时则能销熔暴戾，洞察奸邪；失令则为穷愁呻吟，幽人嫠妇。如投其机，则似可狎；如当其锐，则不可撄。盖由其赋性柔险，可用而不可测耳。

经曰："时加六丁，出幽入冥，人皆不见，敌人不侵。"宜阴谋密计，私约交通，隐形遁迹，忧喜各半。当从天土六丁之方，可请本旬玉女护持，利于请谒嫁娶，入官商贾，及阴私事，大得玉女神威之助。

卯时五不遇：丁奇入《乾》宫，及丁丑时为入墓，丁奇入《坎》，乃火入水池，诸事不宜举动。

六丁乃太阴玉女星奇神，三奇之中，惟丁神最灵，丁本火之精，化而成金也。

丁加离　玉女登堂格

丁加《离》，乃临有禄之乡，诸事显扬，但到《离》乘旺而火炎飞腾，能销烁万物，爆燥不常，凡事须防虚诈。

丁加坤　玉女游地户格

丁加《坤》，有子母相见，迟中得速之事，宜暗图当得阴助。

丁加兑　玉女穿珠格

丁加《兑》，有争妍怙宠之情，嘻笑唱和之象。然丁奇到《兑》，乃火死金旺之乡，可凶可吉，虽云丁入生气之宫，诸事显扬，成亦须奇神令可也。

丁加乾　火照天门格又名玉女游天门

丁加《乾》，凡事利于私谋暗计，大有神助之妙。

丁加坎　朱雀投江格

丁加《坎》，凡丁入壬癸之乡，乃威德收藏之际，诸事静守得吉。

丁加艮　玉女游鬼户格

丁加《艮》，凡丁到《艮》，其光不显，事主迟疑忧疑之象。

丁加震　玉女入雷门格

丁加《震》，事有虚惊，宜于收敛。

丁加巽　玉女乘风格

丁加《巽》，诸事显扬之象，谋为顺利之情。

丁加乙　玉女奇生格

丁加乙，诸事皆吉，丁乙各有生旺之时，须变宫门之迫制，以详主客之用法。

丁加乙逢太阴生门　为人遁格

丁加乙逢太阴生门，宜上策献书，修丹炼道，隐伏藏匿，须请本旬玉女作事，当得星耀之所蔽。

丁加乙逢九地开休　为鬼遁格

丁加乙逢九地开休，宜采访贼情，偷劫等项，祭亡振孤，驱神遣鬼，当请本旬玉女，作事如得鬼神之助。

丁加丙　奇神合明格

丁加丙，百事吉庆，大有施为，亦察丁丙所临之宫，生旺衰墓门迫制，分利主客。

丁加丁　奇神相敌格

丁加丁，诸事虽吉，恐有相争，知机暗图，宜于先举得意，若逢伏吟，宜收货积粮，置炉作灶等事。

丁加戊　玉女乘龙格

丁加戊，凡谋皆利，须查丁戊门宫，孰生孰墓，以分主客。

丁加己　玉女施恩格

丁加己，百事如意，情投意美，私心眷恋。须看丁己所临生旺迫制，以辨主客动静之用。

丁加庚　玉女刑杀格

丁加庚，凡事难以强图，于中必有反复。须详宫门克制，与丁庚生旺何如，以分主客之作用。

丁加辛　玉女伏虎格

丁加辛，求谋不利，诸事艰难，虽利为客，宜入旺乡，亦详宫门克制休囚，以分主客可也。

丁加壬　玉女乘龙游海格 加值符又为得使

丁加壬，诸事得吉，百福来迎，贵人和合，淫泆私情，主客俱利，营谋可成。须详丁壬所临门宫，上下生克何如，以分主客之作用可也。

丁加癸　朱雀投江格 加值符又为得使

丁加癸，诸事不利，文信遗失，彼此猜疑，宫门酌仪，凡丁主动，而鬼主静，未免动静激搏，生死关头，更详丁癸之生墓，便知主客之雌雄。

戊干论

  戊神天武，司马羊胎《坎》宫而治《巽》位，司中气而协勾陈，尊同六甲，有保障之威权，摄六丁神变化之用。其质也烈燥，其为性也耿介，其为味也甘辛，其为声也刚雄。其为体也涩而滞，有坚执自高之志；其为用也卤而粗，有不尴不尬之情。得时则雄豪果敢，失令则柔蠢痴愚。盖由其赋性蹶拗，可化而不可制也。

己干论

己干者，姓纪，字游卿。胎《离》宫而卜隶未地，守中气而配勾陈。德堪拟《坤》，有载承之义；权堪化甲，有经济之能。其为质也溥厚，其为性也垣和，其为味也甘辛，其为声也婉切。其为体也沉而静，有包含忍耐之量；其为用也刚与柔，有安舒幽贞之情。得时则陶溶品汇，失令亦抱质坚持。盖由其禀性宽宏，不凝滞于物，而能与世推移耳。

经曰："时加六己，如神所使，不知六己，出必招凶。"宜阴谋密计，剖白旧事，修理垣界。凡出行当从六己方出，不宜显扬，作事利于逃亡私遁。凡占值此者，主有逃匿阴私之事。

丑时五不遇：不宜远行嫁娶，竖造市贾等事。

六己乃明堂，六合神又为地户。

己加乙　日入地户格

己加乙，凡事暗昧难图，主有蒙蔽侵犯，须详己乙所得生旺何如，与门宫迫制，而分主客可也。

己加丙　地户埋光格

己加丙，有火炎土燥之象，恩中成怨之情。凡事阻屈难伸，先暗后明之局，利于为客。再详己丙所临生墓何如，与宫门迫制何如，以分主客用之。

值符己加丙　为青龙返首格

值符己加丙，凡谋有益，诸事易成，大利为主。然丙临生旺之宫，则生机可就，图为显扬；入衰克之地，事多暗昧，宜于密图。再详宫门克制，丙己生墓，以分主客。

己加丁　明堂贪生格

己加丁，诸事虽吉，先费后益，暗中生扶，大利为客，宜逢午未，入合吉格，再详丁己生旺，与宫门比迫何如，以分主客之作用可也。

己加戊　明堂从禄格

己加戊，诸事皆吉，喜悦重逢，己戊若临生旺之时，宫门更得生助之吉，主客皆利。

己加己　明堂重逢格

己加己，凡事勾屈难明，进退不决，则宜固守，静中得合，若宫门逢伏吟，则宜积粮，开田添土，筑寨等事。

己加庚　明堂伏杀格

凡为利主，诸事有益，再详己庚所临之宫，生旺休废，宫门上下，刑克迫制，以分主客之作用。

己加辛　天庭得势格

己加辛，诸事喜悦，两意相投，凡谋进益，更利为主，亦须查己辛所临，生旺德禄何如，宫门迫制，以分主客。

己加壬　明堂被刑格

己加壬，百事无成，参差各别，须查己壬，得时下之生旺墓败何如，与门宫迫制，而详主客之动静。

己加癸　明堂合华盖格

己加癸，诸事反复难成，图谋龃龉拂意，亦详己癸，所临生旺休废，与宫门迫制，以分主客可也。

庚干论

庚干者，姓邹，字元阳，隶《坤》宫而统申位，德侔白帝，掌杀伐之权，威振西方，怀战斗之志。其为质也刚劲，其为性也急锐，其为味也辛辣，其为声也雄尖。其为体也梗直，有慷慨激烈之谋；其为用也暴戾，有果敢勇往之力。得时逞扫荡之威风，失令同废弃之蠢质。只可柔以化之，不可刚以制之。盖以其具品执拗，惟愿屈人，而不屈于人耳。

经曰："时加六庚，抱木而行，强有出者，必有斗争。"谓庚为天狱，凡事宜于固守，不可妄动。又曰："能知六庚，不被五木。不知六庚，出必遭辱。宜彰威福，救困扶危。病主肺胫，大肠之症。"

子时五不遇：庚加日干为伏干，日干加庚飞干格，加一宫兮战在野，同一宫兮战于国。直符加庚天乙飞，庚加直符天乙伏。庚加癸兮为大格，加己为刑最不宜。加壬之时为小格，岁月日时干忌逢，三奇逢之皆为格，庚丙入荧贼即来。丙庚入白贼即退。凡占市贾无利，病讼有伤，入官嫁娶有凶。

六庚乃太白天刑，七刹煞神，其势勇猛。

庚加乙　太白贪合格

庚加乙，诸事大吉，所为皆顺，再详庚乙所临之时，生旺休废何如，与门宫迫制，以分主客之作用。

庚加丙　太白入荧格

庚加丙，诸事虽吉，费力方成，利于为主，必庚废刑，如庚乘旺，主反拂情，再详宫门生克，以分主客。

庚加丁　太白受制格

庚加丁，诸事不利，有更改叮咛之象，刑战疑斗之情，事多反复。丁奇若临生旺，可以用柔制刚。若庚仪临生旺，则为暴客虐主。再详宫门克制，以分主客。

庚加戊　太白逢恩格

庚加戊，凡事先迷后利，先损后益，阳时利于为客，须详庚戊所临之时，生旺休废，门宫迫制，而分主客。

奇门归宗

庚加己　太白大刑格

庚加己，诸事不吉，惟宜守旧，阳时利于为客，庚己所临之时，生旺休囚，与宫门迫制，详分主客胜负。

庚加庚　太白重刑格

庚加庚，有英雄未遇，而自作奋激之情，不能伤人，转而为自刑之计，须详宫门迫制，时之阴阳，参断主客。

庚加辛　太白重锋格

庚加辛，有两强相持，以刚伏柔，事必争论，阳时利客，再看所临之时，墓旺生败，门宫迫制，详分主客。

庚加壬　太白退位格

庚加壬，凡事有益，只宜敛迹，利于为主，事多疑惑，须详庚壬，生旺休废，与门宫迫制，以分上下。

庚加癸　太白刑隔格

庚加癸，诸事不宜，人情悖逆，谋为多阻，须防不测，阳时利于为客，阴时主客皆为不利，亦忌庚临衰墓，须察宫门生迫，则主客胜负可知也。

辛干论

辛干者，姓高，字子张，隶西宫而摄戌位，气同白虎，掌肃杀之威权，位镇西方，宜白帝之政令。其为质也芒锐，其为性也柔刚，其为味也苦辣，其为声也铿锵。其为体也沉静，如锥处囊；其为用也坚耐，似玉出璞。得时则黄钟振响，失令则瓦缶混淆。盖由其具鲲鹏之翮，必待秋风，方能扶摇直上耳。

经曰："能知六辛，往来皆吉。不知六辛，灾害临身。时加六辛，行遇死人。强有出者，罪罚缠身。"此时利为主，不利于客。闻忧事有，闻喜事无。不宜嫁娶、入官、市贾，探病占病，主风痰胸膈之症。

酉时五不遇：凡事不宜举动，主客欠利，婚娶更伤。六辛乃天庭白虎神，宜正刑法，制罚罪囚，奋威武。

辛加乙　白虎猖狂格

辛加乙，有走失破财之事，与逃亡隐匿之情。所谋难就，凡事不吉。若辛乘旺，而乙逢生，反有得财之喜。如门克宫，或宫生门，利于为客。若宫克门，或门生宫，而乙奇得生旺，又利为主。

辛加丙　天庭得明格

辛加丙，有威权作合之情，炉冶钱谷之事，所谋得就，诸事吉昌，更详辛丙生旺何如，与门宫迫制何如，以分主客先后可也。

值符辛加丙　为青龙返首格

值符辛加丙，凡为吉庆，所图皆成，有倚借权豪之势，锄镑锻炼之情，辛丙得令，门宫相生，主客皆利，若反此，则别断也。

辛加丁　白虎受伤格

辛加丁，凡事有始无终，内多耗散，惟利求名官讼。若门生宫与宫克门，大利为主，如门克宫，又丁奇临衰墓，只宜固守可也。

辛加戊　龙虎争强格

辛加戊，诸事不知，求谋不遇，须详辛戊所临之宫，旺墓何如，门宫迫制何如，

338

则知其利主与利客也。

辛加己　虎坐明堂格

辛加己，诸事虽吉，而费力方成，利于为客，门宫喜生，更详辛己所临之时，生旺何如，与门宫生克何如，以断主客之用法。

辛加庚　虎逢太白格

辛加庚，诸事反复争论，羁留迟延惊疑笃速。若门生宫，或宫克门，而庚又临旺禄之宫，则利为主。如庚临衰墓，而辛分居旺之乡，则利为客。

辛加辛　天庭自刑格

辛加辛，凡事自败，有势难行，进退狐疑，柔奸无用。若门生宫，则利为主，然值伏吟，宜教演武士，藏威敛迹，以防内变可也。

辛加壬　天庭逢狱格

辛加壬，凡事不利，所谋难成，须防脱诈隐昧忧生，再详辛壬所临之时，与门宫生旺休废何如，则主客之可断也。

辛加癸　虎投罗网格

辛加癸，诸事有就，求谋难成，但主塞而后通，迟而后利。若门生宫，或宫克门，则利为主。若门克宫，而辛临生旺之时，又利为客。

壬干论

壬干者，姓任，字禄卿，隶《乾》宫而治亥气。其为质也润，其为性也淫，其为味也咸，其为声也洪。其为体也圆活，有磊落不羁之情；其为用也流通，有泛滥无常之势。得时则济物利人，无能方其才调；失令则防贤病国，不及察其赞浸。盖由其赋性柔险，可与共患难，不可与共安乐耳。

经曰："时加六壬，为吏所禁，强有出者，飞祸将临。"占病主脾胃眼目肾之症。

申时五不遇：壬加时干，为地网遮格，此时不可远行，出入作事，必遭冤仇之害。凡入宫嫁娶，移徙逃亡，皆凶。惟宜隐伏潜藏，邀截遮蔽可也。

六壬乃天牢之神，宜伏机暗藏，私谋远虑。

壬加乙　日入九地格

壬加乙，凡为不利，谋事多惊，须看壬乙所临之时，生旺克制，与宫门刑迫，则知主客之休咎也。

壬加丙　天牢伏奇格

壬加丙，凡事不利，求谋多凶，则利为客，更详壬丙所临之时，旺败何如，与门宫生克，而断主客。

值符壬加丙　为青龙返首格

值符壬加丙，凡谋得吉，贵助祯祥。若门克宫，或宫生门，则利于客。若丙临生旺，宫克门，门生宫，则利为主。

壬加丁　太阴被狱格

壬加丁，诸事有阻，谋为暗昧，再详丁壬所临之宫，与门宫克制，生旺休囚何如，以分主客之作用。

壬加戊　青龙入狱格

壬加戊，诸事有始无终，官讼求名得吉，再详壬戊所临之宫，生旺何如，与门宫迫制，以分主客。

壬加己　天地刑冲格

壬加己，诸事不利，求吉得凶，再详壬己所临生旺之宫，与门宫迫制，以分主客。

壬加庚　天牢倚势格

壬加庚，凡事虚耗难成，未免惊疑反复，再详壬庚所临之宫，果否得令，与门宫迫制，以分主客之胜负。

壬加辛　白虎犯狱格

壬加辛，凡谋忧惊，每多反复，若壬临得令之宫，或门克宫，宫生门，则利为客。如壬入失令之宫，又或宫克门，则宜固守，而利为主。

壬加壬　天牢自刑格

壬加壬，诸事破败，凡谋不利，须详宫门生克，与壬仪得令失令，以断主客之动静。

壬加癸　阴阳重地格

壬加癸，凡事不宜图谋，计穷之象，再详宫门迫制，与壬癸生墓何如，而分宾主之休咎也。

癸干论

癸干者，姓管，字子光，隶《坎》位而通丑宫。其为质也重，其为性也懊，其为味也浊，其为声也亮。其为体也慈厚，有饥溺由己之情；其为用也浅露，无包含藏蓄之险。得时则从龙变化，著赫赫之名；失令则伏枥长嘶，存恢恢之度。盖由其赋性痴直，惟知排难解纷，而不知察奸防险耳。

经曰："能知六癸，众人莫视。不知六癸，出则败亡。"占病主耳肾下元之症，不宜入官嫁娶，市贾移徙，入室等事。病重者死，失物难追。

未时五不遇，癸临时干，为天网四张，凡逃亡遁迹，当从天上六癸方出，可避凶灾。

六癸乃华盖，天狱天网天藏神，惟宜逃遁埋伏，隐姓求仙，幽暗欺蔽之事。

癸加乙 日沉九地格

癸加乙，诸为有益，贵人扶助，或暗中生扶之妙，但有迟疑不速之情，更详癸乙所临时果否得令，与门宫迫制，而分断主客也。

癸加丙 明堂犯悖格

癸加丙，凡谋阻滞，事有忧惊，若门宫迫制，与丙癸休囚，以分主客可也。

值符癸加丙 为青龙返首格

值符癸加丙，诸事多吉庆，谋干皆称心，但查癸丙休旺，与门宫生克，而断吉凶可也。

癸加丁 螣蛇夭矫格

癸加丁，百事不宜，求吉反凶，利于为客，更详癸丁所临之宫，与门宫迫制何如，而详主客之作用。

癸加戊 青龙入地格

癸加戊，诸事虽吉，然宜阴谋私合，亦未免恩怨交加，须详癸戊果否得令，与门宫生克，而断主客也。

癸加己　华盖入明堂格

癸加己，凡事虽吉，不无耗费之情，诸事勾连，每多揆度之意，又为隐蔽死匿，惟宜名讼得吉，则利于主，再详癸己所临果否生旺，门宫生克，以分主客。

癸加庚　天网冲犯格

癸加庚，作事刑害，求谋无益，虽然相生未免揆隔，须详庚癸所临生墓何如，与门宫迫制，以分主客之休咎也。

癸加辛　华盖受恩格

癸加辛，凡谋虽吉，费力方成，须详门宫克制，与仪神生旺，而分主客可也。

癸加壬　天网覆狱格

癸加壬，凡事不利，且无定见，上下蒙蔽暗昧难图，须详癸壬得令失令，与门宫迫制，而分彼此之胜负。

癸加癸　天网重张格

癸加癸，凡事重重闭塞之象，屈仰不伸之情，宜于暗中图谋，隐伏私遁，若逢伏吟，宜收粮积水，通沟开井可也。

干支合变论

子合丑实，丑合子虚，二合化土，为房闱之合，夫妇之义也。

寅合亥破，亥合寅就，二合化木，为生泄之合，父子之义也。

卯合戌新，戌合卯旧，二合化火，为规约之合，兄弟之义也。

辰合酉亲，酉合辰离，二合化金，为投托之合，朋友之义也。

巳合申信，申合巳疑，二合化水，为合伙之合，僧道之义也。

午合未明，未合午晦，二合犯水火，为经纶之合，君臣之义也。

甲己化土，为田园之土，情同夫妇，实得中正之谊。

乙庚化金，为簸饰之金，情同将士，则有恩威之用，

丙辛化水，为浆液之水，情同君臣，盖为势利之交。

丁壬化木，为藤萝之木，情同朋友，未免淫讹之局。

戊癸化火，为燥焰之火，情同僧道，未免妒忌之嫌。

九星旺相休囚注

	旺	相	休废	死	囚
天蓬水星	亥子月	寅卯月	申酉月	巳午月	辰戌丑未月
芮 天任 土星 禽	辰戌丑未月	申酉月	巳午月	亥子月	寅卯月
冲 天辅 木星	寅卯月	巳午月	亥子月	辰戌丑未月	申酉月
天英火星	巳午月	辰戌丑未月	寅卯月	申酉月	亥子月
柱 天心 金星	申酉月	亥子月	辰戌丑未月	寅卯月	巳午月

天蓬字子禽

讼庭争竞遇天蓬，声势辉煌奏捷功。春夏逢之为大吉，秋冬逢此反为凶。
嫁娶远行有灾异，修造埋葬犯闹空。须待生门同丙乙，用之万事得昌荣。

天蓬值子时，不利入宅安坟，上官嫁娶，主有口舌争讼之事。凡作用时，有鸡鸣犬吠，宿鸟闹林，与北方黑云雨势，并蓑笠渔翁胡面强暴之人，上青下蓝，男子田鼠为应。作用后，申子辰日，主有缺唇驼背人至，又鸡生肉卵之事。凡值此须防官讼退财，与缢溺之祸。

天蓬值丑时，主墓树倾倒，雷电风雨，村舍茅蓬，鸡犬桑蔴，椎子牵犊之应。作用后，如遇黄犬上屋，枯井水发，须防小口生灾，日后即成退败漂流之患。

天蓬值寅时，有青衣童子持花果来，和尚持柱杖，公门役吏，烈狗奔驰，田妇车水，上青下黄衣服。作用后，如遇黑蛇，入宅咬人，及鬼打屋，牛马伤人，则先败而后旺。

天蓬值卯时，黄云四起，妇人持铁器前来，蛇兔当路。作用后，须防阴人口舌，贼盗牵连之事，若见过反得横财。

天蓬值辰时，沙雾飞扬，大树为殃，窑烟瘴气，鼓乐铿锵，渔樵木子，孝妇奔丧。作用后，如遇鸦鸣绕屋，须防劫贼，又主有疯疾人，上门涂赖，如见过家生贵子，大发财谷。

天蓬值己时，逢驼背老人，持竹杖，披蓑衣，妇女携酒及师巫歌唱，大蛇上树。作用后，如遇火灾，反得横财之喜。

天蓬值午时，逢炉冶之事，与战斗之情，青衣妇抱红衣孩子，及叹息之声。作用后，如遇犬怪，家长有忧，逢疯瘫人涂赖，久后反发大财。

天蓬值未时，逢童子逐羊，鸦鹊飞噪，二女啼哭之应。作用后，须防军贼破财。

天蓬值申时，逢小儿打水鼓嗷叫，及持雨盖，牵猴走索之应。作用后，如遇鸡窠内蛇伤人，主有妇人投缳之厄。

天蓬值酉时，西方逢赤马，及车舆群，群鸦飞噪，远寺钟声，妇人烹饪之应。作用后，如遇鸡生双子，猫生白种，则名利皆吉。

天蓬值戌时，主闻贼盗之声，及老年胡须担箩运土，西方雷雨之应。作用后，如遇白犬自至，当因军器得财。

天蓬值亥时，闻孩童啼哭，醉翁夜归，江干钓叟，山峡瀑泉之应。作用后，当因道法术艺，以得公卿之贵。

天蓬贪狼水星，一阳星君，宜于《坎》宫，造作用事，动土行丧，修营下寨。若逢反伏二吟，及虎狂龙走，蛇跃雀江等凶神，占则用星符，朱砂书于砖石铜片之上，点请天蓬星君，赤身四臂，跣足披发，一手扙剑，一手持戟，把北方水印，涌波千丈，画符毕，将符镇治《坎》宫，一切凶神恶煞，远泛天表，诸事返凶获吉。

天芮字子成

受道交结宜芮星，行方值此最难明。出行用事宜先退，修造安坟发祸刑。

盗贼忧惶惊小口，疾病丧亡与讼情。必得奇仪作救，此星作事要消停。

宜崇尚道义，交友投师，忌嫁娶争讼，移徙修造，秋冬吉，春夏凶。

天芮值子时，有老妪抱孩童，与西南火光，二人相逐，兔走鸟飞之应。作用后，如遇猫犬作怪，防妇人产绷之厄。

天芮值丑时，有金鼓声闻西北，与老妇锄园瓜果之应。作用后，如遇龟鹊入宅，须防盗贼破财，口食官讼之事。

天芮值寅时，有瘦妇怀孕，与蓑笠老人，牵狗舞猴之应。作用后，如遇水牛入屋，名利大旺。

天芮值卯时，有女人穿红，送花果之物，及贵人骑马，与两犬相斗之应。作用后，当进绝户产业，须防小儿汤火之灾，与妇人胎产之厄。

天芮值辰时，有土工匠作窑坑之事，与土崩树倒，鸦鸣鼓声之应。作用后，如遇野鸟入宅，须防劫财贼破之事。

天芮值午时，有大肚胖汉，缺唇妊妇，牛马之应。作用后，如遇猫咬人之事，则因买鱼大发横财。

天芮值未时，有捕猎人，老妇牵羊，与白衣道人，携饮食之应。作用后，遇鸡犬瘟疫，须防横灾。

天芮值申时，有雨盖僧道，牛鸣犬吠之应。作用后，如遇野鸟入宅，须防灾疫之事。

天芮值酉时，有群鸦雀噪，疋马过关，远寺金鼓之应。作用后，如遇鸡猫，可以求名。

天芮值戌时，有老人持杖，军士担箩守关，黄昏犬吠，老妪悲泣之应。作用后，白虎来家，主得横财。

天芮值亥时，有子母相依，牛马作队之应。作用后，有野猪入室，必主以道艺荣身之验。

天芮巨门土星，地户皇君，宜于《坤》宫，起造动土，行丧修营，下寨隐遁，若逢反伏二吟，狂走蛇雀等神，战方则用砖石作片，篆此符存想，天芮星朱冠獬豸，右手执铁棒，左手把土印，印中起黄云，罩其方隅，将星符手掐横纹，用此符镇治《坤》宫，一切凶神恶煞，远退天表，诸事返凶得吉。

天冲字子翘

嫁娶安营产女惊，出行移徙遇灾迍。
修造埋葬皆不利，万般作事总逡巡。

宜报仇雪冤，春夏用之吉，秋冬凶。忌嫁娶上官，移徙修造，市贾等事。
天冲值子时，有风雨之声，鹤鸣钟声之应。作用后，拾得古镜，当得僧道之财。

天冲值丑时，有青衣牵牛，与埙篪鼓声，牛鸣虎啸，犬吠风雾，窑烟之应。作用后，牛生犊犊，庭产瑞草，得田产山林，僧尼之财，但逢匠作伤狗，则防庭帏之灾变。

天冲值寅时，有贵人乘轿，童子执金银器物之应。作用后，如遇人送琉璃，及牝鸡晨鸣，须防家长之厄，见过则大发财。

天冲值卯时，有女子渡桥，贵人乘马，木匠锯树，猎犬逐兔之应。作用后，宜防妇女之灾。

天冲值辰时，主蛇上树，虎出林，僧道土工之应。作用后，拾得黄白古物，固主发财，须防伤跌之损。

天冲值巳时，有牛羊争斗，女人相骂，西南鼓声，东南火发。作用后，如遇犬生花狗，大旺田财。

天冲值午时，东陵火起，白衣叫唤，鸦鹊喧闹之应。作用后，拾得古器，有鬼运钱谷，大发之兆。

天冲值未时，有鼓响孝服儿女，牛羊成群，西北闹喧之应。作用后，如遇白羊入室，大发财源。

天冲值申时，南方白衣人骑马，吏卒人持刀斗殴之应。作用后，有女人作牙，进绝户田产。

天冲值酉时，有远人书信，狐狸咬叫，妇女把火。作用后，生子发财。

天冲值戌时，有人持火具寻失物，与军吏师巫之应。作用后，如遇鸡鸣上树，主得远信之财，须防牛伤小口之患。

天冲值亥时，有跛足青衣人至，及东北人家火光之应。作用后，如遇猫捕白鼠，大发财禄。

天冲禄存木星，青阳皇君《震》宫，一切行事若逢诸煞，左手掐大指根存想，天冲星君，震雷霹雳，身长七尺，青衣冠，左手把木印，印中起青云，右手将剑救退东方凶煞，则用此符镇治《震》宫，百事大吉。

天辅字子卿

天辅之星远行良，埋葬修造福偏长。

上官移徙皆吉利，诸事逢之倍盛昌。

天辅值子时，主天有景星庆云，红白衣人叫唤之应。作用后，如遇猿猴入屋，主加官孕子之吉。

天辅值丑时，主东方犬吠，与人争斗之应。作用后，遇白兔野鸡入屋，进僧道之物，人财大旺。

天辅值寅时，主公吏人手持金木之器，及艺术人携文书乐器之应。作用后，如见猫咬鸡雏，当得贼赃财物，且生贵子。

天辅值卯时，有女人持雨盖，师巫鼓角声音之应。作用后，人财大旺。

天辅值辰时，有白黄犬相斗，及卖油人，卖菜米人相撞，白衣小儿哭，怀孕妇人至。作用后，大发钱谷，一年内双生贵子。

天辅值巳时，有僧尼相调，女人抱布，狂风四起，儿童喊叫。作用后，有进东方人财，又鬼搬运，大发财源之应。

天辅值午时，有僧道持盖，文人把扇，女子穿红，窑冶烟起之应。作用后，有贵人长者到门，当得寡妇之财利。

天辅值未时，有群犬争吠，丐妇携杖，僧道铺啜之应。作用后，如遇文信入宅，财禄大发。

天辅值申时，有肿脚青长人携酒果至，与三教色衣人，西北金鼓声。作用后，井中出蛇大发。

天辅值酉时，主远方书信嫠妇之应。作用后，主人财大旺之吉。

天辅值戌时，主窑冶火光，兵卒守关，师巫并行之应。作用后，如遇远方财信，须防六畜伤人。

天辅值亥时，有野猪奔逐，鸡犬吠，渔翁把钓，僧尼夜奔之应。作用后，如见白鼠，诸事大吉。

天辅文曲木星，撼风皇君，凡《巽》宫一切行事，若遇凶神恶煞，则双手握掌心横纹，义手两膝下存想，天辅星君，身衣离罗，右手执戟，左手把风雷印，印中有风雷扬振，天地惊动，敕退《巽》宫一切凶煞，方用此符，镇治《巽》宫，返凶得吉。

天禽字子公

天禽值事出行宜，坐贾行商际遇奇。

投谒贵人多利益，奇仪生助遂心机。

宜祭祀求福，断绝群凶，移徙上官出行，商贾嫁娶皆吉。

天禽值子时，有怀孕女人，及紫衣贵客，与鼠走蝠飞之应。作用后，如遇犬衔花，鸡上树，与儒人赠物，主人财大旺。

天禽值丑时，有孝服人持锡器来，小儿拍掌叫笑，吹笛打鼓，与黄胖矮子孕妇之应。作用后，如遇牛鸣，则主因获盗致富。

天禽值寅时，鸡鸣犬吠，人带棕笠，公吏僧道，陶冶匠役之应。作用后，遇庭产瑞草，则主发福。

天禽值卯时，风起鸟鸣，怀孕妇人，与土木动作之应。作用后，如遇野猫自来，园内可以得窑。

天禽值辰时，有师巫术艺人，争闹鸦鸣，烟雾之应。作用后，如遇僧道人送产物至，则主大发。

天禽值巳时，有白颈鸭成队，飞鸟及师巫争闹，贵人骑马，鸡鸣蛇游之应。作用后，如遇妇人自来求合，则人财皆旺之象。

天禽值午时，有白衣女人至，狗衔花，鸡斗叫，风云从东来。作用后，如遇铁器，则诸事荣昌。

天禽值未时，有老人及跛足人担花过，或青衣携酒至之应。作用后，如遇铁器，则诸事荣昌。

天禽值申时，主天中飞鸟群鸣，师巫执符，老人负辕。作用后，如遇女人拾得珠翠归，则主大发。

天禽值酉时，西方火起，人咸争闹，金鼓之应。作用后，如遇鸡生五子，则为昌盛之兆。

天禽值戌时，东北钟声，军人负戈，铙钹樵鼓，童子携篮牵犬之应。作用后，如遇白龟大发。

天禽值亥时，有西北嫁人，或哭笑，狂风骤起之应。作用后，如遇匠作送铜铁器，则主大发。

天禽廉贞土星，中镇皇君，凡中宫有凶煞，占者则左手掐节召，天禽星身披金甲，骑黄龙，右手执剑，左手把中镇土印，中起五色光，照彻八方，以退凶煞，随篆此符，安镇中宫，则诸事获吉。

天心字子襄

求仙合药见天心，商贾行藏喜事新。

起造埋葬皆吉利，万事逢之福禄深。

宜疗病、嫁娶、入官、起造祠祀、商贾、合药等事。利于秋冬，不宜春夏，而利君子，不利小人。

天心值子时，主闻涛声金鼓，与西北争斗，及赤面长者之应。作用后，如遇人送古器书画，则人事大顺，但防赌博破家。

天心值丑时，主南北火光，跛足人把伞镜之应。作用后，如遇双猫来家，则有多寿之庆。

天心值寅时，有白鹭水禽，及金鼓四鸣，女人青衣携篮，公吏走狗之应。作用后，须防遗火伤小口，如见过大发。

天心值卯时，有兔走鸟飞，足跛妇人争闹，及犬吠鼓声肩舆之应。作用后，有牛自来，人事大顺。

天心值辰时，主西北云起，青衣人携鱼，女人僧道同行之应。作用后，如见井中出气如云，则主大富大贵之兆。

天心值巳时，有青衣女子抱小儿至，紫衣骑马，乌龟上树之应。作用后，如得不意之财，则主女子成家，寡母坐堂之兆。

天心值午时，主风雨骤至，蛇横路，红裙携酒之应。作用后，如遇跛足人，送生气物至，则田蚕大旺。

天心值未时，主老人说婚，牵羊担酒，妇女歌笑，衣服首饰之应。作用后，如遇羊生二子，人财大旺。

天心值申时，主僧道前来，金鼓四鸣，百鸟支噪，红裙赠花果之应。作用后，如遇白猿戏环，则寡妇大为发积之兆。

天心值酉时，主僧道尼姑，执火把，西南上来，北方钟鼓之声，与鸡鸣马嘶，婢子到门之应。作用后，如遇人赠骡马，及远信至，大得财物。

天心值戌时，主南方犬吠贼惊，小儿骑牛，公人打犬之应。作用后，如遇鸡犬自来，则大富贵。

天心值亥时，有鸡鸣犬吠，老人皮帽，手持铁器，渔翁夜归之应。作用后，如遇远人投宿大利。

天心武曲金星，凡《乾》宫有凶煞照临，则左手掐中指上节，默召星君，金甲披发，右手持剑，左手把天符印，印中飞出三昧真火，烧遍太空，解除凶厌，随篆此符，安镇《乾》方，则反凶为吉。

天柱字子由

天柱藏形谨守宜，不须远出妄谋为。

阴人灾病及口舌，吉事逢之亦险危。

宜嫁娶修造祭祀，不宜移徙入官市贾等事。

天柱值子时，有狂风四起，孩童啼叫，与缺唇之应。作用后，如遇蛇犬伤人，须防血光破财之事。

天柱值丑时，匠人携斧，孕妇产育，树生金花之应。作用后，如得外来金银器皿，则防回禄穷败之危。

天柱值寅时，有牛马喧叫，僧道持盖，雷雨鹊噪之应。作用后，如遇贼情牵连，则凡妇女产厄。

天柱值卯时，瘦妇提筐，两僧尼持盖，女人争斗，羊兔之应。作用后，遇鸡犬作怪大笑，则防病疫死绝之危。

天柱值辰时，有人扛树持鼓，农夫负锄，屠宰恶人。作用后，如遇鸡生双卵，猫生龙种，主人财盛旺。

天柱值巳时，有黑牛、钟声、乌猪、大蛇、风雷、火怪。作用后，如遇猫捕白鼠，则为富贵之兆。

天柱值午时，有妇女骑驴马，火惊、炉冶、雷雪、鸦鸣。作用后，如拾得水边古器，则防小口之灾。

天柱值未时，有妇女僧道同行，东北携盖，骑马逐羊之应。作用后，如遇狐狸作怪，须防退败。

天柱值申时，有鹰擒飞鸟。猿猴惊啼，青衣携篮之应。作用后；如遇和尚奸拐事，则防因火丧家之险。

天柱值酉时，有远寺钟声，西方鼓角，鸡鸣树上之应。作用后，如遇釜鸣之异，须防阴人灾厄。

天柱值戌时，有军兵相斗，犬吠荒村，女人纺织。作用后，如遇蛇虫伤人，则防瘟疫死败之危。

天柱值亥时，有边金声，乞丐啼哭，山下火光之应。作用后，如遇妇人馈鲤，则有因火得财之兆。

天柱破军，天魋皇君，凡《兑》宫一切凶煞，须手掐北斗诀，默召破军星君，身长千尺，裸体，左手金印，印中白云漫天，敕退一切凶殃，随将秘符篆于石上，安镇《兑》宫，返凶得吉。

天任字子韦

天任吉宿事宜逢，祭祀求官嫁娶隆。

断绝群凶除鬼怪，堆积埋葬尽有功。

宜请谒通财，嫁娶上官皆吉，忌移徙修筑凶。

天任值子时，有风雾火光，水畔鸡鸣，与人持刀斧之应。作用后，如遇妇人离异事，则防门风大败。

天任值丑时，有青衣携酒，鼓乐之声，山林锄筑之应。作用后，如遇鹦鹉入宅，主因口舌得财之兆。

天任值寅时，有火把引女人行动，童子拍手戏笑，西北轿马公吏道人之应。作用后，如遇女人赠钗，则防缺唇争婚之祸。

天任值卯时，有老人持杖，喜鹊飞鸣，渔猎之应。作用后，如得古器瓦物，则有加官进职之兆。

天任值辰时，有采樵渔猎，公吏师巫之应。作用后，如遇狸獭入宅，则防田墓争碍之事。

天任值巳时，有野人负薪，吏人持盖，斗鸡走狗之应。作用后，如遇人赠双鲤，财名双美之兆。

天任值午时，有西风飞禽，师巫马狗之应。作用后，如遇贵人恩赐，则有贵人之兆。

天任值未时，有西北飞禽，鼓声喧闹，风雨之应。作用后，如遇女人送白色物至，则为六畜大旺。

天任值申时，有风雨声，黄衣僧道，师巫舞猴挝鼓。作用后，如遇釜甑鸣，则防妇女汤火之厄。

天任值酉时，有僧尼举火，钟声窑烟之应。作用后，如进商音驴马，则得远财之喜。

天任值戌时，有大惊军吏，犬吠争斗之应。作用后，如遇黄犬上屋，则有军人涂赖之事。

天任值亥时，有西寺钟声，山下火起，妇女啼哭。作用后，如遇人送双鲤至，则财利大发。

天任左辅，木星皇君，凡《艮》宫一切凶煞，将左手掐寅纹，默召星君，朱衣貂蝉，前驾双幢，手持火剑，顶起青云，弥满世界，随篆此符，安镇《艮》宫，以起凶煞，则返凶为吉。

天英字子威

天英之星嫁娶凶，远行移徙不宜逢。
上官文武皆休去，商贾营谋尽脱空。

宜宴饮作乐，上书献策，不宜嫁娶出兵，上官移徙，筑屋商贾等事。

天英值子时，有雉飞鼠走，西北锣声，把火伐木。作用后，如遇唇缺人为祸，则血光汤火之厄。

天英值丑时，东北方师巫人至，金鼓声，村舍渔火。作用后，如遇伏作怪，须防回禄死败之厄。

天英值寅时，有军马渔猎僧道之应。作用后，如遇路拾得财宝，须防雷惊之险。

天英值卯时，有灯火炉烟，人负木器，烧林之应。作用后，如遇疾雷暴雨，则人财大发。

天英值辰时，有女子红衣，鼓声渔罟之应。作用后，如遇鸦鸣绕屋，须防劫贼之事。

天英值巳时，有僧尼焚香，蛇狗炉火之应。作用后，如遇外财馈鲤，主人财两旺。

天英值午时，有婚姻车马，捕猎弓箭之应。作用后，如遇枭鸟入宅，须防缢殒殇亡之事。

天英值未时，有孕妇提筐，羊酒喜事，鼓声火光之应。作用后，如遇家人落水，须防瘟疫之侵。

天英值申时，有孕妇啼哭，僧道师巫，金鼓雨盖之应。作用后，如遇猴马自来，当防横事。

天英值酉时，有鸟雀争食，女人怀孕，雉飞马走之应。作用后，如遇牝鸡晨鸣，须防女眷，有折足伤损之厄。

天英值戌时，有窑灶火惊，军营争斗，黄犬之应。作用后，如遇赤蛇入宅伤人，须防瘟疫之变。

天英值亥时，有女人把火，孩童叫哭，渔翁夜吹，水面生字之应。作用后，如遇风癫之人上门，须慎破耗之事。

天英右弼火星，凡《离》宫凶煞，将左手掐午纹，默召星君，骑火龙仗剑，左手把火印，印中起三昧真火，烧遍天地，一切燥火独火凶煞，立出外界，随用铜片篆符，镇治《离》宫，永为获福。